JN269924

この1冊でさらにわかる
コンサルティングの基本
The collection of best practices
ベストプラクティス集

神川貴実彦［編著］
Kamikawa Kimihiko

日本実業出版社

はじめに

　このたびは『この１冊でさらにわかる　コンサルティングの基本──ベストプラクティス集』を手に取っていただき、誠にありがとうございます。多くの方のご協力・ご協賛により、本書を世に出すことができ、大変うれしく思っております。

　本書は2008年に出版した『この１冊ですべてわかる　コンサルティングの基本』（日本実業出版社）の続編という位置づけになります。前作は、

　「"コンサルティング"とは実際にどんなことをしているのだろう？」
　「就職先や転職先としてコンサルティングファームを検討しているので、業界について詳しく知りたい」

といったニーズに応えるために、コンサルティング業界を網羅的に解説したものになります。一般的な内容に終始せず、具体的なプロジェクトのテーマや種類を１つひとつ挙げ、またコンサルタントの職位ごとの役割や日々のスケジュール例にも言及しました。お陰さまで多数の版を重ねることができ、今でもたくさんの方にご愛読いただいています。

　一方で、読者の皆様から、さらなるご要望をいただくこともしばしばありました。特に、

　「どのようなテーマのプロジェクトがあるのかはイメージがついたものの、実際のプロジェクトはどのような流れで進んでいるのか、もっとリアルな姿を知りたい」
　「コンサルタントが最終的な解決策を導き出すまでに、どのような試行錯誤をしているのか、なかなかイメージが湧かない」

「一般的な経営コンサルティングではなく、専門性が高い/特殊なテーマを扱うコンサルティングの場合、コンサルタントが担う役割・期待される成果がどのように変わるのか教えてほしい」

といった声がたくさんありました。
　現状では、著名コンサルタントの自叙伝や読み物などがこういった読者のニーズにある程度応えており、リアルなコンサルティングの現場を伝えてはいるかと思います。しかし、経験豊富な方でないとこういった自叙伝や読み物から「気付き」を得る、ないしは一般的なコンサルティング像に結び付けて理解することが難しいのではないかとも感じていました。

　本書では、こういった読者の皆様のご要望に応えるため、業界を代表する10社のコンサルティングファームにご協力いただき、実際に各社が担当したコンサルティングプロジェクトをベースとして、「リアルなコンサルティングの現場」を各社1テーマずつご執筆いただきました。前作『この1冊ですべてわかる　コンサルティングの基本』においては、「網羅性」「代表事例の紹介」「わかりやすさ」を重視し、総論的な「幅の広い」書籍を作り上げることを目的としましたが、本書においては「個別事例の深堀り」「ホットなテーマ・最新のテーマの紹介」「コンサルティングのリアルさ」を追求し、「コンサルティング業界を深く知る」ための一助となることをめざしています。

　執筆者は、いずれも現役として第一線で活躍しているコンサルタントであり、リアルな自身の体験と、鋭い示唆を惜しみなく文章に表しています。プロジェクトのテーマ、コンサルタントの役割、天王山となった場面などは十社十様であるので、10の事例を通じて、より「コンサルティングのリアルな姿」を読者の皆様に伝えられるのではないかと期待しております。

　業界を代表するコンサルティングファーム各社が共著で書籍を出版する

のは、これまでにない画期的な取り組みです。本書が実現したのは、参加各社が日頃のライバル関係はさておき、コンサルティング業界の発展のために協働して取り組んでいこうという大所高所の志を持っているからです。快くご協賛いただいた各社、そして非常に多忙の中時間を割いて本件をお引き受けいただいた執筆者の皆様に編著者として御礼申し上げます。

　前作より約5年間を経て本書の企画・編集に取り組んだところ、日々、実感しているコンサルティング業界の変化を改めて再認識しました。変化の激しい業界であるがゆえに、ネット上には最新の情報から古い情報まで、多くの情報が氾濫しておりますが、今後とも読者の皆様がコンサルティング業界についての理解を深めるサポートができるよう、尽力していきたいと思います。

編著者を代表して
神川　貴実彦
久留須　親
西田　和雅

本書の読み方

　本書では、10個のプロジェクトをコンサルティングテーマ・スコープに基づき、5つの章に分けて紹介しています。各プロジェクトは独立しており、1つの事例で完結していますので、関心があるプロジェクトから読み進めることができます。

● 戦略コンサルティング

　第1章では、戦略的なテーマを扱うプロジェクト事例を紹介しています。しばしば戦略コンサルティングという言葉を耳にします。直感的になんとなくわかった気はするものの、具体的に何をやっているかもっともイメージしにくいコンサルティングの1つではないでしょうか？

　A.T. カーニー株式会社の「国内大手企業のグローバル展開の戦略策定支援」プロジェクトのように、日本企業の海外進出が加速化・本格化するにともなって、コンサルティングファームが企業のグローバル展開を支援するプロジェクトが増えています。

　また、株式会社ローランド・ベルガーの「企業を再生するブランド戦略」プロジェクト事例のように、経営状況が芳しくない・伸び悩んでしまった企業を再生するような事例も、この10年で確固たるコンサルティング領域となりました。

● 総合系コンサルティング

　第2章では、戦略・方針の策定からオペレーションの改革までを一気通貫でサポートする、総合系コンサルティングのプロジェクト事例を紹介しています。

　アクセンチュア株式会社の「『サステナビリティ』を実現する新潮流のコンサルティング」のプロジェクト事例では、スケールが大きい現在進行中のプロジェクトについて、プロジェクトの背景や最新の動向についても

詳細に解説しながら、計画策定〜実行支援フェーズでのコンサルタントの役割や苦労をリアルに描写しています。

ガートナー ジャパン株式会社の「交通インフラ企業の顧客ロイヤリティ管理」の事例は、システムの老朽化がきっかけとなったプロジェクトでしたが、単にシステムを刷新するのではなく、カード事業の戦略（顧客ロイヤリティ管理における戦略・方針）を策定するところから始まり、そのうえで要件定義やシステムの構築に移っており、同社ならではの立ち位置を活かしたアドバイスをしています。

また、プライスウォーターハウスクーパース株式会社の「グループ経営管理の高度化と経理業務コストの削減」のプロジェクト事例でも、まずはプロジェクトのゴール、「取り組むべき命題」を可視化したうえで、現状の整理と課題抽出を行い、打ち手を策定するところからスタートします。そのうえで、現場の業務に踏み込んでオペレーションプロセスを作成し、システムの標準化・統一までを一貫してサポートしています。

● 財務アドバイザリーコンサルティング

第3章では、第1章、第2章とは異なり、ファイナンス面の専門性を活かしたコンサルティング事例として、財務アドバイザリーコンサルティングのプロジェクトを紹介しています。

株式会社KPMG FASの「カーブアウトをともなうグローバルM＆A」プロジェクトは、日本企業による海外企業の買収を題材とした事例です。日本企業にとってもM＆Aは事業戦略の選択肢として定着し始めており、本プロジェクトでは臨場感をもってクロスボーダーM＆Aのプロセスを解説するとともに、「カーブアウト」という形式ならではの困難さも伝えています。

● 組織人事コンサルティング

第4章では、専門性の高い組織人事領域のコンサルティング事例を紹介しています。

ヘイグループの「会社を"変える"人材をつくり出すリーダー改革」プロジェクトでは、日系企業のリーダーシップ開発を通じた組織変革がテーマです。役員層に対するアセスメント、コーチング、合宿での取り組みを中心に、近年声高に叫ばれている「リーダーシップ」を育成するための手法を解説しています。
　一方、マーサージャパン株式会社の「大手日系金融機関のグローバル人材マネジメントの高度化」のプロジェクトは、人材マネジメントの「仕組み」並びにマネジメントのための「制度設計」といった組織・人事制度寄りのテーマです。第1章〜第3章の事例のように、日本企業の海外進出をサポートするプロジェクト事例は年々増加していますが、コンサルティングファームは進出時のアドバイスのみならず、海外進出後に現地子会社を適切にマネジメントし、成長を加速化するための支援も行っています。

● 新しいスタイルのコンサルティング

　最後に、第5章では従来のコンサルティングとは異なる、新しい取り組み・プロジェクト事例を紹介します。
　株式会社日本総合研究所の「新規事業としてPFI市場を開拓」の事例では、特定の企業1社に対するコンサルティングではなく、新たなコンサルティング市場を創出した例を紹介しています。当該事例では、官庁・行政を巻き込みながら日本でのPFI（Private Finance Initiative）導入を推進し、PFIアドバイザー市場を創出するまでの背景・経緯をわかりやすく解説しており、他の事例とは違ったコンサルティングファームの役割を垣間見ることができます。
　三菱UFJリサーチ&コンサルティング株式会社の「GMSの店舗リバイバル戦略策定プロジェクト」事例は、コンサルティングテーマそのものは第1章と類似しているようにも見えます。しかしながら、当該プロジェクトでは同社並びに三菱UFJグループの総合力が発揮されている事例であり、コンサルティング部門のみならず、シンクタンク部門（調査部門）の業界に対する知見や三菱UFJグループの金融機関によるファイナンス面のノウ

ハウが複合的に提供されたプロジェクト事例となっています。

いずれも非常に読み応えがある事例であり、コンサルティングファームのアプローチ・役割や実際のプロジェクトの進み方、クライアントにとってコンサルタントの価値といったものが見えて来る内容となっていると思います。また「横串を刺して」全体を眺めていただくと、グローバル展開をはじめとした、日本企業・日本社会が特に直面している課題に密接にかかわるプロジェクトが多いことにも気付くと思います。

本書を通じ、1人でも多くの方がコンサルティング業界・コンサルタントの仕事に関心をもっていただけますと幸甚です。

◆各プロジェクト事例が含む旬のコンサルティングテーマ◆

章	本書における コンサルティングプロジェクト事例	グローバル展開	M&A	新規事業開発	マーケティング	オペレーション改革	IT	組織・人事改革
第1章	国内大手企業のグローバル展開の戦略策定支援	●						
	企業を再生するブランド戦略				●			
第2章	「サステナビリティ」を実現する新潮流のコンサルティング			●		●	●	
	交通インフラ企業の顧客ロイヤリティ管理				●			
	グループ経営管理の高度化と経理業務コストの削減					●	●	
第3章	カーブアウトをともなうグローバルM&A	●	●					
第4章	会社を"変える"人材をつくり出すリーダー改革							●
	大手日系金融機関のグローバル人材マネジメントの高度化	●						●
第5章	新規事業としてPFI市場を開拓			●				
	GMSの店舗リバイバル戦略策定プロジェクト				●			

コンサルティングの基本　ベストプラクティス集●もくじ

はじめに
本書の読み方

第1章
戦略コンサルティングのプロジェクト事例

国内大手企業のグローバル展開の戦略策定支援 ……………………… 16
A.T. カーニー

- ■日本企業がリスクを許容しながら、大胆かつ着実に成長していくために　16
- ■欧米・アジアにおける海外事業のテコ入れが背景　17
- ■参入地域・国の優先順位付けからスタート　18
- ■東南アジア展開へ向けて全12週間のプロジェクトを設計　18
- ■参入目的の明確化──1〜3週　21
- ■インドネシアへの参入戦略の構築──4〜6週　23
- ■インドネシアへの参入戦略の具現化──7〜12週　28
- ■東南アジアの成功を受け、米国事業成長加速プロジェクトが開始　29
- ■初期評価、成長加速戦略の仮説構築──1〜4週　32
- ■出張準備におけるアポイントメントの整理──5〜6週　35
- ■現地での交渉──机上の空論よりも現地での情報がものをいう　35
- ■広告戦略にもかかわる　38
- ■戦略・アクションの立案──7〜8週　38
- ■米国のプロジェクトは8週間という短期間で大きな成果をあげた　40
- ■"10年に1度の意思決定の局面"にも立ち会えることが醍醐味　40

企業を再生するブランド戦略 ……………………………………………… 44
ローランド・ベルガー

- ■大手ホテルグループのブランド再構築　44

- ■日本において誤解されているブランドの定義　45
- ■ブランド構築に戦略系ファームを使う意義　46
- ■プロジェクトの体制の構築　47
- ■プロジェクトのアプローチは3つのフェーズに分けられる　47
- ■タスク・スケジュールの設計　51
- ■成果物の作成プロセス　53
- ■ヨーロッパで培ったブランドの可視化・マネジメントノウハウ　54
- ■ブランド力低下の構造を把握する　58
- ■rbプロファイラーによる分析結果　59
- ■ブランドコンセプトの見直し　64
- ■クリエイティブエージェンシーとのコラボレーション　65
- ■ブランドポートフォリオの構築　66
- ■アセットの棚卸と投資計画の策定　67
- ■インナーブランディングと従業員教育を通じた社内浸透　68
- ■現場を変えるオペレーション改革　69
- ■ブランド再生に必要な組織改革　70
- ■再生5か年計画の策定　71
- ■プロジェクトの結果とその後　71
- ■ブランド戦略とは企業の成長戦略そのもの　72

第2章

総合系コンサルティングのプロジェクト事例

「サステナビリティ」を実現する新潮流のコンサルティング………76

アクセンチュア

- ■激動の時代に求められる"従来の枠を超える"コンサルティングとは　76
- ■サステナビリティの真の意味は「企業の成長を支える新たな価値基準」　76
- ■日本におけるサステナビリティ関連プロジェクトの立ち上がり　78
- ■たった5人でも壮大な構想を現実に──横浜スマートシティプロジェクト　79
- ■電力とITの融合がもたらす新しい世界　81

- ■新興国市場へのチャレンジ──日本企業を二人三脚で支援 82
- ■グローバルの壁を打破する 83
- ■「迅速さを失わない大胆な判断」を支える世界中からの知見 91
- ■クライアントと「成果」も「リスク」も共有 91
- ■私たちの日々の奮闘を支える理念「Respect for the Individual」 93
- ■サステナビリティの実現に欠かせなかったアクセンチュアのDNA 94

交通インフラ企業の顧客ロイヤリティ管理 ……………………… 98
ガートナー ジャパン

- ■公正・客観性を貫く「TBVA」 98
- ■テクノロジーを売らないITコンサルティング 98
- ■システム老朽化をきっかけに顧客ロイヤリティ・プログラムを刷新 99
- ■突出したアイデアよりも、すべて"少しだけ"上回ることが重要 100
- ■「答え」をもって説得して仕上げることが短納期の要件定義の成功要因 102
- ■中立的にベンダーを選定する 103
- ■ビジネス貢献の成果は数字に出る 105
- ■システム構築後のIT投資総額は見積りの4分の1に抑えた 106
- ■CEOのITへの期待に応えていくことが本来のITコンサルティング 106
- ■ビジネスを革新できる企業ほどITマネジメントはしっかりしている 108
- ■"業務を変える"から"業務を創造する"ITの先導師 109

グループ経営管理の高度化と経理業務コストの削減 …………… 114
プライスウォーターハウスクーパース

- ■グループ全体をとりまく2つの大きな経営課題 114
- ■支援体制の組織 115
- ■プロジェクトの概要 117
- ■プロジェクト・ミッションの策定 118
- ■基本計画の策定 121
- ■グループ会計処理方針の策定 127
- ■SSCの設立の検討 131
- ■「会計」を軸に幅広いニーズに応えるコンサルティング 134

第3章

財務アドバイザリーコンサルティングの
プロジェクト事例

カーブアウトをともなうグローバルM&A ……………………………… 138

KPMG FAS

- ■プロジェクトの概要　138
- ■本プロジェクトに対するＡ社の期待とKPMGの役割　140
- ■グローバル・カーブアウトＭ＆Ａプロジェクト特有のポイント　142
- ■受注では、対象各国とのネットワーク、現地チームの経歴・実績が重視される　143
- ■日本のKPMGを中心としたチーム体制とプロジェクトマネジメント　143
- ■全体キックオフ・ミーティング　145
- ■基本合意書の締結　146
- ■デューデリジェンスの準備　146
- ■デューデリジェンスのスコープ（業務の範囲）決め　147
- ■電子データルームを覗く　148
- ■マネジメント・プレゼンテーションとインタビュー　149
- ■事業分割を行う（カーブアウト）案件はなぜ難易度が高いのか　150
- ■スタンド・アローン・イシューを分析する　153
- ■スタンド・アローン・イシューに対するソリューションを提供する　155
- ■重要な問題点はすみやかに報告する　156
- ■発見事項に対処するための具体的なアドバイス　157
- ■各種デューデリジェンスの発見事項を整理する　159
- ■価格交渉　160
- ■価格交渉だけが交渉事項ではない　162
- ■案件成立・公表へ　163
- ■統合後の課題を改めて整理する　163
- ■プロジェクトを通じてクライアントとの信頼関係を構築する　165

第4章

組織人事コンサルティングのプロジェクト事例

会社を"変える"人材をつくり出すリーダー改革 ……………………… 168

ヘイグループ

- ■大手医薬・健康食品企業におけるリーダー改革プロジェクト　168
- ■ビジネスの変化と人材のズレ　168
- ■IBMを改革した手法が依頼のきっかけ　169
- ■プレゼンテーションの準備は「顧客企業での情報収集」から　170
- ■プレゼンテーションのポイント　172
- ■チャートを活用して、1つずつ丁寧に提案する　173
- ■人の資質を可視化するユニークな手法　174
- ■トップみずから行動変革することの重要性を提言　177
- ■プロジェクトはBEIを用いたインタビューからスタート　178
- ■インタビューはCodingによって分析する　179
- ■エグゼクティブ・アセスメントとアクションプランの作成　180
- ■リトリートによる経営チームとしてのリーダーシップ改革　183
- ■マッピングで相互のラーニング・スタイルを理解する　184
- ■チームのアカウンタビリティの明確化　185
- ■チームメンバー間で約束しておくべき行動規範を決める　186
- ■役員対象プロジェクトの次は、健康食品事業部をサポート　187
- ■人材パイプラインを可視化──医薬品事業部　189
- ■組織・人事系のコンサルティングは顧客と長く付き合える　190

グローバル人材マネジメントの高度化 ……………………………… 192

マーサー ジャパン

- ■海外事業の強化とそれにともなうグローバル人材マネジメントの実現　192
- ■グローバル化は死活問題に　193
- ■提案時にはイシューの特定が重要　194
- ■イシューを特定する　197
- ■「イシューの解決」と「ニーズの充足」の両立が欠かせない　199

- ■ワークプランの策定　201
- ■利害関係者との相互理解を図る　205
- ■コミュニケーションを円滑にする工夫　207
- ■プロジェクト報告は、イシューの解決を前面に出す　209
- ■トップとの関係も考慮しなくてはならない　210
- ■「施策の実施」が目的では、効果が期待できない　212

第5章 新しいスタイルのコンサルティングプロジェクト事例

新規事業としてPFI市場を開拓　216

> 日本総合研究所

- ■環境・エネルギー事業を起点としてPFI市場を開拓した　216
- ■インキュベーション・コンソーシアムの設立　217
- ■通産省研究会での活動──法律制定からその後の展開まで　219
- ■PFI市場の幕開け　220
- ■PFIアドバイザー市場の立ち上げ　220
- ■公共分野のコンサルティングのレベルを上げたPFIアドバイザー　222
- ■廃棄物発電PFIの5つのメリット　223
- ■"業界標準"となるベース業務の確立　225
- ■病院PFI事業へのチャレンジ　226
- ■国際空港プロジェクトへのチャレンジ　227
- ■コンサルティング事業から見たPFIの5つの意義　229
- ■PFIアドバイザー業務の成功がもたらす課題　230
- ■コンサルティング業を取り巻く3つの脅威　231
- ■新規事業を開拓するためのコンサルタントの8つの資質　234

GMSの店舗リバイバル戦略策定プロジェクト ……………………… 242

三菱UFJリサーチ&コンサルティング

- ■GMSの店舗リバイバル戦略策定プロジェクト　242
- ■GMSの特徴とトレンド　242
- ■三菱東京UFJ銀行を通じてプロジェクトを受注　244
- ■提供価値を明示し、求められる成果とのすり合わせることが重要　245
- ■案件を成功に導いた３つの提供価値　246
- ■価値向上には「仮説思考」が不可欠　248
- ■クライアントに最高のサービスを提供するために他力を活用する　250
- ■提案するだけではなく、触媒になることも重要　252
- ■ノウハウの「拡大再生産」が効率化につながる　253
- ■「個人戦」から「集団戦」への進化による付加価値向上　254
- ■金融系シンクタンクファームならではの強み　256

索引　260

本文DTP／一企画

第1章

戦略コンサルティングのプロジェクト事例

国内大手企業のグローバル展開の戦略策定支援

A.T. カーニー（株）

―― 日本企業の強みを活かし、グローバル競争に勝ち抜く戦略

■日本企業がリスクを許容しながら、大胆かつ着実に成長していくために

　かつて世界を席巻した日本企業も、近年、欧米や韓国等の企業との競争激化に加え、中国・インド等の新興国企業の台頭に苦しんでいます。現在の勝ち組といわれる欧米・韓国企業は、ここに至る数十年の間に、ビジネスモデルの変革、事業の選択と集中、M&Aによる寡占化を進めた結果、再び強い体制の構築に成功し、今日の地位を確立してきました。

　日本経済が成熟期に入り中長期的な成長が見込みにくいなか、国内の多くの産業を見渡すと、国内の限られたパイを巡って多くの企業が過当競争を繰り広げ、グローバル企業と比べて低成長・低収益に陥っている（おちい）のが現状です。

　日本企業のたしかな技術に裏打ちされた商品力は現在でも健在であり、グローバル競争に勝ち抜く潜在力は依然として大きいものがあります。一方で、消費財やサービス産業をはじめ、多くの企業はこれまでは規模の大きな国内市場に依存し、本来持っているはずの強みを活かしてグローバル競争に十分チャレンジしきれていないのも事実だと思います。

　グローバル市場に目を向けると、新興国では新たに購買力をつけた新中間層が急増して新しいマーケットが誕生しています。商品のコモディティ化が顕著な一方でさまざまな新商品やサービスも登場し、そのなかで急成長を遂げる企業と撤退を余儀なくされる企業は、目まぐるしく変化しています。このような環境下において日本企業がグローバル競争に勝ち抜くためには、新興国を含めたグローバル市場への参入、新規事業への戦略投資等、従来の延長線上にはない戦略を立て、リスクを許容しながら大胆、かつ、着実に遂行していく必要があります。

A.T. カーニーは、このように変化の激しいグローバル環境において、日本企業がグローバル市場で勝ち抜くための戦略策定およびその実行を支援するプロジェクトを数多く手がけています。

■■欧米・アジアにおける海外事業のテコ入れが背景

今回紹介する事例は、大手食品メーカーA社のグローバル展開の戦略策定支援のプロジェクトです。

A社は、日本でもっとも伝統がある食品メーカーの1つで、その強いブランドによって、国内では大きなマーケットシェアを誇っています。A社は売上のほとんどを国内市場に依存しており、国内市場の成長が鈍化し国内売上の拡大が見込めないなかで、どのようにして新たな収益源を確保するかを模索していました。

中期事業計画においてグローバル事業の強化による新たな成長を宣言していたものの、欧米・アジア事業を中心とした海外売上が伸び悩んでおり、そのテコ入れが喫緊の経営課題でした。

A社は、日本市場で成功したブランドの一部を、欧米・アジア等世界各国で販売してきました。米国やアジア市場への参入から40年ほどの歴史があり、A社の主力ブランドを中心に展開してきましたが、現在でも、売上は大きく伸びることはないままです。海外売上を拡大する方針は明確になったものの、国内事業が中心で海外事業に関する知見に乏しいA社は、売上が伸び悩んでいる原因と、今後、売上を非連続に拡大させるためのアプローチがわからない状態が続いていました。

A.T. カーニーは、A社の経営陣とは長年にわたってお付き合いがあり、さまざまな場面において市場・事業環境、マーケティング、海外事業、M&A等の経営課題に関するディスカッションを行っていました。現状の海外事業の拡大のスピードに危機感を抱いた経営陣から、グローバル事業戦略を一緒に策定して欲しいという依頼を指名していただいたのです。

■参入地域・国の優先順位付けからスタート

　まずは、グローバル市場のなかで、どの地域・国に参入していくべきかの優先順位付けを行いました。世界各国が持つ潜在力とA社の主要ブランドの商品セグメントの各国市場における位置づけを俯瞰したうえで、地域・国とA社の商品が持つ潜在力の観点から優先的に参入・拡大する地域・国の選定を行いました。

　その次に、優先的に参入すべき地域・国に実際に乗り込み、各国の市場・業界構造、競合の取り組みをリアルに把握しながら具体的な参入戦略を構築し、経営陣に提言していったのです。

　とくにグローバル戦略立案において、コンサルティングファームが提供しうる付加価値にはさまざまなものがあります。もちろん、精緻な市場データ収集やフレームワークを駆使した緻密な分析も重要です。しかし、より価値を発揮できるのは、グローバルなネットワークを駆使しながら日本とは異なる現地の事情を正しく理解できること。そして、各国のネットワークを通じて、現地企業とのアライアンス・パートナリングやM&Aなど、クライアント企業が自力では実現しにくい実践的な事業戦略のオプションを構築し、交渉できることです。

　場合によっては、クライアントとともに現地を走りながら、地に足の着いた情報を提供することで、経営陣が納得する形で意思決定するまでを支援できることもあります。

　本項では、A.T. カーニーがA社を支援したグローバル戦略立案プロジェクトのうち、東南アジアおよび米国市場への参入戦略を紹介します。プロジェクトの概要とコンサルティングサービスがクライアントに提供しうる価値を理解してもらいながら、プロフェッショナルとして働く醍醐味を、少しでも感じて欲しいと思います。

■東南アジア展開へ向けて全12週間のプロジェクトを設計

　当時、A社のおもな活動地域は日本であり、その他の主要国には参入済みでした。しかし、今後の世界の経済成長の一角を担う東南アジアに関し

第1章　戦略コンサルティングのプロジェクト事例
A.T. カーニー

ては、日本からの輸出品を中心に細々とビジネスを展開しているだけで、ほとんど手付かずの状態だったのです。

　こうしたなか、「東南アジア諸国への本格展開」の意思決定がなされ、必達目標として、東南アジア地域での売上目標が定められました。この目標を達成する戦略の立案サポートが、当初のＡ社からの依頼でした。

　これを受けて、A.T. カーニーでは「東南アジア地域で参入すべき国は？」「どのように参入すべきか？（参入戦略）」「戦略遂行の具体的なアクション、および実施した場合のリターンとリスクは？」という３つの問いに答えるために、全12週間のプロジェクトを設計しました。

　最初の３週間で、クライアントの参入目的を理解、各国の魅力度を評価し、参入対象国を定めました。次の３週間で、参入対象国の市場・競合・流通構造等の状況を踏まえて参入戦略を構築しました。最後の６週間で、クライアントとともに東南アジア各国を訪問し、参入戦略を実行できる計

◆プロジェクトスケジュール（全12週間）◆

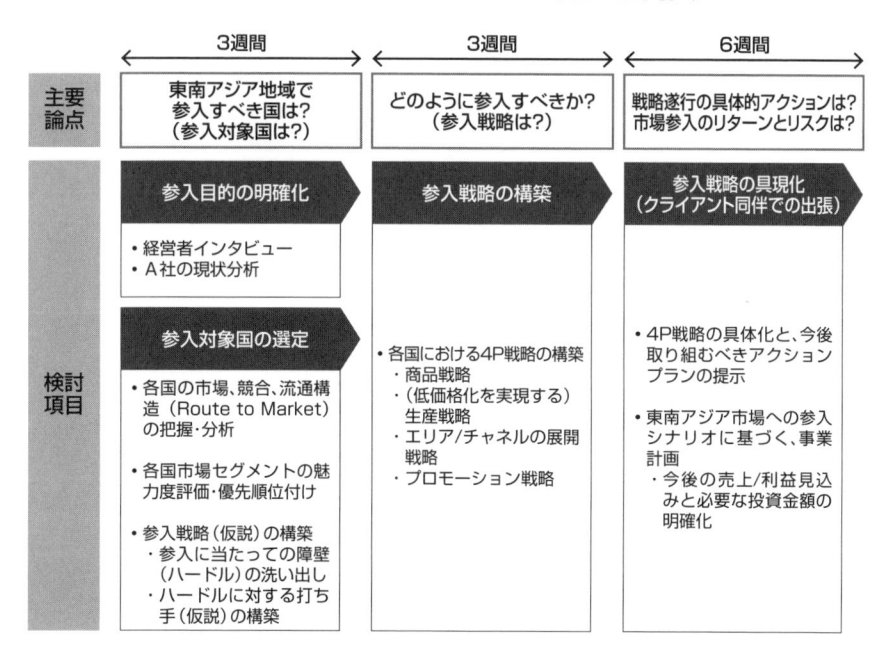

	3週間	3週間	6週間
主要論点	東南アジア地域で参入すべき国は？（参入対象国は？）	どのように参入すべきか？（参入戦略は？）	戦略遂行の具体的アクションは？市場参入のリターンとリスクは？
検討項目	**参入目的の明確化** ・経営者インタビュー ・Ａ社の現状分析 **参入対象国の選定** ・各国の市場、競合、流通構造（Route to Market）の把握・分析 ・各国市場セグメントの魅力評価・優先順位付け ・参入戦略（仮説）の構築 　・参入に当たっての障壁（ハードル）の洗い出し 　・ハードルに対する打ち手（仮説）の構築	**参入戦略の構築** ・各国における4P戦略の構築 　・商品戦略 　・（低価格化を実現する）生産戦略 　・エリア/チャネルの展開戦略 　・プロモーション戦略	**参入戦略の具現化（クライアント同伴での出張）** ・4P戦略の具体化と、今後取り組むべきアクションプランの提示 ・東南アジア市場への参入シナリオに基づく、事業計画 　・今後の売上/利益見込みと必要な投資金額の明確化

画に落とし込むとともに、事業計画（売上／利益の推移）を構築し、戦略遂行のリターンとリスクを明確化して、経営陣の意思決定を導いていきました。

A.T. カーニーではプロジェクトの成果を最大化するために、プロジェクトごとに適切なメンバーを選定しています。このプロジェクトでは、コアメンバーである東京オフィスから4名、参入対象国のオフィスから各1名というグローバルチーム体制を組みました。消費財のグローバルプロジェクトということもあり、東京オフィスのプロジェクトメンバー4名は、国内大手消費財メーカー出身者、元外交官、MBAホルダー、東南アジア市場で強い日系自動車会社の出身者という、まったく異なる経歴を持つ4名のメンバーが選ばれたのです。

また、参入対象国のコンサルタントに、各国の個別具体的な知見を有する消費財のプロフェッショナルを選定しました。

これらのプロジェクトメンバーに加えて、当社のグローバルネットワー

◆東南アジア進出プロジェクトのメンバー構成◆

ステアリング・コミッティー

A社	A.T. カーニー
■経営陣	■パートナー
	■プリンシパル

プロジェクト・チーム

A社	A社	A.T. カーニー（東京）	A.T. カーニー
■関係各部	海外事業部 ■部長 ■課長 ■社員 経営企画部 ■課長	■マネージャー ■コンサルタント3名	■東南アジアオフィスのコンサルタント ■業界エキスパートのアドバイザー、リサーチセンター（東南アジア、インド等）

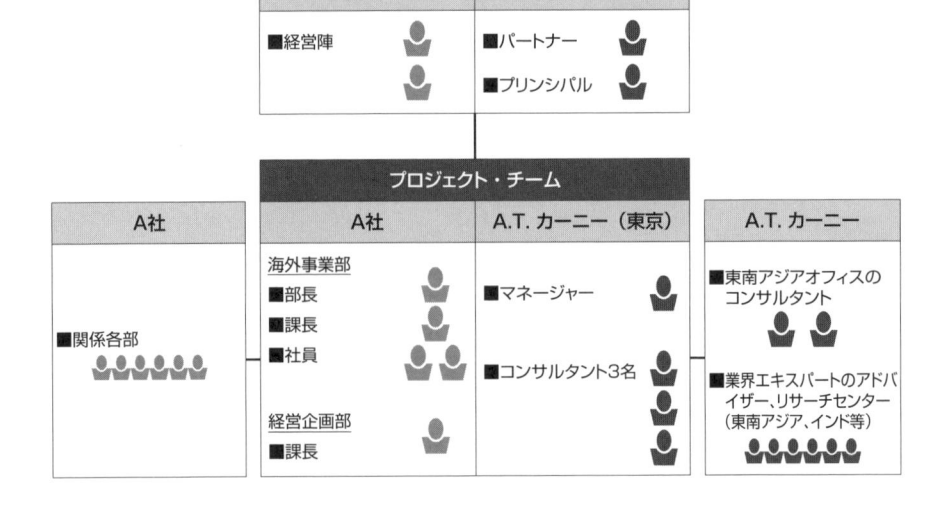

クが保有する社内外の小売・流通の業界エキスパートをアドバイザーとして巻き込みながら、プロジェクトを進行することになりました。

■■参入目的の明確化──1～3週
①インタビューを通じて参入目的の確認

東南アジア進出は、クライアントにとってまったく新規、かつ、未知のチャレンジです。そこで、このチャレンジを決断した背景を理解するために、A社経営陣へのインタビューからプロジェクトはスタートしました。

インタビューは、単なる数値目標の達成だけに留まらない参入目的の背景を理解すべく、「このタイミングで、既存市場を深掘りするのではなく、より困難な新規市場で展開を図る背景は？」「仮に参入戦略が成功した時、A社としてどのような姿になっていたいか？」という2つの問いに力点が置かれました。

そこから明らかになったのは、困難な新規市場への参入には「企業・社員の成功体験を積み上げ、組織を活性化して成長を加速したい」という経営陣の思いがあること、成功後に望むのは、「M＆A等によって他社ブランドを展開するのではなく、A社ブランドの商品が参入対象国で展開され、消費者に広く認知されている姿」、つまり市場で浸透していることでした。

これらの問いが明らかになったことで、経営上の数値目標を達成するのみの参入戦略ではクライアントの「真の要望」を満たすことはできず、「数値目標」と「自社のブランドの浸透」を両立できる参入戦略こそ、プロジェクトの最終成果物であるという共通認識ができたのです。

コンサルティングの現場では、このようにクライアントから明示されていない、潜在的な依頼が多々あります。今回のケースでは、経営陣へのインタビューや議論を通して「想い」に直に触れ、プロジェクトの最終目的を共通認識にすることができました。そして、目的達成に向けて、クライアントとコンサルタントが一丸になっていくのを感じ取ることができた最初の瞬間となりました。

②参入対象国の選定のための調査・検討

　次に、2つの参入目的を達成するうえで、複数ある東南アジア諸国のなかでどの国・市場が魅力的かを特定するために、調査・検討を行いました。プロジェクトでの調査は、短期間で経営上の意思決定を導き出すために、単に列挙的・網羅的に項目を調べるのではなく、戦略の立案という最終ゴールに向けて目的を明確化したうえで行われます。

　本プロジェクトでは、経営者インタビューで得られた2つの参入目的を基に、「クライアントの売上目標を達成できる国・市場は？」「自社ブランド浸透を図りやすい国・市場は？」という2点から検討を行いました。前者の視点では、マクロ経済・市場動向（規模・成長性）や競争環境が、後者の視点では、各国でのメーカーから最終消費者に至るまでのルート（Route to Market）が重要です。これらをリサーチや専門家のインタビュー等を通して把握していきました。

③調査・検討結果を踏まえた参入対象国の選定

　前述のとおり、この段階ではまだクライアントは現地調査をしていません。つまり私たちは、クライアントにとってなじみのない国・市場について評価し、優先順位を付けるわけですから、評価においても、クライアントが納得できる形で情報を共有し、参入対象国を選定することが重要です。

　そのため、対象国の選定は、クライアントになじみの深い日本・米国等の先進国との比較を通して立体的な理解をうながしたうえで、参入目的に照らした各国市場の位置づけを明確化し、経営陣に報告しながら、意思決定をサポートするという流れで進めていきました。

　たとえば、市場予測の結果を基に、クライアントの売上目標達成に必要な市場シェアを割り出したり、そのシェアと日本市場でのシェアを比較したりすることで、未知なる国での単なる数値目標を、経営陣が実感できる形に近づけていくわけです。

　このように、調査・検討の結果は、単なるファクトを羅列したり、ファクトを3C（市場、競合、チャネル）などのフレームワークで分解したりして無味乾燥に提示するのでは、価値を提供できません。結果からクライ

◆クライアントへの報告のイメージ◆

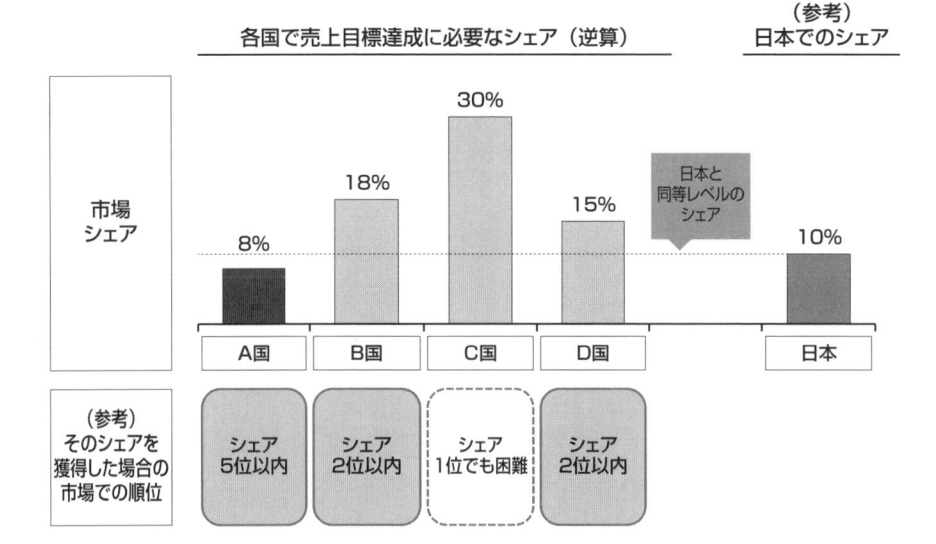

各国で売上目標達成に必要なシェア（逆算） ／ （参考）日本でのシェア

市場シェア
- A国: 8%
- B国: 18%
- C国: 30%
- D国: 15%
- 日本: 10%
- C国には「日本と同等レベルのシェア」の注記あり

（参考）そのシェアを獲得した場合の市場での順位
- A国: シェア5位以内
- B国: シェア2位以内
- C国: シェア1位でも困難
- D国: シェア2位以内

日本以下のシェアで売上目標を達成できるのは、"A国"のみであり、それ以外の国に参入する場合は、日本以上の位置づけを参入国で築く必要がある

アントにとっての意味合いを抽出し、戦略立案に向けたプロセスに主体的に関わり、経営の重要な意思決定を導き出していくことが、戦略系コンサルティングファームの役割の1つです。

以上のようなプロセスを経て、東南アジア各国から重点検討する国を複数特定し、各国で並列的にプロジェクトを実施してきました。本項では、そのうちのインドネシアに関して紹介しましょう。

■インドネシアへの参入戦略の構築──4〜6週
①インドネシアの概況

インドネシアは、東南アジア最大の人口、2.4億人を有するイスラム教国で、ここ数年は実質GDP成長率5〜6％を達成している大国です。平均年齢も28.5歳と極めて若く、今後も更なる成長が期待されています。こ

◆インドネシアの市場の概観◆

年齢別の人口ピラミッド（2010年）

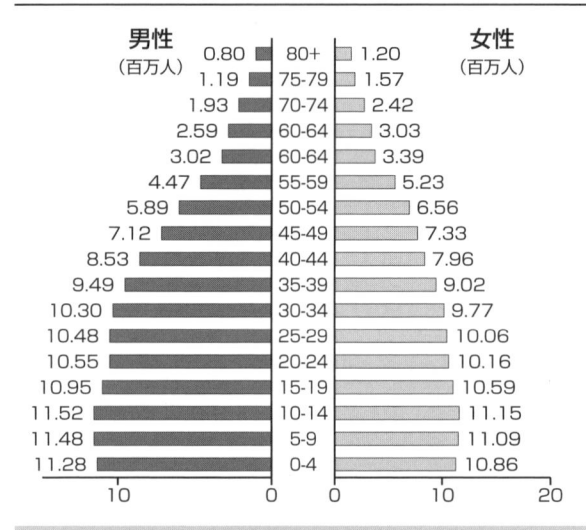

男性（百万人）	年齢	女性（百万人）
0.80	80+	1.20
1.19	75-79	1.57
1.93	70-74	2.42
2.59	60-64	3.03
3.02	60-64	3.39
4.47	55-59	5.23
5.89	50-54	6.56
7.12	45-49	7.33
8.53	40-44	7.96
9.49	35-39	9.02
10.30	30-34	9.77
10.48	25-29	10.06
10.55	20-24	10.16
10.95	15-19	10.59
11.52	10-14	11.15
11.48	5-9	11.09
11.28	0-4	10.86

平均年齢は28.5歳

所得別セグメント

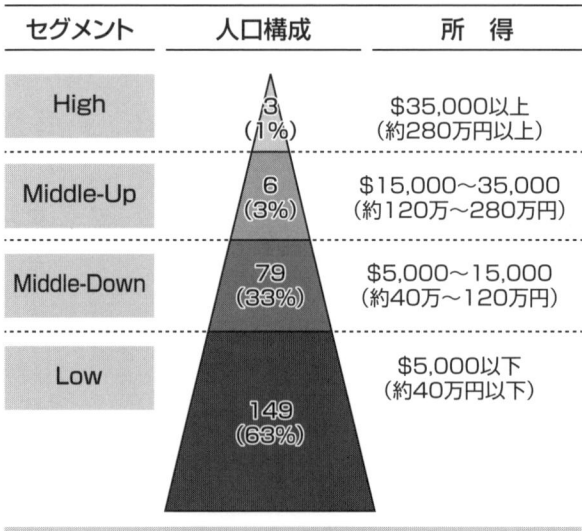

セグメント	人口構成	所得
High	3（1％）	$35,000以上（約280万円以上）
Middle-Up	6（3％）	$15,000～35,000（約120万～280万円）
Middle-Down	79（33％）	$5,000～15,000（約40万～120万円）
Low	149（63％）	$5,000以下（約40万円以下）

年収120万円以下の層が全体の96％

出所：EIU

のように、市場の成長性は魅力的であるものの、平均所得が120万円以下の世帯層が全体の96％を占めており、市場攻略には低価格商品が必要な状況です。

　流通構造を見ると、国土が広大なうえ、膨大な数の島しょから成り立ち、人口集積度が低いため、消費者の60％程度が地場の個人商店・小売店等の伝統的小売で商品を購入しています。カルフール、セブン-イレブン等のチェーンのスーパー・コンビニ等（組織小売）の比率は非常に低いです。そして、過去の傾向を見る限り、組織小売がインドネシア全土をカバーするには、まだまだ時間がかかると見込まれています。

　そのため、当面の流通の中心は、全国に約250万店舗ほど存在するワルーンと呼ばれる地場の屋台や、個人商店等の伝統的小売だと推測されており、小売の開拓には手間も時間もかかる状況です。

◆インドネシアの流通構造の概観◆

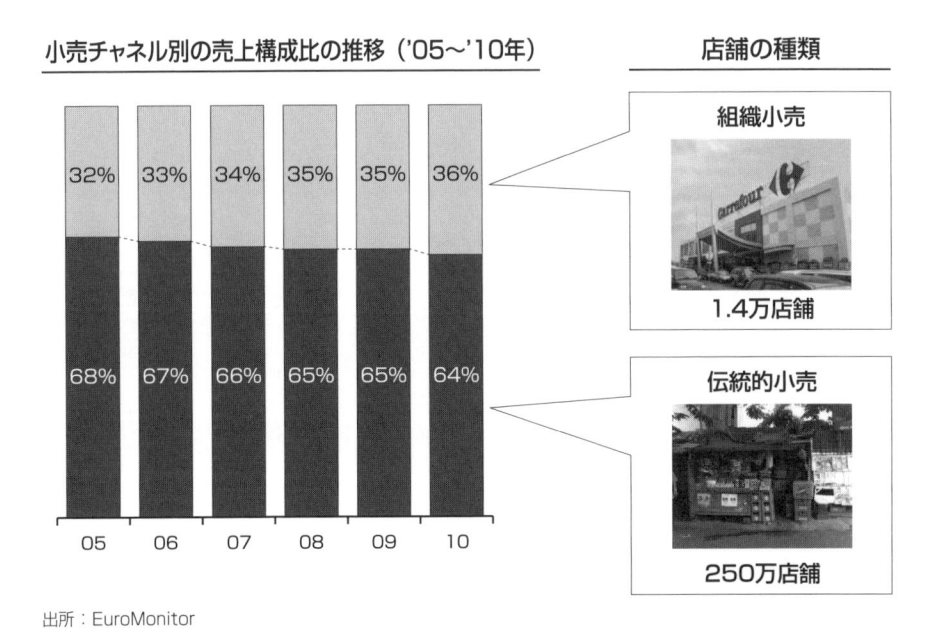

小売チャネル別の売上構成比の推移（'05～'10年）

年	組織小売	伝統的小売
05	32%	68%
06	33%	67%
07	34%	66%
08	35%	65%
09	35%	65%
10	36%	64%

店舗の種類

組織小売　1.4万店舗

伝統的小売　250万店舗

出所：EuroMonitor

②**参入戦略（仮説）の検討**

　このようなインドネシアの特徴と、クライアントの経営資源を基に、①参入に当たってのハードル（仮説）の洗い出しと、②それを乗り越えるための打ち手（仮説）を構築していきます。

　もちろん、インドネシアは新規市場であるため、クライアントにとってはすべてが初めての体験で、軽重を問わなければハードルは無数に広がってしまいます。よって、とくに克服が難しいハードルを選別し、打ち手を導き出すことが、私たちコンサルタントに何よりも求められます。

　まずは各国の現地コンサルタント、エキスパートとともに、克服難易度が高いと思われるハードル（仮説）を洗い出していきました。詳細は割愛しますが、「（平均月収2.3万円の人々に需要可能なレベルまでの）商品の低価格化」「（全国に約250万店舗ほど存在する）伝統的小売に向けた流通ルートの確立」「顧客の大多数を占めるイスラム教徒の宗教上の禁忌を鑑みたうえでの）商品開発」などが大きなハードルかつ克服すべきテーマとして抽出されました。

　そのうえで、テーマごとに適切な打ち手を個別に検討していきます。たとえば「商品の低価格化」に対しては、ゼロベースで「（生産コストの低減に向けた）低コスト企業への生産委託または自社での現地生産の可能性」「（流通コストの低減に向けた）低コストディストリビューターの選定」等を検討します。

　このように、参入ハードル（仮説）、および、打ち手（仮説）のそれぞれに関して、定量／定性の両面から、幅広くかつ詳細に検討して、戦略（仮説）を構築していきます。

③**参入戦略（仮説）の検証方法**

　これらの仮説の検証方法ですが、東南アジア市場を定量的に把握できるデータにはやはり限界があります。そこで、おもに定量データを基に仮説をブラッシュアップする「日本チーム」と、インドネシアに赴き、現地コンサルタントとともに店舗調査、専門家インタビュー、消費者インタビュー等を行い、定性データを基に仮説を検証する「インドネシアチーム」の

2チーム体制でプロジェクトを進めました。

具体的には、日中は各チームで仮説を検証し、夜はおのおのの検証結果を持ち寄って両チームでディスカッションし、仮説を進化・検証させ、次の日に臨む、という形です。たとえば、インドネシアチームのメンバーは、朝9時から夜8時くらいまで現地で店舗や専門家の元を回り、ホテルに戻ったら深夜まで日本チームとディスカッションする。これを繰り返しながら、戦略を精緻化していったのです。

実際、体力的にはなかなかタフな活動でした。しかし、グローバルな環境下で、極めて限られた時間のなか、仮説を進化させていくというスピード感、そして仮説が検証される喜びを感じて、不思議と笑い声が絶えないプロジェクトとなりました。個人的には、タフな環境ゆえに、短期間ながらプロジェクトメンバーとの一体感が生まれるというのも、この仕事の醍醐味の1つだと思います。

④クライアントと参入戦略を共有

次に、構築された参入戦略の根幹を共有し、次なるクライアントとの共同現地調査で詳細に検討するテーマを抽出するために、報告会を行いました。

報告会では、クライアントに納得、実感したうえで意思決定をしてもらうため、現地の店舗の写真・インタビューのコメント、実際の商品など、「生の情報」を盛り込み、現場の状況をリアルに伝えたのです。同時に、これらのサンプル的な情報を定量的なデータで補強して参入戦略の根幹を説明し、その必要性を共有しました。

これらのプロセスを経て、報告会では、今後のクライアントとの共同現地調査で詳細に検討すべきポイントが確定していきます。とくに、現地で売られている商品の価格の安さと品質とのバランス、伝統的小売が主であるという流通構造に対して、クライアントの衝撃は大きく、参入のハードル（克服すべきテーマ）に対する認識が1つになった瞬間でした。

■インドネシアへの参入戦略の具現化──7〜12週
①クライアントと合同現地調査
　プロジェクトも終盤に差しかかり、これまでに固められた参入戦略を、即時のアクションにつながるレベルまで落とし込む段階に至りました。実際に、組織で戦略に落とし込むためには、クライアントの実行メンバーが戦略を遂行できること、そして、経営者が参入戦略の「Go or Non-Go」を判断できることの２つが必須となります。

　そこで、この現地調査の最終的なアウトプットは、クライアントの実行メンバーが即時実行可能と感じられるレベルまで落とし込まれたアクションプランと、経営者が参入戦略のリターンとリスクを判断できる事業計画と定められました。

　これらの構築に向け、A.T. カーニーの東京側および現地コンサルタント、および、クライアントの実行メンバーが現地に集結し、現場の状況を確認しながら戦略を詳細化することになったのです。

②参入戦略の詳細化の方法
　戦略の詳細化に当たってとくに重要視したのは、「現地消費者および問屋・卸業者の地域特性への対応」と「約250万店舗以上もある伝統的小売を開拓するための方法」です。

　前者については、事前調査で抽出しておいた代表的なサンプルとしての５都市を実際に訪問し、22ページで説明したRoute to Marketに存在する各プレイヤー（卸・問屋、小売店主、消費者）に関してインタビューを実施し、地域特性の把握と必要なアクションを検討していきました。

　また、後者については、専門家インタビューを交えながら、Route to Marketの構築で、とくにキーとなる卸・問屋を特定し面談をすることで、メーカーに求める要望・条件を抽出し、個別のアクションにまで落とし込んでいきました。同時に、広告代理店等とも打ち合わせを行い、小売店の開拓に必要な広告・プロモーションの規模・費用等を把握し、アクションプランに落とし込んでいきます。

　そして、これらのアクションを包括する形で、各都市／地方から全国展

開に向けて必要な時間軸を定め、事業計画に落とし込んでいきました。

　なお、今回がクライアントにとって初めてのインドネシア訪問であったにもかかわらず、クライアントの現地の商習慣・流通構造への理解は、卸・問屋にも驚かれるレベルだったようです。実際、卸・問屋とインタビューは大いに盛り上がり、すぐにでも商談に入れるようなケースも多かったのです。熱い現場に居合わせることができ、コンサルタントとしての充実感を噛み締めました。

③経営陣に参入戦略を報告し、全社的な共通認識に

　合同現地調査のあとは、クライアントの実行メンバーにより、即時実行可能と思えるアクションプランが構築されることになりました。よって、私たちが携わるプロジェクトは、共同現地調査で固まった参入戦略をクライアントの経営陣に報告し、戦略遂行に向けた意思決定がなされるところで、東南アジアプロジェクトは終了となります。

　経営陣への最終報告会では、A.T. カーニーからは、3パターンのシナリオを分析した事業計画を報告し、クライアントの実行メンバーからは、共同現地調査およびアクションプランの報告がなされました。

　この報告では、現地に同伴していないクライアントメンバーからも、「現場のファクトを通した立体的な理解を得て、参入戦略の肝と必要なアクションを共通認識化できた」という評価をしていただきました。何よりも大きな成果は、経営陣のみなさんが、自社の実行メンバーからアクションプランの報告を受けながら、今回の参入戦略が具体的な売上／利益達成だけでなく、自社組織の活性化にも資するという中長期的な意味を、改めて実感されたことのようです。

　このように、経営陣・実行メンバーの双方を巻き込みながら、全社にとって意義ある戦略立案をサポートできたことは、私たちにとってかけがえのない仕事になりました。

■■東南アジアの成功を受け、米国事業成長加速プロジェクトが開始

　最終報告会のあと、クライアントはすぐに参入戦略の意思決定を行い、

実行体制を整え、現地に専任人材を着任させて、戦略を遂行に移していきました。この専任メンバーは、本プロジェクトで合同市場調査を行ったプロジェクトメンバーの１人です。

　もちろん、実際の戦略の遂行は一筋縄ではいかない部分もあり、困難に直面されることもあるようです。しかし、このプロジェクトを通して得られた戦略の共通認識と、経営陣からの全面的なバックアップが礎となり、日々遂行に向けて邁進（まいしん）されているようです。

　この東南アジアプロジェクトでの成功が経営陣に高く評価され、米国プロジェクトの実施が決まりました。海外事業全体では売上急加速をターゲットに据えていた一方で、当プロジェクト開始以前までの米国事業の成長は芳しくなかったため、他国事業との比較も含め、米国事業に対して本当に継続投資すべきなのか、ゼロから疑う必要があったからです。

　したがって、８週間のプロジェクトにおける最初の大きな問いは、「米

◆**プロジェクトスケジュール（全８週間）**◆

	4週間	2週間	2週間
主要論点	米国市場におけるA社の成長加速余地はあるか？	具体的にどうすれば米国事業の成長加速ができるか？	
検討項目	**米国市場の初期評価** ・市場セグメント（地域・小売チェーン別）の魅力度評価・優先順位付け ・流通構造（Route to Market）の把握とチェーン別の特性分析 ・米国市場でのKSF仮説構築 **成長加速戦略の仮説構築** ・Q社の課題仮説把握と、成長ポテンシャルの確認 ・ターゲット市場セグメントでの成長加速戦略の仮説構築	**成長加速戦略の詳細化（米国出張）** ・優先順位の高い地域における、4P戦略の具体化 ・小売チェーンの優先順位付け ・参入戦略の詳細化 ・エリア展開戦略の詳細化	**成長加速戦略の最終化** ・成長戦略の最終化 ・今後取り組むべきアクションプランの提示 ・米国事業の今後の売上/利益見込みと必要な投資金額の明確化

国市場におけるA社の成長加速余地はあるか」になりました。まずその問いの答えを明確にするべく、前半の4週間は地域別／商品カテゴリ別／チャネル別の市場魅力度、KSF（Key Success Factor：成功要因）などの初期評価にフォーカスを当てました。

後半の冒頭2週間は、2つめの大きな問いである「具体的にどうすれば米国事業の成長加速ができるか」に答えるため、米国主要都市を回りながら、十数社のブローカー、小売チェーンと面談を実施し、前半4週間に日本であらかじめ準備しておいた成長戦略仮説の検証、戦略の詳細化を行いました。

米国滞在での各種検証結果を材料に、最後の2週間で成長戦略・アクションプランの最終化と、売上／利益／投資金額の推計を行い、これまでの米国事業のあり方を180度変えることで目標達成を可能とする「米国事業の成長加速戦略」について、経営陣へ報告しました。

当プロジェクトでは、ステアリングコミッティー（プロジェクトの最終

◆米国進出のプロジェクトのメンバー構成◆

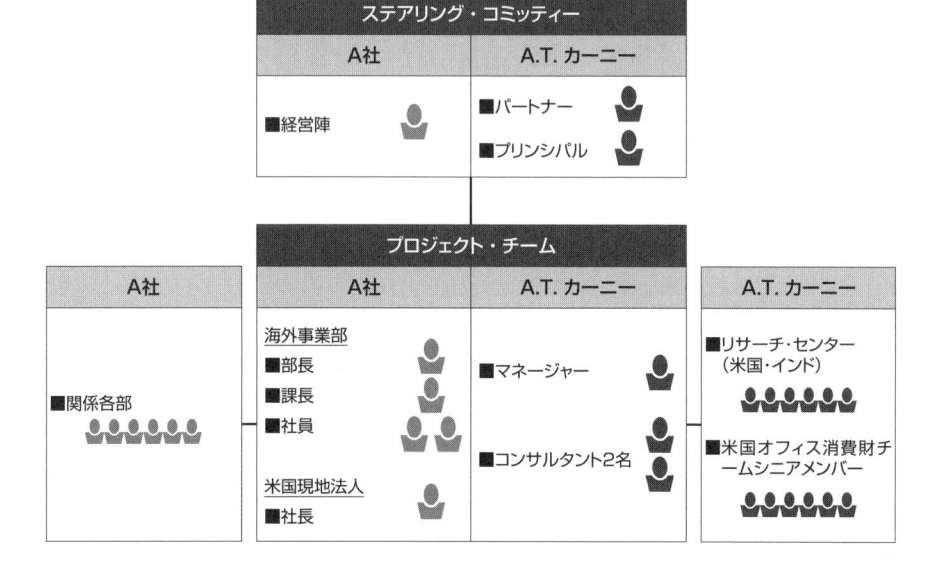

ステアリング・コミッティー

A社	A.T. カーニー
■経営陣	■パートナー ■プリンシパル

プロジェクト・チーム

A社	A社	A.T. カーニー	A.T. カーニー
■関係各部	海外事業部 ■部長 ■課長 ■社員 米国現地法人 ■社長	■マネージャー ■コンサルタント2名	■リサーチ・センター （米国・インド） ■米国オフィス消費財チームシニアメンバー

意思決定機能）の下に、A.T. カーニー側は東京オフィスの3名を中心にプロジェクトメンバーを組成しました。これに加えて、米国食品業界での経験・知見のある米国オフィスメンバーもプロジェクトに巻き込むことで、知見のみならず、米国の業界エキスパート、ブローカー、小売チェーンとの人脈を活用することができました。

A社側は、担当役員の1名がステアリング・コミッティーに参画し、海外事業部長、課長、担当者、米国現地法人社長の5名がプロジェクトメンバーとして兼任で参加してもらいました。

■初期評価、成長加速戦略の仮説構築——1～4週
①優先展開地域・チャネルの検討

A社が当プロジェクト開始前に実施した消費者調査によると、ブランドAの味・食感・パッケージデザインなど商品の構成要素は、米国市場において、同価格の他社ブランドと比べて消費者に高く評価されていることがわかっていました。認知度は低いものの商品・価格には大きな問題がないこと、また、3～5年という短期スパンで米国市場の売上急成長を果たすという目標が前提となっていたため、プロジェクト開始当初より、プロダクト変更はせず「魅力を備えているブランドAの配荷拡大方法を考える」ことに力点が置かれていたのです。

まず米国市場での配荷場所を考えるうえで、「展開地域」と「展開チャネル」という2つの大きな軸がありました。展開地域は、州別・都市別の規模・成長性・食品の嗜好性等について、官公庁の情報やアナリストレポートなどの定量・定性データを用いて評価し、優先展開地域を抽出しました。

展開チャネルの検討についても、展開地域の検討と同様、小売チェーン別の売上規模や店舗数等は公開情報から収集や試算が可能です。しかし、優先展開チャネルを見定めるためには、各小売チェーン別の規模のみならず、取引条件や、交渉・棚獲得の難易度等も把握する必要があり、こうした情報は公開情報からは取得困難です。そのため、米国オフィスで蓄積し

た知見を駆使するとともに、米国大手メーカーのブランドマネージャー・流通関係者・小売チェーンのバイヤー等、業界エキスパートへのインタビューを実施しました。電話インタビュイーを探すために一部LinkedInなどの人材紹介ツールにも頼りましたが、米国オフィスの消費財チームの人脈を活用しながら、10〜15名程度の有識者に対し、のべ20回以上のインタビューを実施することができました。

業界エキスパートインタビューでは、たとえば「Wal-MartなどのGMS（総合スーパー）は実績を非常に重視し、取引条件もメーカー側に厳しいものとなっているが、Club Store（コストコ等）やDollar Shop（安売り店）は商品の斬新さを重視し、取引条件も比較的厳しくはない」など、公開情報だけではなかなかわからない小売チェーン別の特性を把握し、仮説的に優先展開チャネルを定めることができたのです。

③ブローカーの役割

優先地域や優先チャネルの仮説を立てても、「どうすれば配荷を広げられるか」という問いには答えきれておらず、流通構造を明らかにする必要があり、そのなかでもブローカーに関する理解を深めることが非常に重要でした。

というのも、米国の当該食品の流通構造においては、メーカーと小売チェーンとの交渉仲介役としてブローカーを使うパターンが一般的で、メーカーと小売チェーンの直接交渉が一般的な日本とは異なります。しかしながら、これまでＡ社は小規模な日系ブローカーのみの利用に留まっていたため、配荷店数、獲得棚数が極めて小さくなっており、この課題の解決に向けてブローカー活用方法を再検討することが配荷確保のポイントと考えていたのです。

米国オフィスとのディスカッションや業界エキスパートへのインタビューを進めていくと、中小メーカーにとっては、地域有力ブローカーの活用がカギであることがわかってきました。全米の小売チェーンを相手にするナショナルブローカーも数社程度存在し、これらのブローカーは交渉力が非常に強いため、一見するとこのブローカーを活用することが得策ですが、

◆米国における当該食品の流通構造◆

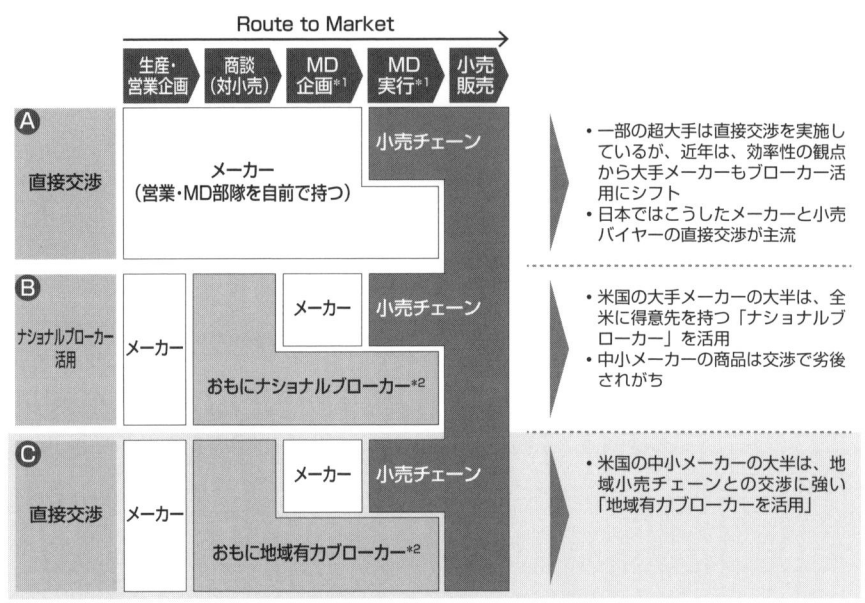

	Route to Market →					
	生産・営業企画	商談(対小売)	MD企画*1	MD実行*1	小売販売	
A 直接交渉	メーカー(営業・MD部隊を自前で持つ)				小売チェーン	・一部の超大手は直接交渉を実施しているが、近年は、効率性の観点から大手メーカーもブローカー活用にシフト ・日本ではこうしたメーカーと小売バイヤーの直接交渉が主流
B ナショナルブローカー活用	メーカー	おもにナショナルブローカー*2		メーカー	小売チェーン	・米国の大手メーカーの大半は、全米に得意先を持つ「ナショナルブローカー」を活用 ・中小メーカーの商品は交渉で劣後されがち
C 直接交渉	メーカー	おもに地域有力ブローカー*2		メーカー	小売チェーン	・米国の中小メーカーの大半は、地域小売チェーンとの交渉に強い「地域有力ブローカーを活用」

出所：エキスパート・インタビュー、A.T. Kearney分析
＊1：MD企画：棚展開イメージの企画など。MD実行：欠品チェック、発注管理、陳列作業などの実行作業
＊2：小規模小売店舗に対しては、Brokerを経由し、Distributorが交渉/MDを行う
＊MD：マーチャンダイジング

　彼らはA社のような中小メーカーの売り込みを得意としていないことがわかりました。大きなメーカーのプロダクトを多数抱えているため、小売バイヤーとの商談のなかで中小メーカーの商品紹介に割ける時間が非常に少ないのです。一方で、地域で細々と展開しており交渉力＝棚確保の能力がないブローカーでは話にならず、1州もしくは複数州の縄張を持つ地域有力ブローカーを活用すべきとのことでした。

　ただし、「各エリアでどの程度の数のブローカーを活用するべきなのか」「ブローカーに依頼することでどの程度の小売チェーンをカバーできるのか」「それらを踏まえてどのような拡大戦略を描けるのか」といった具体的な内容は、電話インタビューのレベルでは確信を得ることはできませんでした。

■■出張準備におけるアポイントメントの整理──5〜6週

　米国出張のおもな目的は、「ブランドＡの配荷を短期間で広げ、店頭売上を向上するためにどうすべきか」を確認することでした。したがって、米国において当該食品の店頭配荷交渉の主役であるブローカーと小売チェーンにインタビューすることが最重要ミッションです（ほか、広告代理店や業界エキスパートへのインタビューも実施）。

　初期評価で抽出された優先地域から、米国の主要３州を出張における滞在箇所として設定しました。米国滞在期間が10日程度と限定されていたこともあり、移動効率と地域特性の代表性を考えると３州程度がベストと判断し、これら３州に本社のあるブローカー、小売チェーンに対してインタビューを実施すべく、電話やメールによるアポイントメント確保を２週間程度かけて行いました。

　前述したとおり、ブローカーに関しては、大きすぎても小さすぎてもダメで、出張対象とする３州において１州もしくは複数州の縄張を持つ地域有力ブローカーを探索する必要がありました。ここでも、A.T. カーニーの米国コンサルタントや業界エキスパートの情報を活かしながら、彼らの証言を元に地域有力ブローカーの縄張マップをつくり、アポイントメント候補を洗い出します。

　多忙を極めるブローカー・バイヤーに、米国では認知度の低いブランドのために時間を割いてもらうことは容易ではありませんでしたが、紹介のアドバンテージも活かしながら、何とか15社程度のインタビュー先を確保することができました。A.T. カーニーというグローバルファームとして、世界各国のオフィスに知見や人脈があることの強みを再認識しました。

■■現地での交渉──机上の空論よりも現地での情報がものをいう

　渡航後、Ａ社米国現地法人社長とも合流し、Ａ社３名・A.T. カーニー３名の計６名で米国の主要４都市を移動しました。10日間の日程で４都市・15社以上のブローカー・小売チェーン・広告代理店を訪問するとなると夜間移動等もせざるを得ず、旅程は非常にタイトでしたが、日本で事前に準

◆ブローカーマップ◆

ブローカーのカバレッジを基に、51州を20の市場に括り上げた

地域分類

	市場名	所属州
❶	WA	WA, OR, AK
❷	CA⁽¹⁾	CA, NV
❸	CO	CO, ID, UT, MT, WY
❹	AZ	AZ
❺	MN	MN, WI, ND, SD
❻	IA	IA, NE
❼	MO	MO, KS
❽	AR	AR, OK
❾	TX	TX, NM
❿	IL	IL
⓫	MI	MI
⓬	OH	OH, IN, KY
⓭	GA	GA, TN, AL, MS, LA
⓮	New Eng.	MA, CT, RI, NH, VT, ME
⓯	NY⁽²⁾	NY, NJ
⓰	PA	PA, DC, MD, DE
⓱	VA	VA, WV
⓲	Carolina	NC, SC
⓳	FL	FL
⓴	HI	HI

注) 実際には、(1): CAは更に南北に分割され、(2): NYはNY UpstateとNY Metro/NJに分割されるものの、ここでは州以下の単位には細分化せず

地域分布イメージ

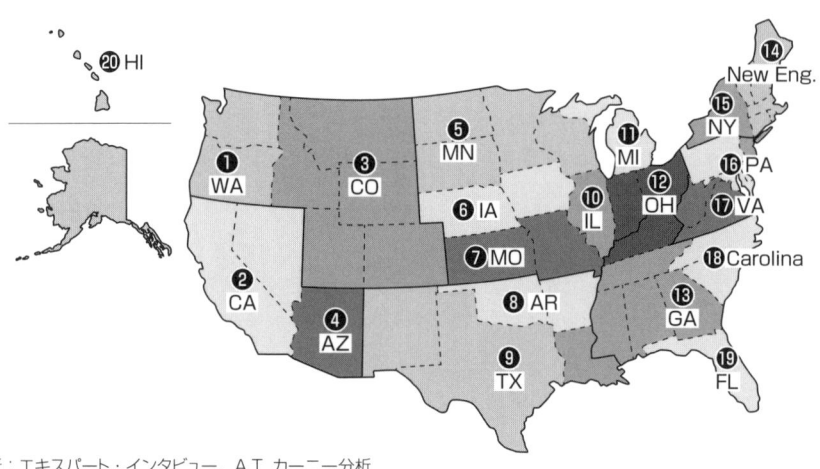

出所：エキスパート・インタビュー、A.T. カーニー分析

備しておいた成長戦略仮説が次々と検証されつつ具体化され、非常にエキサイティングで、滞在中は疲れを感じなかったように記憶しています。

　ブローカー・小売チェーン・広告代理店との面談を通じて確認できたことのなかで、もっとも基本的かつ重要だったのは、ブランドAの商品の質が極めて高く評価され、多くのブローカー・小売チェーンが新規取引に前向きな姿勢を示したことです。事前の消費者調査で評価されているという情報はあったものの、実際に商品を見て試食した有力ブローカーや有力チェーンから評価されることで、ブランドAの成長ポテンシャルを強く確信することができました。

　この実体験により、その後の成長戦略やアクションプランの策定にある種の魂が込められ、提案に説得力が増したと考えています。コンサルタントとして短期間で戦略を立案する際には、机上の空論になることを防ぐためにも、やはり自らの耳目で確認した根拠を信じ、伝えることが極めて重要であると再認識しました。

　また、想定していた部分ではありましたが、地域有力ブローカーは、当該地域の有力小売チェーンにおける"カテゴリキャプテン"（カテゴリ内のブランド配置を決定する役割）を担うケースがあるなど、小規模メーカーが少しずつ棚を確保していくためには、ブローカーとの連携がカギであることを再確認しました。

　一方で、地域有力ブローカーのカバーしていない小売チェーンも、一定程度存在することは認識を新たにした部分でした。Wal-Martなど力の強い小売チェーンはブローカー経由でなくメーカーとの直接交渉を求めるとは認識していましたが、Wal-Martを含むGMSや、WalgreensなどのDrug store、BPなどのForecourt store（ガソリンスタンドに隣接している売店）の一部は、本社での交渉を求め、地域本部での交渉を許さないことがわかってきました。こうした小売チェーンに対しては、特定エリアでの売上実績を持ったうえで、本部交渉に臨む必要があることが把握できたのです。

■■ 広告戦略にもかかわる

　広告代理店へのインタビューでもそれなりの成果がありました。これまでＡ社は、広告投資がSNSや店外イベントなどに限られ非常に手薄であったことから、売上拡大のためにはマス広告が必須と考えていました。

　しかし、広告代理店とのディスカッションのなかで、NYなど密集地帯かつマスプロモーションの単価が割高となるエリアでは、費用対効果を考えると、小規模メーカーにとってはマス広告が必ずしも得策でないことなども確認することができたのです。

　滞在は10日間にも及んだので、面談の合間にまとまった時間がとれることがありました。こうした合間時間には現地小売チェーンの店頭を20件程度訪問しましたが、ここでもいくつかの発見があり、仮説検証につなげることができました。

　わかりやすい例でいえば、ブランドＡのパッケージサイズの種類が少ないことを課題仮説として認識していたのですが、米国の小売チェーンの棚を実際に見てみると、店舗形態別に棚のサイズが想定以上に多様であり、棚確保のために極めて重要な要件を満たしていないことを確認することができました。また、これまで委託していたアジア系ブローカーが卸している小規模チェーンにおいて非常に割高な価格設定がなされており、商流の整理が必要であることなどは、米国現地法人社長にとっても新たな発見だったようです。

　Ａ社社員によると、「この出張で面談したブローカー・小売チェーンとは、現在も良好な関係を維持しており、実際の契約につながったケースも複数ある」とのことでした。今振り返ると、成長戦略仮説の検証という当初の目的以上に、実際の契約につながる商談となり想定を超えた成果を出せたことに、非常に大きな充実感を感じます。

■■ 戦略・アクションの立案──7〜8週

　提案した戦略は、米国事業での過去の取り組みからは大きく異なるものとなりました。従来の日系・アジア系の小規模ブローカーの活用、草の根

的プロモーションでは、中期経営計画で示した売上／利益目標に到底届かないことを明示し、地域有力ブローカーとの提携を加速するとともに、マス広告の投下を迫る形となったのです。

また、地域有力ブローカーがカバーしている小売チェーンには限りがあることから、地域・小売チェーンの二軸で、3ステップでの段階的拡大を提案しました。まず第1優先の地域として、市場規模の大きさなどから5〜10州程度をターゲットとしました。

そのなかで地域有力ブローカーがカバーする小売チェーンを集中攻略する2年間を第1ステップとし、その実績を基に、本部交渉を求める小売チェーンとの交渉を順次実施して、第一優先地域内での小売チェーンへの配荷を目指すことを第2ステップに据えました。最後は優先地域以外も含めた全米への配荷を狙う第3ステップです。

◆地域・チャネル展開戦略の考え方◆

地域ブローカーのカバーする小売の多い地域で早期に配荷を実現、実績を本社系全国小売にも展開し、全国に拡販

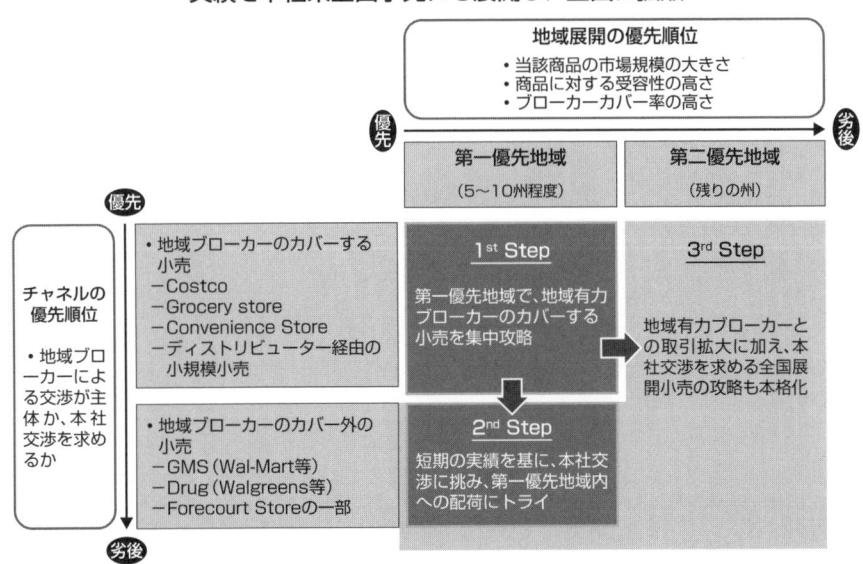

地域展開の優先順位
- 当該商品の市場規模の大きさ
- 商品に対する受容性の高さ
- ブローカーカバー率の高さ

	第一優先地域 (5〜10州程度)	第二優先地域 (残りの州)
地域ブローカーのカバーする小売 －Costco －Grocery store －Convenience Store －ディストリビューター経由の小規模小売	**1st Step** 第一優先地域で、地域有力ブローカーのカバーする小売を集中攻略	**3rd Step** 地域有力ブローカーとの取引拡大に加え、本社交渉を求める全国展開小売の攻略も本格化
地域ブローカーのカバー外の小売 －GMS (Wal-Mart等) －Drug (Walgreens等) －Forecourt Storeの一部	**2nd Step** 短期の実績を基に、本社交渉に挑み、第一優先地域内への配荷にトライ	

チャネルの優先順位
- 地域ブローカーによる交渉が主体か、本社交渉を求めるか

■■米国のプロジェクトは8週間という短期間で大きな成果をあげた

プロジェクトの最終日、「米国事業の成長加速戦略」について、A社の経営陣への報告会を行いました。会長・社長ともに、これまで経営として把握しきれなかったファクトの積み上げと、過去の方針を覆す成長戦略を高く評価されるとともに、8週間という短期間での成果に感心されていました。

その後、すぐにプロジェクトは実行段階へと移り、A.T. カーニーが築いたブローカーとのパイプも活用しながら、プロジェクト終了後わずか1年弱で、全米をカバーするエリアでブローカーとの契約が締結されています。A.T. カーニーが想定していたステップよりも早い動きとなったのです。

ブランドAには商品力があり、経営としてのマーケティングコスト投下も意思決定された今、売上が大きく拡大することは確実と考えています。

■■"10年に1度の意思決定の局面"にも立ち会えることが醍醐味

振り返ると、今回のような手戻りの許されない短期間のプロジェクトを成功に導けた大きな要因は、初期仮説の検討に議論を尽くし、正解に限りなく近い仮説を初期段階から構築できたことだったと考えます。

その結果、適切なエリア・適切なインタビュー先を選定し、滞りなく仮説検証・成長戦略具体化に至ることができました。また、インタビューが非常に重要となるプロジェクトにあって、A.T. カーニーにグローバルでの知見・人脈があったことも成功要因の1つです。

タフなスケジュールゆえ、睡眠不足に襲われ、移動の飛行機・バスの中で仮眠をとったり、プロジェクトルームとして活用していたホテルの会議室から自分の部屋までの移動するのもままならず、会議室の床の上で寝てしまったりということもありました。しかしこの苦労も、すべてはプロジェクトの成功により報われました。慢性的な疲労のなかでも種々の困難を乗り切ることができたのは、笑いを忘れず、力を合わせてともに頑張ったプロジェクトメンバーのチームワークのよさだと思っています。

また、現地調査・インタビューを通して、各国のポテンシャルを肌で感

じつつ、クライアントの商品が現地で浸透している姿を想像しながらプロジェクトを遂行することができ、非常にやりがいが感じられるものでした。

戦略立案系のプロジェクトでは、時に、プロジェクトにおける検討は終了したものの意思決定に至らない「絵に描いた餅」で終わるケースがありますが、Ａ社の場合はそのようなことはありませんでした。

それは、報告後すぐに実行につなげた経営層のすみやかで勇気ある判断と、その後、市場開拓のアクションを着実に継続されたＡ社経営企画部・海外事業部・現地法人の熱意があってこそ実現できたものと考えています。

経営コンサルティングの醍醐味は、クライアントにとって10年に１度の重大な意思決定の局面で仕事をさせてもらえることです。経営者や現場のみなさんと人間同士の深いコミュニケーションをとりながら、ともに会社の将来について悩み、考え抜きながら、会社にとってインパクトの大きな成果をあげられる仕事に出会えることは、コンサルタント冥利に尽きます。

また、世界各国の優秀な同僚と切磋琢磨し、時には新興国の同僚のハングリー精神の強さに接しながら我が身の甘さを振り返ったり、さまざまな国・業界の方々と接しながら、新たな視点や刺激を持ち得ることができるのも魅力です。

自信を喪失している日本企業が多いなかで、私たちの経験とネットワークを活用したコンサルティングによって、日本企業が再びグローバル競争に打ち勝つためのお手伝いが少しでもできれば、コンサルタントとしてこれほど幸せなことはありません。

A.T. カーニー株式会社

　1926年に米国シカゴで創業されたグローバル戦略経営コンサルティング会社。あらゆる主要産業分野の、多様な経営課題に対して戦略策定から実行支援まで一貫したコンサルティングサービスを提供。現在、世界39か国に57拠点を有している。1972年にアジア地区最初の拠点として日本オフィスが開設され、金融、通信、ハイテク、自動車、消費財・小売、公的機関等の幅広い分野において、顧客への貢献という強い決意のもと活発な活動を行っている。近年は「顧客と社会と共に、日本の未来を創る」を合言葉に「産業・企業のグローバル成長」など産業界や顧客企業の未来を切り拓くテーマにも積極的に取り組んでいる。

内藤 純（ないとう じゅん）

　A.T. カーニー プリンシパル。東京大学法学部卒。ソニー、ファーストリテイリングを経て、A.T. カーニーに入社。全社戦略、新規事業戦略、新興国参入戦略、企業再生、組織改革等の支援を手がけている。主な産業分野は、ハイテク、消費財、小売、通信等。共著に『コンテキスト思考』（東洋経済新報社）がある。日経ビジネスオンライン、雑誌『Think!』などにも寄稿多数。

北野雅史（きたの まさひと）

　A.T. カーニー マネージャー。慶應義塾大学経済学部卒業後、A.T. カーニーに新卒入社。全社戦略、事業戦略、海外参入戦略、全社調達改革、業務改革等の支援を手がけている。おもな産業分野は、消費財・エネルギー等

祖父江謙介（そぶえ けんすけ）

　A.T. カーニー マネージャー。京都大学情報学研究科修了。トヨタ自動車を経て、A.T. カーニーに入社。全社戦略、新規事業戦略、新興国参入戦略、組織設計／組織改革、全社調達改革、シナリオプランニング等の支援を手がけている。おもな産業分野は、自動車、通信、消費財等。

企業を再生するブランド戦略

(株)ローランド・ベルガー

——「本当に強いブランド」の戦略的なつくり方

■大手ホテルグループのブランド再構築

　大手ホテルグループA社の取締役会は重苦しい雰囲気に包まれていました。2000年代に入り伸び悩んでいた稼働率が、ここ数年、明らかな減少傾向にあり、直近の下落率に拍車がかかっていたからです。

　くわえて、稼働率向上のテコ入れ策として実施した値引きが期待を下回った結果、収支が予想以上に悪化し、昨年度から営業損益ベースで赤字に陥っており、今年度の赤字も確実な状況でした。

　その原因は、端的には競争環境の悪化にあります。2002年から2008年頃にかけて空前のホテル開業ラッシュが続き、新規に供給される部屋数は東京だけで7000室を超えていたのです。業界では、供給過剰が顕著になる2007年を揶揄して「2007年問題」と囁かれるほどでした。

　A社は世間では比較的よく知られた会社でしたが、社長はコーポレイトブランドの見直しが必要ではないかと考えていました。A社は認知度こそ高いものの、巷ではラグジュアリーな外資系ホテルや個性際立つリゾート系ホテルが話題となっており、次々と現れる新しい競合の中に自社が埋没してしまっているのではないかという感触をもっていたからです。

　経営陣はバブル期からこれまで規模の拡大を優先に事業を進めてきており、規模を拡大すれば認知度も高まりホテルとしてのブランドも強くなると考えていました。ブランドというものを真剣に考えたことはなかったのが実情ですが、競争激化と今回の業績悪化を受け、ようやくブランドそのものの見直しを検討し始めたのです。

　しかしながら、どのような方向性が正しいのか、さまざまなタイプのリゾートホテルが存在するグループをどのような形に変えるのか、自力でで

きることの限界も感じはじめていました。そのようななか、全社レベルのブランド再構築に豊富な実績を持つローランド・ベルガーに声がかかったのです。

プロジェクトは戦略系ファーム複数社によるコンペティションとなりましたが、最終的には提案書の内容と企業・ブランド再生の実績が評価されたローランド・ベルガーが受注しました。

■■日本において誤解されているブランドの定義

プロジェクトの詳細に入る前に、ブランドについて少し説明したいと思います。というのも、日本では学生ひいてはビジネスパーソンにおいても、ブランドといえばマーケティング戦略というように、ブランドに対する理解や認識に誤解が多いのが実情だからです。

ローランド・ベルガーでは、ブランドとは「消費者（BtoBビジネスであれば顧客企業）が企業や製品、サービス、お店等に対して思い浮かべる価値イメージ」と定義しています。

それでは、価値イメージとは何でしょうか？　それは、「高品質」「クール」「コストパフォーマンスがよい」というような消費者の心に存在する普遍的な価値観です。これらの価値観はさまざまですが、ある程度パターン化することが可能です。ローランド・ベルガーでは、欧米・アジアにおいて、消費者や企業が持つ価値観の研究を長きにわたって行っており、消費者が感じる普遍的な価値を20のタイプに体系化しています。（詳細は55ページのrbプロファイラーを参照）

これら価値イメージの集積であるブランドは、日々の企業活動の積み重ねにより形成されます。現代の消費者は企業と多くの顧客接点を通じて情報を受け取っています。具体的には、TVCM、新聞・雑誌、インターネット、セールスパーソン、口コミ、実際の購買・使用体験等を通じて、消費者はさまざまな情報を受け取り、何らかの価値イメージを感じ取った結果、価値イメージ＝ブランドとして心の中に蓄積しています。

たとえば、アップルであれば「クール」、ユニクロであれば「高いコス

トパフォーマンス」のような価値イメージをブランドの総体として思い浮かべませんか？

今回のプロジェクトであるホテル業界を例にとれば、宿泊体験、スタッフとのコミュニケーション、WEBサイト、口コミ、雑誌・パンフレットでの紹介等の顧客接点を通した価値イメージの蓄積により、ホテルのブランドが形成されているのです。

■■ブランド構築に戦略系ファームを使う意義

ブランドが消費者の価値イメージの集積である以上、企業にとってブランドイメージを変えることは簡単なことではありません。いまだにテレビCMを中心とした広告・マーケティング戦略でブランドをつくれると誤解している人もいますが、ブランドをつくる・変えるためには、企業活動全体と顧客接点のすべてを見直し、消費者が感じる価値を地道に変える必要がある——すなわち、戦略そのものを見直すことが必要なのです。

強いブランドをつくるためには、「コンセプト」×「オペレーション」×「組織」の3つが必要条件であるとローランド・ベルガーは考えています。

コンセプトとは、まさに戦略そのもの、どのようなお客様に対し競合他社と差別化をしたうえで、どのような価値を提供してくのか、いわゆる自社のバリュープロポジション（顧客に提供する一連の価格の組合せ）を考えます。オペレーションとは、「みずからのバリュープロポジションを具現化し、顧客に価値を提供するオペレーション・日常業務全般」を指します。そして、最後の組織とは、それらを的確かつ継続的に実行していけるような組織・インフラを指します。これら3つがそろって初めて、持続的な価値イメージの提供、すなわち消費者の心の中に明確なブランドを築き上げることができるのです。

そして、これら3つの必要条件を包括的なサービスとして同時に提供できる唯一の存在が戦略系ファームなのです。広告代理店やマーケティングコンサルティング会社は、上記の一部分を担う重要な存在ですが、必要要件のすべてをカバーすることはできません。

第1章　戦略コンサルティングのプロジェクト事例
ローランド・ベルガー

　さらには手前味噌になりますが、ネスレ、ロレアル、BMW、ZARA、イケア等、明確な価値イメージを持つ優れたグローバルブランドを数々生んできたヨーロッパを起源に持ち、数多くのブランド戦略に携わってきたローランド・ベルガーこそが、戦略としてのブランドを考えることができる真の会社であると考えています。なお、当社のブランド戦略の詳細は『戦略としてのブランド』（鬼頭孝幸 著、東洋経済新報社）をご参照ください。

■■プロジェクトの体制の構築

　ブランドについて触れましたので、いよいよA社プロジェクトについて説明します。当時組成されたプロジェクトメンバーにおいて、ローランド・ベルガー側の専任メンバーはプロジェクト・マネージャー、シニアコンサルタント、コンサルタント2名の計4名でした。

　定例会や社内ディスカッションには、業界知見豊富なパートナーやプリンシパルが参加します。また、グローバルのConsumer goods & retailプラクティスから、ブランドマネジメントのエキスパートが適宜サポートする陣容となりました。

　一方で、クライアント側は専任メンバーとして経営企画部から部長含めて5名、その他隔週で行われるブランド討議会に参加する兼務のメンバーとして、営業部、営業企画部、調達部等の全社の主要部署から部長クラスが十数名以上参加し、定例報告会には役員全員が参加するという陣容で進められました。

■■プロジェクトのアプローチは3つのフェーズに分けられる

　プロジェクトは計6か月、大きく3つのフェーズに分けて設計しました。具体的には、「フェーズ1：現状診断・初期仮説構築」が約1か月、「フェーズ2：ブランドコンセプトの策定」が約2か月、「フェーズ3：顧客接点への落とし込み、および、モニタリング体制構築（実行支援）」が約3か月という形です。

　なお、今回紹介するA社プロジェクトは全社レベルのブランド再構築で

◆A社プロジェクトのアプローチ◆

フェーズ1
現状分析と初期仮説構築
（約1か月）

フェーズ2
ブランドコンセプトの策定
（約2か月）

フェーズ3
顧客接点への落とし込みとモニタリング体制構築
（約3か月）

- 現状分析
  - マクロ環境分析
  - アセット評価（ホテル、レジャー施設等）
  - 競合分析、実地調査
  - 社内インタビュー
  - 消費者インタビュー（FGI）

- 課題の構造化
  - ブランド不振の負のスパイラルを構造化
  - 打ち手、解決策の素案検討

- ブランドビジョンの初期仮説立案
  - 現状分析からの抽出および洞察
  - 社内の問題意識・想いの整理

- 定量データに基づく仮説検証
  - 消費者調査の実施
  - 顧客セグメントの抽出
  - ブランドイメージの可視化

- ブランドビジョン、コアバリュー策定
  - 消費者に訴求力のある提供価値の絞込み
  - 絞り込んだ価値の組み合わせに基づくビジョン案を構築
  - 役員間の議論を経て、ブランドビジョンを策定

- ブランドポートフォリオの構築
  - ターゲット顧客層に沿ったグループのホテルブランド体系を構築
  - 各ホテルの方向性（リノベーション／売却）を検討

- ブランドビジョンの詳細最終化
  - タグライン、ロゴ等の最終決定
  - 行動指針、クレド等への落し込み
  - コミュニケーションプランの策定

- インナーブランディングの実施
  - 社内浸透策の実施
  - 既存のVI、標語等の棚卸・調整

- 組織・オペレーション改革立案
  - 顧客接点への落し込み
  - ブランド統制のための組織構築

- 5か年再生計画の取りまとめ
  - アセットの棚卸と投資計画
  - 損益計算書

すので、プロジェクトの説明にて登場するブランドという言葉はすべて"コーポレイトブランド"を差します。

フェーズ1：現状診断と初期仮説構築

フェーズ1とフェーズ2は、強いブランドをつくるための必要要件である、46ページで説明した「コンセプト」を決めるためのフェーズです。

まずフェーズ1では、マクロ環境分析、競合分析、既存のアセット評価、および、定性的なインタビューや実地調査を中心として、課題の構造化、および、新しいブランドコンセプトの仮説立案を行います。

このフェーズでは、「なぜ今ブランドが窮地に陥ってしまったのか」という、ネガティブスパイラルを構造化することがファーストステップとなります。ブランドが弱体化する要因は、マクロ環境、競合他社等の外部要因だけでなく、オペレーション、現場力の低下、人事制度、組織文化などさまざまな因子が重層的に重なり合っています。

これらをひも解かない限り、真に効果的な打ち手に落とし込むことはできません。さまざまな角度から定量・定性分析を行い、その構造を解き明かしていきます。

この際、インタビューや実地調査を中心とした定性的な分析は非常に重要となります。なぜなら、定性分析を通じて、定量分析からでは見えてこない、消費者のA社に対する本音や社内の人が持つ過去から現在にかけてのブランドイメージの移り変わり等、問題の真因を構造化し新しいコンセプトをつくり込むうえで重要な要素が見えてくるからです。

社内では経営層から中間管理職、ホテルのスタッフまで幅広くインタビューを行い、A社のブランドに対する想いや移り変わり、お客様からの見られ方について、議論を重ねていきます。

一方、対消費者には、フォーカスグループインタビュー（FGI）という手法を用います。具体的には、セグメント別に分類した消費者を5〜7人単位のグループに分け、A社に対するブランドイメージなど特定のトピックに対して議論をしてもらい、そのなかで消費者のA社に対する価値イメージや改善点を把握していきます。

また、このほかにも、コンサルタントみずから自社・競合のさまざまなホテルに宿泊し、顧客としての実体験を重ねるという実地調査による自社競合比較、有識者に対するインタビューや競合他社に対するインタビュー等も行い、多方面から隈なく情報を集め、仮説を進化させていきます。

フェーズ2：ブランドコンセプトの策定

フェーズ2では、いよいよブランドコンセプトの策定に入ります。このフェーズにてもっとも重要なタスクは、大規模な消費者アンケートの実施による仮説検証です。フェーズ1で行った定量・定性分析、ならびにローランド・ベルガーの国内外のプロジェクト実績に基づき、この時点で新ブランドコンセプト、すなわち消費者に訴求すべき価値イメージの仮説が明確にできます。

仮説はあくまで前述した分析の結果、および、グローバルで蓄積されているナレッジの積み重ねにより構築されているため、その正しさを実際のデータから可視化して検証する必要があります。

データの分析にはrbプロファイラーというオリジナルの分析ツールを用いて、消費者のA社に対するブランドイメージを可視化します。そして、ブランドイメージのあるべき姿を議論し、新しいブランドコンセプトに落とし込みます。消費者調査から始まるこの一連のプロセスは、ブランド戦略構築においてもっとも重要なプロセスです。

また、A社の場合、複数のホテルを抱えるグループであることから、コアバリューとなるブランドコンセプトを設定したあとに、グループ全体のポートフォリオ戦略も策定します。

フェーズ3：顧客接点への落とし込みとモニタリング体制構築

フェーズ3では、ブランドコンセプトで定めた価値イメージをターゲット顧客に伝えるうえで必要な改革を、個々の顧客接点にて立案していきます。A社の場合、まず必要となった改革は新しいブランドおよびポートフォリオ戦略に沿ったホテルそのものの棚卸です。個々のホテルのアセット評価を行い、新しいブランドコンセプトに沿うホテルになりうるホテルはリノベーション戦略を考え、そうでないホテルは閉鎖・売却案を検討しま

第1章 戦略コンサルティングのプロジェクト事例
ローランド・ベルガー

す。

また、価値イメージを具現化するためには、お客様の宿泊体験を抜本的に変えなくてはいけません。そのために必要となるオペレーション改革、従業員教育、ホテルテナントや調達戦略の見直し等も検討します。当然、広告・プロモーション戦略や旅行代理店等の販売チャネル戦略も見直します。

最後に、これらの改革が一過性で終わらぬよう、定着・永続の仕組をつくります。具体的には、組織改革、人事制度改革、モニタリングの仕組構築等です。

■ タスク・スケジュールの設計

さて、各フェーズの内容は前項で説明したとおりですが、実際にコンサルタントはどのようにして仕事を進めていくのでしょうか？　ここでは、タスク・スケジュールの設計方法、成果物の作成プロセスについて具体的に説明します。

まず、プロジェクトは受注が見えた段階で、受注を主導したパートナー陣およびプロジェクトの実行に責任を持つマネージャーにより、クライアントインパクトを最大化するためのゴール設定、イシューの構造化、初期仮説のブラッシュアップ、モジュール設計、想定ワークロードに基づくメンバー選定が行われます。

その後、受注が確定した段階で、クライアントを含むプロジェクトメンバー間にて、ゴール、イシュー、初期仮説、検証アプローチを共有し、すべてのミーティング・報告会の日程を確定させます。

このプロジェクト開始段階におけるセットアップが、プロジェクトマネジメントの鍵となります。このセットアップを疎かにすると、クライアントの期待とのずれやメンバー内での不和等、後々さまざまな問題が起こりかねないからです。

たとえば、プロジェクトのキックオフの段階では、最低でも中間報告会までは下図のようなレベルで社内外のスケジュールが確定していることが

◆プロジェクトのスケジューリング例（当初3週間のイメージ）◆

理想的なステップ

1 全体インターナルミーティング
・報告会の2日程度前にはプロダクションに発注できるレベルでコンテンツを固める

2 プロダクション
・報告会前日のシニアインナータルミーティングに間に合うタイミングでプロダクションに発注

3 シニアインナーナルミーティング
・オフィサーから翌日の報告会の対策

4 報告会（定例/中間/最終）

5 ラップアップインナータルミーティング
・次回報告会のアウトプットイメージと検証内容の確認

スケジューリングのイメージ

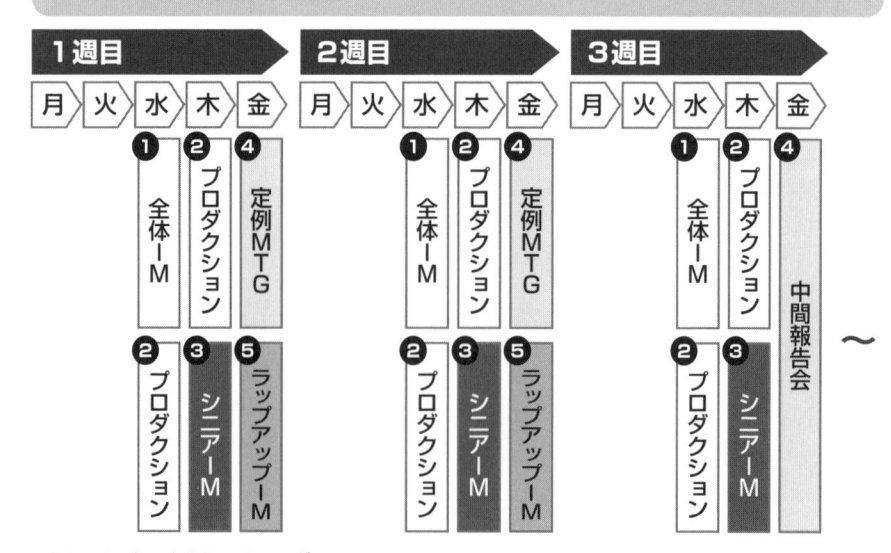

1週目 月／火／水／木／金
- 水：❶全体IM
- 木：❷プロダクション
- 金：❹定例MTG
- 木：❷プロダクション
- 木：❸シニアIM
- 金：❺ラップアップIM

2週目 月／火／水／木／金
- 水：❶全体IM
- 木：❷プロダクション
- 金：❹定例MTG
- 木：❷プロダクション
- 木：❸シニアIM
- 金：❺ラップアップIM

3週目 月／火／水／木／金
- 水：❶全体IM
- 木：❷プロダクション
- 木・金：❹中間報告会
- 木：❷プロダクション
- 木：❸シニアIM

※IM：インターナルミーティング

望ましいといえます。

　今回のプロジェクトの場合、役員をはじめとして銀行や株主といったステイクホルダーも含めた正式な報告会は、各フェーズにて2回ずつ（中間・最終報告）設けました。

　また、上記とは別に、クライアントのプロジェクトチームや関係役員に対する個別報告会がほぼ週1回のペースで行われました。中間・最終報告会といった報告会は、おもに関係者全員の合意形成やステイクホルダーの巻き込みを目的としており、新ブランド策定に必要な議論は主として個別報告会をベースに行われたのです。

　コンサルタントにとっては、この個別報告会が週単位の目標となります。各報告会で報告すべき内容はプロジェクト初期段階で設計されクライアントに確認してもらっていますので、マネージャーはそのスケジュールを守るべくプロジェクトを運営することが求められます。

■成果物の作成プロセス

　コンサルタントは、日々のチームディスカッション、クライアントとの議論、分析等のアクティビティを通じてみずからの仮説を進化させ、マネージャーおよびチームのサポートを受けながら週次報告会資料の担当モジュールを作成していきます。

　個別報告会の前々日には、パートナーも含めたインターナルミーティングを行い、現場レベルではなかなかもち得ない高い視座や知見からフィードバックをしてもらいます。このようにコンサルティングワークは、基本的にチームワークです。どんなに優秀なコンサルタントでも、たった1人でクライアントインパクトを最大化するようなアウトプットをつくることは難しいことが現実だからです。

　マネージャーやメンバーからのインプットをもとに仮説検証を繰り返し、時にはプロジェクトメンバー以外の同僚や海外の仲間からの客観的なアドバイスを受けながら、アウトプットの質を高めていくことが重要です。

　このプロセスでは、時にはみずからがつくったアウトプットを壊し、ゼ

ロベースで再考することが求められる時もあります。そのような場合、多大な時間がかかることもありますが、一方で知的刺激が多くやりがいのあるクリエイティブな仕事です。

その意味では、クライアントや社会に対する価値を最大化するために、知的チャレンジに満ちたチームワークを楽しめる人が戦略コンサルタントに向いているといえるかもしれません。

■ヨーロッパで培ったブランドの可視化・マネジメントノウハウ

47ページからのプロジェクトのフェーズ設計にて、ブランドイメージの可視化の必要性、および、その重要性について説明しました。ここはブランド戦略構築の肝の部分であるため、その方法論について少しくわしく説明します。

ローランド・ベルガーでは、前述した消費者が持つ20の普遍的価値を用いて、消費者やブランドの価値イメージを可視化するフレームワークを研究開発しています。私たちはこれをrbプロファイラーと呼んでいます。

rbプロファイラーにおいては、20の普遍的価値を2つの軸に分類してマッピングしています。縦軸は、20の価値がより情緒的・感性的なものか、それともより合理的なものかを表現しています。図の上にある価値ほど、より情緒的・感性的な価値にあり、図の下にある価値ほど合理的・理性的な価値になります。

横軸は、消費性向、つまり買い物をすることに対する積極性の強弱を示しています。図の右に行くほど、お金を使うことに積極的な価値であり、左側は消極的な価値となります。そして、これら2つの軸により、「社会連帯型」「刺激型」「ソリューション型」「コスト重視型」という、大きく4つのクラスターに分けられます。

このrbプロファイラーを用いると、市場を構成する消費者を、その消費者が持つ価値観の違いによりグルーピングすることができます（アウトプットイメージの詳細は60ページの分析結果を参照）。さらには、各グループのシェア、および、各グループにおける自社のシェアも把握すること

第1章 戦略コンサルティングのプロジェクト事例
ローランド・ベルガー

◆rbプロファイラーの説明◆

ローランド・ベルガーが明らかにした、消費者の普遍的価値

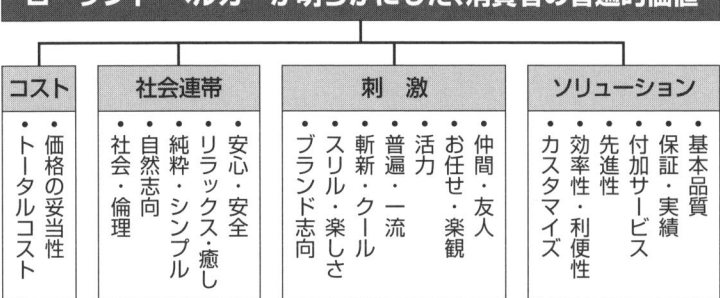

20の価値観

コスト	社会連帯	刺激	ソリューション
・価格の妥当性 ・トータルコスト	・安心・安全 ・リラックス・癒し ・純粋・シンプル ・自然志向 ・社会・倫理	・仲間・友人 ・お任せ・楽観 ・活力 ・普遍・一流 ・斬新・クール ・スリル・楽しさ ・ブランド志向	・基本品質 ・保証・実績 ・付加サービス ・先進性 ・効率性・利便性 ・カスタマイズ

20の価値観をマップ上で可視化

消費者価値マップ＝ブランド提供価値マップ

（例）20代消費性向が強い女性グループの価値観（日本）

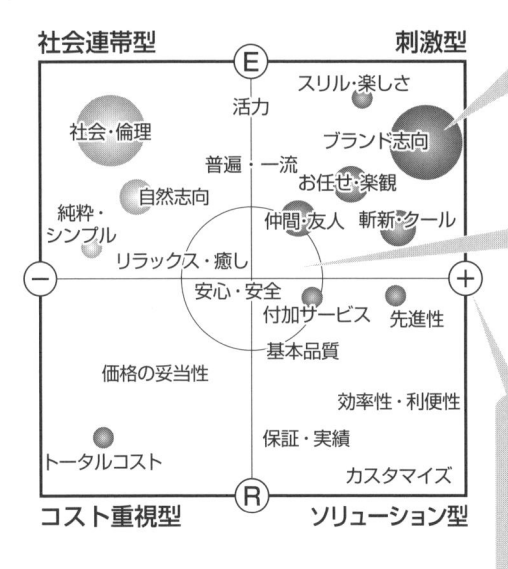

社会連帯型 ─ Ⓔ ─ 刺激型
　　　　　　　活力
　　　　　スリル・楽しさ
社会・倫理　　　　ブランド志向
　　　　普遍・一流
　自然志向　お任せ・楽観
純粋・シンプル　仲間・友人　斬新・クール
─　リラックス・癒し　　　　　　＋
　　　　安心・安全
　　　　　付加サービス　先進性
　　　　　基本品質
価格の妥当性
　　　　　効率性・利便性
　　　　　保証・実績
トータルコスト　カスタマイズ
コスト重視型 ─ Ⓡ ─ ソリューション型

- 特定の消費者グループが持つ価値観
  - 母集団平均と比較した際に相対的に強い価値観
  - 価値観の相対的な強さに応じて3段階に分類

- マップの中央に近いと、より共通、普遍的な価値観
- マップの外側に位置するものほど、際立った価値観

消費者の価値観の軸
縦軸 { Ⓔ 情緒的 / Ⓡ 合理的 }
横軸 { ＋ 消費性向「高」 / － 消費性向「低」 }

価値観の強さの凡例
重視しない ← → 重視する

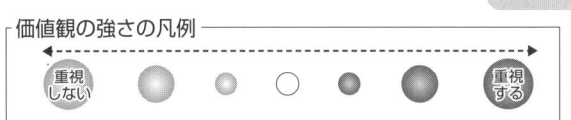

ができるため、自社が狙いどおりの顧客をつかまえられているのかが明確にわかり、定点観測すれば、その増減まで把握することができます。

　消費者の価値イメージ、および、自社のブランドイメージの現状をプロファイラーにより把握したあとは、次ページ図にあるようにブランドの「あるべき姿」の設定、そこに至るまでのロードマップ作成まで、すべてrbプロファイラー上で可視化したうえで、その後のアクションプランに落とし込んでいくことができます。

　このように、ブランド構築に必要なステップを一貫してカバーできることがrbプロファイラーの強みです。とくに、議論がまとまりにくい自社のポジショニングやあるべき姿の共通認識をつくるうえで非常に役立ちますし、一歩間違えると抽象的な議論になりがちなブランドの議論を、地に足の着いたものにするのに絶大な効果があります。

　また、ブランドの可視化のためには、rbプロファイラーを用いた分析以外にもクライアントやプロジェクトに応じて、さまざまな消費者調査・分析を行います。具体的には、お客様の満足度・不満足度調査、期待値とのギャップ分析等、多くの手法が存在します。コンサルタントは、プロジェクトの目的に応じて、これらを柔軟に使いこなすことが求められます。

　たとえば、A社グループにおけるリゾートホテルの消費者調査では、初回来訪のお客様がチェックアウトされるタイミングで、お客様の期待値と実際の満足度についての調査を行いました。このタイミングがお客様の本音がもっとも拾える瞬間だからです。

　その結果、興味深い事実が判明しました。お客様は当初A社が提供していたアトラクションや食事に魅かれてツアーで来館し、多くの場合これらの満足度は期待値を下回ってしまっていたものの、温泉施設については当初の期待値を遙かに上回り、総合的には一定のお客様が再訪の可能性を考えていることがわかりました。

　つまり、ホテル側が考えている自社の強みがあまり評価されていない一方、特定セグメントのお客様には別の部分が強みととらえられていることがわかったのです。ただし、このような分析は偶然から生まれるのではな

第1章　戦略コンサルティングのプロジェクト事例
ローランド・ベルガー

◆rbプロファイラーによるブランドマネジメントの流れ◆

縦軸（ステップ）	消費者分析	企業活動分析	横軸
現状分析	・年齢別、性別、職業別、利用チャネル別など	・自社および競合ブランド対象 ・広告を含むコミュニケーション活動、店舗活動などの顧客接点を分析	"プロファイラー言語"に翻訳
消費者によるブランド認知分析	・自社及び競合ブランド対象		
ブランドの「あるべき姿」設定	ブランドのあるべき姿の「ビッグピクチャー」をプロファイラー上に描き出す		
「あるべき姿」までのロードマップ作成			ブランド実現のため全社改革
顧客接点への落とし込み	・マーケティングミックス　・組織改革　・オペレーション改革　・インナーブランディング　・従業員教育		

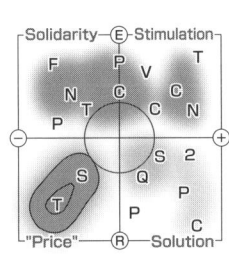

戦略	Step1	Step2	Step3	＋	－
オプションA					
オプションB					
オプションC					

57

く、コンサルタントが事前に考えた筋のよい仮説があり、それを検証するように消費者調査を設計しているからわかることです。

やみくもに満足度調査を行っても往々にして示唆のある分析結果は出てこないものです。このあたりはコンサルタントの能力だけでなく、蓄積されたノウハウの結果でもあります。

■■ブランド力低下の構造を把握する

さて、ここからはプロジェクトに戻ります。フェーズ1での現状診断で、A社のネガティブスパイラルの構図が明らかになってきました。

A社は高度成長期からバブル経済にかけ、高いブランド力を誇ったホテルでした。そのブランド力を生かし、同じようなホテルを展開することで、A社の業績は右肩上がりで伸びていきました。この頃のA社の強みは、そのブランド力だけでなく、急激な横展開を支えるための標準化が進んだオペレーション、軍隊的な組織、自前主義による展開力にありました。しかしながら、これらの強みは時代の変化とともに弱みへと変化していきます。

2000年代に入り、一部のホテルにて設備の老朽化が顕著となります。これまでほとんどの投資はホテルの新設に対して行われており、リニューアル投資を怠ったためです。

また、人材教育を怠りマニュアルに頼る運営を行ってきたため、顧客の嗜好の変化に対応できず、慢性的なホスピタリティ力の低下が顕著となっていました。これらがお客様に対するバリューの低下を招き、次第に稼働率が下がり始めます。

くわえて、稼働率を高めるために、修学旅行や外国観光客などの取込みといった戦略なき新規顧客層の呼び込みや値引きが横行し、ブランドとしての吸引力の低下がますます進行していきました。また、近年業績を立て直すべく人員削減を行ったことで残った社員は激務となり、忙しいけど儲からない"貧乏暇なし"状態が続き、社員のモチベーションは大幅に低下している状況だったのです。

ブランドを再構築するためには、単純に看板を変えるのではなく、これ

第1章　戦略コンサルティングのプロジェクト事例
ローランド・ベルガー

らハード・ソフトの構造的な問題を1つひとつ解決することが求められていました。

しかしながら、これらの課題を構造化し論理的に説明しても、経営陣の一部には変化の必要性をなかなか納得してもらえませんでした。長年の慣習、競合や新しいサービスに対する無関心、稼働率優先の組織文化が相まって、自社のポジショニングやサービスレベルを客観的に理解できるだけの視野を失っていたのです。

したがって、現実を理解して納得してもらうためには、消費者調査を行い、そもそも消費者はどのような価値観を持っているのか、そして消費者にとってA社、および、他社はどのように見えているのかを可視化して納得してもらう必要がありました。

■rbプロファイラーによる分析結果

フェーズ2の消費者調査、および、rbプロファイラーを用いた分析の結果、リゾートホテルのユーザーとして、異なる価値観を持つ6つのセグメントが浮かび上がりました（①オールドリッチ、②ニューリッチ、③パワーエリート、④ホスピタリティ重視、⑤おまかせシニア／ファミリー、⑥ミニマリスト）。各セグメントの特徴は次ページ図のとおりです。

次に、これらのユーザーから自社、および、競合他社がどのように見られているか、同様にrbプロファイラーを用いて分析します。自社のブランドイメージの現状を明らかにするためには、先に紹介した「消費者のセグメント別の価値」と、「自社、および、競合が消費者からどのように見えているかという各社のブランドイメージ」の双方から分析する必要があります。A社と競合2社の分析結果を紹介しましょう。

この結果を見ると、まずA社は競合に比べて価値が曖昧で、消費者に明確な価値イメージを提供できていないこと、つまり、希薄な存在であることがわかりました。抜本的なブランド再生が必要な典型的なパターンです。

セグメント別の分析結果で説明したように、消費者はさまざまなタイプが存在し、ホテルに対してそれぞれ異なる価値観をもっています。A社の

◆リゾートホテルユーザーの価値観別セグメント◆

セグメント名称	価 値 観	特徴・購買行動
1. オールドリッチ	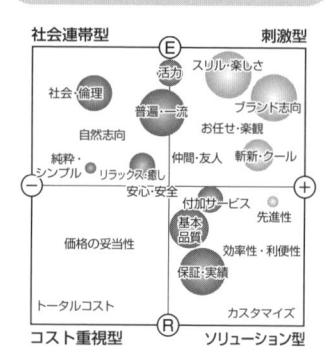 (価値観マップ)	・全体の15%を占める ・年齢は50代以上が多い ・プライベートでもビジネスでもワンランク上の馴染のホテルを使う ・いったん気に入ると同じホテルを使う傾向があり、ひいきにしているホテルがある ・基本的なマナーや品質等のベーシックな部分にうるさい ・外資系よりも伝統的な内資を好む
2. ニューリッチ	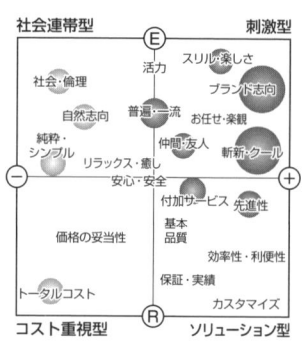 (価値観マップ)	・全体の10%を占める ・スポーツ選手、経営者、外資系金融等で50歳以下がほとんど ・ビジネス、プライベート問わず利用頻度が高い ・外資系ラグジュアリーホテルを好み、宿泊体験としてステータス感やわくわく感を重視している ・ひいきにしているホテルはあるものの新しいホテルを試すことも好き
3. パワーエリート	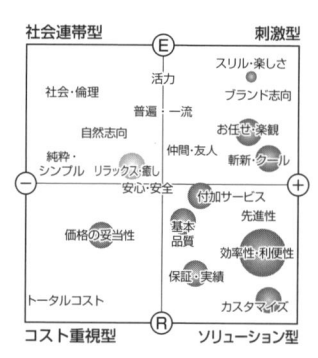 (価値観マップ)	・全体の20%を占める ・弁護士等のプロフェッショナル、一流企業のビジネスパーソン等が多い ・プライベートでの小旅行から、会合やカンファレンス等でのビジネス利用も多い ・今のお気に入りよりもより良いホテルがないか、常に探している ・コストパフォーマンス、利便性、サービスの質にシビアな目をもつ

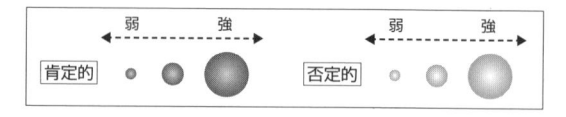

凡例:
肯定的　弱←→強
否定的　弱←→強

第1章 戦略コンサルティングのプロジェクト事例
ローランド・ベルガー

セグメント名称	価値観	特徴・購買行動
4. ホスピタリティ重視	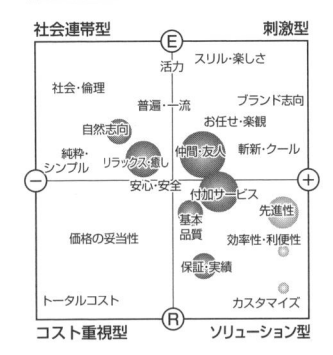 (ポジショニングマップ)	・全体の15％を占める ・女性やシニア層に多く、友人との集まり、旅行やハレの日のプライベート利用が多い ・ホテルに対しては保証・実績感だけでなく、サービスの質を重視する ・ひいきにしているホテルは、落ち着けるホテル
5. おまかせシニア／ファミリー	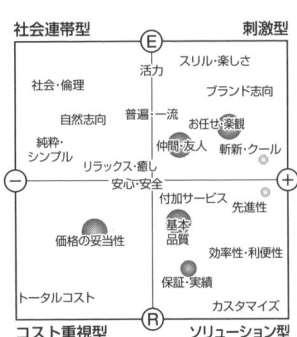 (ポジショニングマップ)	・全体の30％を占める ・40歳以上のファミリー層及びシニア層に多い ・ホテルの利用は主にプライベートでの家族旅行や友人との団体旅行 ・代理店のパックツアーの中からホテルを選ぶケースが多い ・ホテルに対するこだわりは、6つのセグメントの中では最も少ないため、価値観が全体的に弱い
6. ミニマリスト	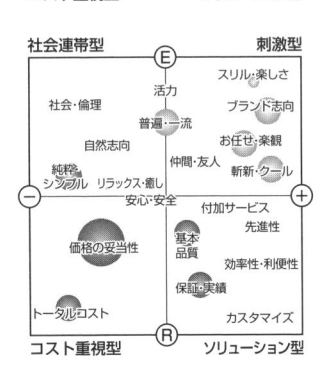 (ポジショニングマップ)	・全体の10％を占める ・職業は自営業からサラリーマンまで、多岐だが男性に多い ・もっとも価格にシビアで、倹約志向が強い層 ・シンプルで品質が良いものを妥当な価格で買うことが好き ・コストパフォーマンスの良いホテルを常に探している

価値イメージが曖昧ということは、明確な価値観をもつ顧客をとらえることができていないということになります。

他方、競合の外資系B社のように「斬新・クール」「ブランド志向」といった価値イメージが明確に浮かび上がっているホテルは、同じような価値観を持つ「ニューリッチ」のようなセグメントを顧客としてとらえることができています。このように優れたブランドは、必ずといっていいほど「ターゲットとするセグメントの価値観」と「自社のブランドイメージ」が一致しています。

実際に、消費者調査で集めたサンプルのなかで、A社のホテルを複数回利用したことがある人を調べてみると、6つのセグメントでいう「おまかせシニア／ファミリー」がもっとも多く、ついで「ミニマリスト」が多いことがわかりました。これは、団体旅行や企業会合用のパッケージを大幅な値引きにより誘致してきた事実と合致する分析結果です。

くわえて、A社として呼び込みたい「オールドリッチ」「ニューリッチ」といった富裕層は、ほとんど取り込めていない、または流出してしまったことがわかりました。言い換えると、主体的にホテルを選び、みずからの価値観に合うホテルにお金をたくさん払うような優良顧客は、ほとんどとらえることができていない状態だったのです。

薄々とわかっていたとはいえ、現実がこのような形で見える化されると、A社役員全員が参加している定例報告会は重苦しい雰囲気に包まれました。とくに富裕層に対するA社のブランド力を信じて疑わなかった営業企画部担当の役員は言葉を失いました。リゾートホテルにおけるA社のポジションは、客室単価が極めて低くローワーミドル、低単価で稼働率を確保している状況であり、ブランド資産を劣化させる方向に進んでいることは誰の目から見ても明らかでした。

しかも、マクロ環境分析により、法人／個人ともにA社が狙う宴会・団体需要は今後大きな伸びが期待できず、むしろ減少傾向にあることもわかっています。このままではジリ貧の負け戦であることは、避けられない現実となって経営陣に重くのしかかりました。

◆A社及び競合のブランドイメージ、ポジショニング◆

社名	消費者から見たイメージ	特徴（強み・弱み）
A社	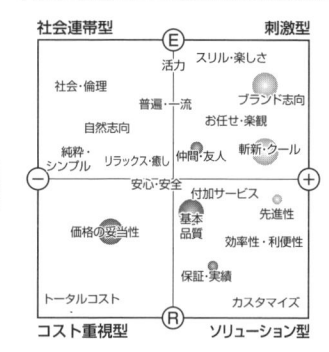 （社会連帯型／刺激型／コスト重視型／ソリューション型の4象限マップ）	・3社の中でもっともブランドイメージが曖昧で、明確な特徴がない ・一定の品質と価格のバランスは認知されている（値引の影響と推測） ・「ブランド志向」がネガティブであり特定のセグメントに対してブランドが毀損している可能性が高い ・「斬新・クール」「先進性」がネガティブであり、時代遅れのアカ抜けないブランドと認知されている
外資系B社	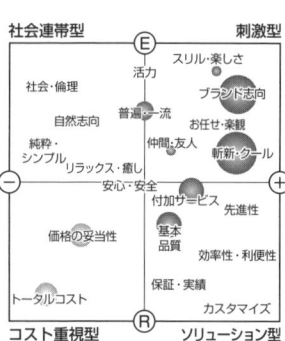 （同上マップ）	・外資系のラグジュアリーホテルであり、狙い通り「斬新・クール」「ブランド志向」といった価値感に訴求できている ・「付加サービス」「基本品質」といったベーシックな部分も評価されている ・一方、コストに関する価値がネガティブに振れており、値段については高いと考えている消費者が多い
日系C社	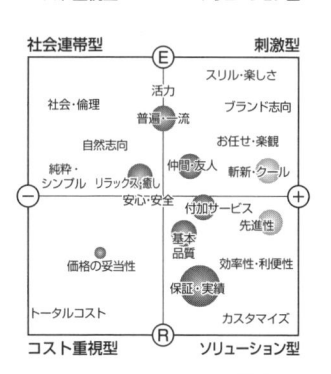 （同上マップ）	・老舗の日系ホテルであり、「保証・実績」「基本品質」「付加サービス」といったホテルとしてのベースが評価されている ・「普遍・一流」「リラックス・癒し」等の価値が高く、家族や友人と落ち着けるホテルとして認知されている ・一方、新しさやクールさには欠けるとの評価

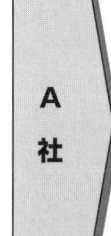

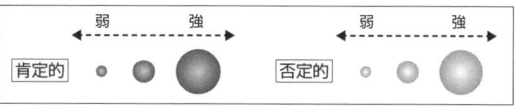

凡例：肯定的（弱⇔強）／否定的（弱⇔強）

■■ブランドコンセプトの見直し

　上述した分析結果は、プロジェクトメンバーにとって、いざ目の当たりにしてみるとショッキングなものでした。見えづらい消費者の価値観分布とそれに基づく自社のポジショニングやシェアがすべて定量的に可視化されてしまうのはrbプロファイラーならではの効果です。

　さっそくメンバーは、抜本的なブランド再生を図るためのブランドコンセプトを策定するプロセスに入りました。ここで議論することは大きく2つあります。

　第1は、ターゲットとする顧客層の選定です。A社の場合、40歳以上の「おまかせシニア／ファミリー」のお客様をたくさん抱えていました。選択肢としては、あくまで「おまかせシニア／ファミリー」に留まり競合他社との差別化を図るか、もしくはブランドコンセプトの一貫性を保てる前提で、ほかのセグメントを積極的に狙うしかありません。第2は、狙いを定めたターゲットセグメントを獲得するために、どの価値イメージを訴求していくかということです。

　ターゲットとする顧客層の選定については、2つの理由により他のセグメントを狙うことになりました。1つ目の理由として、「おまかせシニア／ファミリー」の減少スピードの速さがまず挙げられます。過去10年間の動向をベースに試算したところ、価値観の多様化にともない、5年後10年後にはセグメントそのものが縮小することがわかりました。

　2つ目の理由として、「おまかせシニア／ファミリー」の特性が挙げられます。このタイプは可処分所得が高いセグメントではなく基本的に代理店等を通したツアーパッケージによるホテル利用が多いため、ホテルにとって旨味のあるお客様ではないのです。

　それでは、A社としてどのセグメントをねらうべきなのでしょうか？議論の材料として、まずA社の強み、現在のブランドイメージ、各セグメントにおける競合状況、各セグメントの増減傾向等を分析します。そのうえで、お客様も含めたプロジェクトメンバー全員で、本当にそのターゲットセグメントを獲得できるのか、侃々諤々の議論を繰り返します。

結果的に、「オールドリッチ」「ホスピタリティ重視」「おまかせシニア／ファミリー」の３セグメントをＡ社グループ全体として狙っていく（具体的には、ホテルをカテゴリー分けしてＡ社のコーポレートブランドを冠したサブブランドをつくり、個々のセグメントに訴求していく）ことに決定しました。「ニューリッチ」や「パワーエリート」は競合が抑えており、自社の強みと照らし合わせても獲得は難しいと判断しました。

第２の点、消費者のどの価値イメージに訴求すべきかについては、３つのセグメントの共通の価値観である「基本品質」「保証・実績」「付加サービス」をコアバリューとして、ホテルのカテゴリー別にターゲットセグメントに応じた価値イメージをアディショナルバリューとして付加することに決まりました。

アディショナルバリューとは、特定のセグメントに訴求するための価値イメージ、いわばフックとなるバリューです。たとえば「ホスピタリティ重視」を始めとした女性の利用が多いホテルでは、彼女らが重視する「リラックス・癒し」といった価値イメージを、先に挙げた３つのコアバリューにくわえて訴求するといった具合です。

■クリエイティブエージェンシーとのコラボレーション

この段階で登場するのが広告代理店やロゴデザインやネーミング開発を行う制作会社です。先ほど説明したように、訴求すべき価値イメージの組合せでブランドコンセプトを練るのですが、「基本品質」「付加サービス」といったような言葉でいくら議論してもなかなか前に進むことができません。そこで、ブランドコンセプトを具体的な"言葉"に落とし込むうえでこれらの会社とのコラボレーションが重要となります。

実際、これらの会社はプロモーションやブランドブック等の開発、商材によってはテレビＣＭなど、後々のフェーズで重要な役割を担うことになります。したがって、コンセプト策定の段階で巻き込みを図り、こちらの意図をしっかりと理解してもらうことが後々のためにも重要となります。

たとえば、前述した「基本品質」「保証・実績」「付加サービス」といっ

た価値イメージの組合せを軸にするのであれば、これを具体的に言葉としてブランドビジョンに落としてもらいます（たとえば、リッツカールトンが社内で使用しているブランドビジョン "We are ladies and gentlemen serving ladies and gentlemen." のようなステートメントです）。

このプロセスはロジカルに考えるだけではダメで、クリエイティブな発想とロジックジャンプが必要です。各社に協力してもらいつつ、個々のプロジェクトメンバーも毎日うんうんと頭を悩ましながら、クライアントとともに納得できるブランドビジョンをみんなで考えます。産みの苦しみで大変なプロセスですが、ブランド誕生の瞬間に立ち会える非常にやりがいのある瞬間でもあります。

こうして生み出したいくつかの案（価値イメージ組合せとそれを言葉に落としたブランドビジョン）を、討議会や役員会で揉みながら1つのブランドコンセプトを策定します。この段階では、もちろんそれぞれの案を採用した場合のインパクトの定量的な裏付けも重要ですが、それよりも役員・従業員の想いとして、どのコンセプトを担ぎたいかという点で、みんなが納得することがもっとも重要です。

ブランドビジョンは単なるスローガンではなく、全社一丸となって5年、10年かけて育てていくものです。その意味で、全員が腹を決めてやる気になれるようなビジョンでないといけないのです。したがって、幾度となく議論を繰り返しながら、みんなが納得するブランドを決める必要があるのです。

■■ブランドポートフォリオの構築

コアバリューとなるブランドビジョンを定めたあとは、個々のターゲットセグメントに訴求するためのポートフォリオ戦略や、ブランド体系をつくり直す必要があります。

A社はさまざまなタイプのホテルを抱えるグループ企業です。これまで説明したブランド希薄化の1つの要因は、画一的に同じようなホテルを横展開してきたことにありました。消費者のニーズ・価値観は多様化してお

り、画一的なやり方では満足してもらうことができません。

　ホテルであれば、同じリゾートホテルといえどもビーチリゾートに泊まるお客様とウインターリゾートに泊まるお客様では、目的や求めるものが変わってくることは少し考えてみればわかることです。

　したがって、ホテルを個別ブランドにグループ分けして、それぞれが異なる顧客セグメントにアプローチする、しかもその際、カニバリゼーション（共食い）を回避し補完作用や相乗効果を生み出すように各ブランドを管理するという、きめ細かいポートフォリオマネジメントが必要となるのです。

　A社の場合、最終的に3つのブランド階層を設けました。「オールドリッチ」をメインターゲットに据え非日常を演出する「プレステージリゾート」、「おまかせシニア／ファミリー」による週末の家族旅行からビジネスの団体利用ニーズまで応える「アーバンリゾート」、ホスピタリティ重視層や中高年ファミリーによる利用を意識し格別のおもてなしとリラックスした快適空間を提供する「グリーンリゾート」の3カテゴリーです。

　そのなかでも、「プレステージリゾート」におけるプレミアム感の演出にはもっとも力を入れ、必要投資額も大きいものとなりました。これまでの経緯で毀損したブランドを引き上げることが、ブランド再生のなかで必要だったからです。

■■アセットの棚卸と投資計画の策定

　ブランドポートフォリオを再構築するうえで、既存アセット（資産）の棚卸は必要なプロセスとなります。新しいブランド体系にそぐわない施設を売却し、リノベーションに必要となる資金を捻出することが必要となるからです。

　プロジェクトにおいては、策定した新しいブランドコンセプトに基づく個々のアセット評価を行い、売却施設、リノベーションする施設を策定します。アセット評価の際の具体的な金額算出では、外部の不動産専門家とも協業します。以上のプロセスを経て、5年間の設備投資計画を策定し、

新しいブランドポートフォリオを実現するためのプランを描きます。

　なお、このようなグループ全体そのものの抜本的な見直しを、クライアントみずからの手で短期間に行うことは往々にして困難です。個々のホテルには歴史があり、従業員がおり、さまざまな人の想いが詰まっています。売却・閉鎖の選択を行うのは簡単ではありません。

　したがって、クライアントのみで、内部で進めようとすると、さまざまな政治的圧力がかかり、目的と外れた方向に議論が進み、本来意図しない結論が出てしまうことも多々あります。そのようななか、コンサルタントは目的に沿ったぶれない視点から意見を出し、経営陣に意思決定を迫ることができるので、改革を成功させるうえで非常に有用です。

　時には汚れ役となり、改革を阻む社内勢力から恨まれる役回りを演じても、プロジェクトの進行を助けます。

■インナーブランディングと従業員教育を通じた社内浸透

　新しいブランドを社内に浸透させるうえで、社内に向けたインナーブランディングは重要なプロセスとなります。ホテルビジネスでは、スタッフは重要な顧客接点です。したがって、個々のスタッフが新しいブランドコンセプトをしっかり理解し、ねらいどおり具現化できない限り、改革が成功することはありません。

　しかしながら、A社の場合当初この点が非常に難航しました。従業員は長年培われたマニュアル運営、上意下達の軍隊組織文化により、みずから考えることを忘れてしまった指示待ち体質に染まっていました。かつ、競合のホテルに宿泊したことはほとんどなく、上質のサービスやおもてなしの本質を体験したことがない社員が大半だったのです。

　上記を解決するためのインナーブランディングの具体策は多岐にわたります。ここでも既存の文化を代表するアセット（朝礼や形だけになっているブランドステートメント）の棚卸から始まり、新ブランドブックの作成、従業員が毎日唱和するクレドの作成を行います。

　くわえて、重要となるのが現場から改革に積極的なリーダー選出し、ク

◆インナーブランディングの3つのSTEP◆

	1 共有化(認知・理解させること)	2 行動化(行動を変えること)	3 定着化(組織に埋め込むこと)
内容	・ブランドビジョン／ストーリーをわかりやすく伝え認知させる ・従業員1人ひとりの頭の中で、新しい価値イメージを形成する	・ブランド変革の自覚と主体的に行動するためのコミットメントを形成する ・日々の業務の中で行動を開始し、ブランド変革への参画意識を高める	・行動を日々の業務の中で定着化させ自律化をうながす ・定期的な効果検証と、新しい目標設定をするサイクルを回していく
施策例	・既存ブランドアセットの棚卸 ・経営トップからのメッセージ ・新ブランドブック、クレドの作成、社内浸透 ・社内WEB、メールを通じた双方向コミュニケーション ・テレビCMによる社外からの変革喚起	・ブランド推進チームによる現場への浸透、行動規範化 ・研修教育プログラムの実施 ・変革を促す社内イベント ・ビデオレター等によるトップからの繰り返しの投げかけや説明	・ブランドKPIの設計と業務への埋め込み ・人事評価制度との連動 ・採用活動との連携 ・ブランド管理組織の明確化 ・社内日常行事・イベントへの落とし込み

ロスファンクションのブランド推進チームを組成しブランドリーダーとして養成し、新ブランドの現場への浸透を図ることです。また、人事部と協力し、新しいブランドに基づく人事評価制度の構築、教育プログラムの開発、ブランド価値に沿った人財を採用するための選考プロセス改革等も必要となります。

これらすべてのプロセスは、先に説明したフェーズ3にて実行支援という形でコンサルタントが担当者をサポートしながら実際に行っていきました。

■■現場を変えるオペレーション改革

インナーブランディングとともに、現場を変えるうえで必要となる重要タスクがオペレーション改革です。過度にマニュアル化された業務を改め新しいコアバリューを実現するだけでなく、3つのリゾートラインからなる新ブランド体系に即した、ブランドごとに異なるサービスレベルを実現

させるために必要なオペレーションを現場とともに考えていきます。この段階までくると、現場のリーダークラスが主体となり組成された改革チームがその実行主体となります。一番現場をよくわかっている人が主体的に改革する方法がもっとも効果的だからです。

コンサルタントは、会議のファシリテーターや必要資料の作成等を務めながら、改革チームを実行支援していきます。時には、現場を励まし鼓舞しながら、チームが改革を成し遂げられるよう傍(かたわら)でサポートします。このようにローランド・ベルガーが手掛ける実行支援フェーズでは、コーチングの役割をコンサルタントが担い、クライアント側の核人材の育成を行うことも多くあります。

また、上記のようなオペレーション改革にくわえて、ブランドコンセプトを顧客接点に落とし込むうえで必要な改革はすべて行います。A社の場合、原価低減のための調達部門の改革、自前主義に偏りすぎているレストラン部門の見直し、販売チャネル戦略の見直し等が該当しました。

■ブランド再生に必要な組織改革

ブランドコンセプトと顧客接点への落とし込みを確実に実行していくためには、組織体制の在り方も重要となります。組織体制の常としての絶対解はありませんが、いくつかのポイントはあります。

第1に、顧客接点の一貫性を保つためにはブランドそのものの絶対的な責任者、ブランドマネージャーを置くことが挙げられます。第2は、改革当初はクロスファンクショナルなチームを部署横断で組成しブランド改革チームをつくり、各現場に共通理解をもたらす核人材を育成することです。トップダウンとボトムアップを組み合わせて、全社にブランドを浸透させることが重要です。最後に、ブランドの状況を定期的にモニタリングする機能を組織としてもっておくことも重要です。

A社の場合は、これまでの機能別縦割り組織を改め、階層別のブランド（プレステージリゾート、アーバンリゾート、グリーンリゾート）ごとの事業部制とし、事業部長がブランドの責任者として各ブランドを管理・運

営していく形をとりました。

　また、全社の経営企画機能の一部としてブランド推進室を設け、定期的なモニタリングとコーポレイトブランドの情報発信を担う形をとりました。モニタリングは、年1回の消費者調査の実施とお客様への不満足度調査やインタビューという形で現在も継続しています。

■■再生5か年計画の策定

　最後に、以上のブランド再生計画を実行した際の「経営計画：損益計算書5か年計画」をシナリオ別につくる必要がありました。今回のブランド再生はアセットの売却にくわえて新規投資が必要なため、銀行、株主などのステイクホルダーの同意を得ることが欠かせません。

　そのためにはブランド再生とそれにともなう一連の改革が実現した時の青写真を具体的な数字や計画として見せ、納得してもらう必要があります。また、今後予想されるさまざまなリスクを踏まえ、シナリオを3パターン程度作成し、損益計画上のアップサイド、ダウンサイドをクリアにする必要があります。

　コンサルタントは単に数字をつくるだけでなく、ステイクホルダー（関係者）を巻き込んで全体整合をとり、計画どおり改革が進捗していくように、経営陣ならびに改革チームをサポートします。

　時には、金融機関等のステイクホルダーのもとに経営陣とともに訪れ、計画を説明し追加融資のお願いをするようなこともありました。このあたりは、計画が机上の空論で終わらぬよう結果が出るまで実行支援を行うローランド・ベルガーの特徴の1つです。

■■プロジェクトの結果とその後

　コンサルタントにとっては最終報告会が端的にはプロジェクトの終了を意味しますが、クライアントにとってはプロジェクトで計画した内容を実行し、結果が出てはじめていったんの終了を意味します。また、その後も業務が続くという意味では終わりがないともいえます。

したがって、ローランド・ベルガーでは、クライアントがコンサルタントに頼り切りなのではなく、プロジェクト終了後、クライアントが自律的にプロジェクトを実行できるようになって初めてプロジェクトの成否を判断しています。

　約半年間のプロジェクトを終え、Ａ社はブランド・企業再生のステップを確実に歩み始めました。そして、プロジェクト後半３か月の実行支援フェーズを経て、自律的にプロジェクトを実行できる組織へと変化しました。フェーズ２の報告会（ブランドコンセプトの策定）では、報告会に参加している銀行や株主からみて、本当に実行できるのか不安だったようです。

　というのも、経営陣、改革チームのメンバーの中に、明らかな不安を見せている人、理解が中途半端な人がおり、会社が一枚岩になっていなかったからです。しかしながら、フェーズ３の後半においては、報告会での発表者はコンサルタントから改革チームのリーダーに変わり、各メンバーが自信を持って発表し、一枚岩となり真剣に議論し合っている姿を見て、ステイクホルダーのみなさんもこれはいけると思ったそうです。

　以上のブランド再生プロセスを経て、現在Ａ社グループは赤字体質から脱却、安定的に営業黒字を生み出せる収益体質に変わり、そのブランドもターゲットセグメントに応じて狙いどおりの価値イメージを提供できる優れたブランドへと生まれ変わりつつあります。

　ローランド・ベルガーは、現在でもＡ社役員会に定期的に出席し、ブランドが定着・永続しているかモニタリングしています。

■■ブランド戦略とは企業の成長戦略そのもの

　ここまで読んでいただいた読者のみなさんは理解できたと思いますが、コーポレイトブランドを構築・再生するということは、会社全体を変える・再生することに等しい一大プロジェクトです。

　日本では、ブランドというとマーケティングの一環としてとらえている人も多いですが、欧米では上記のような認識のもと、会社全体としてブランド構築に取り組んでいる企業がたくさんあります。

第1章　戦略コンサルティングのプロジェクト事例
ローランド・ベルガー

　だからこそ、誰もが一度は憧れたことがあるような魅力的・個性的なブランドを、業界問わず生み出すことができたのでしょう。

　コンサルタントとして、ブランドの誕生の瞬間や再生の現場に立ち会えることは、知的刺激が盛り沢山で非常に面白く、学びの多いことです。なぜ昨今グローバルで日本企業が不振にあえいでいるのか？　なぜアップル、サムソン、ルイ・ヴィトンは強いブランドをつくり出せたのか、そして維持できているのかということを、頭だけでなく実体験として理解できます。

　そして、何よりもやりがいを感じることは、プロジェクトがうまくいき、クライアントに心から喜んでいただけた時の達成感です。まさにコンサルタント冥利につきる、すべての苦労が報われるすばらしい瞬間です。A社プロジェクトにおいても、最終報告会のあと、社長から「コンサルタントがここまで会社を変える原動力になるとは思わなかった。あなたたちの顧客に対する理解や、現場に対する理解は、プロジェクト中に私を遙かに上回っていることがよくわかった。ありがとう」という大変温かい言葉をいただきました。

　このような経験は次のプロジェクトにて新たなクライアントへの貢献へとつながり、ひいては日本経済再成長への貢献へとつながることでしょう。

株式会社ローランド・ベルガー

　ローランド・ベルガーは、欧州を起源に持つ唯一のグローバル戦略コンサルティングファーム。規模に依らず質にこだわった少数精鋭のコンサルティングを続ける一方、創業以来、一貫して成長を持続。現在世界36か国に51のオフィスを展開、約2700人のコンサルタントを擁する。東京オフィスはアジアの中心拠点として、約100名のスタッフが在籍。消費財、総合商社、自動車、精密機械、エネルギー、金融、保険、流通、運輸等の幅広い業界において、企業戦略、企業・事業再生、グローバル成長戦略、新興国戦略、ブランド戦略、マーケティング戦略、M＆A、PMI、営業力強化、オペレーション戦略等のコンサルティングを手掛け多くの実績を有する。欧州独自の柔軟な企業風土が生むサービスは、結果の出るコンサルティングとして各方面のクライアントから高い評価を受けている。

執筆者　福田 稔（ふくだ　みのる）

　株式会社ローランド・ベルガー　プロジェクトマネージャー。慶應義塾大学商学部卒、欧州IESE経営大学院経営学修士（MBA）、米国ノースウェスタン大学ケロッグ経営大学院MBA Exchange Program修了。大手ITコンサルティング会社を経て現職。総合商社、製造業、金融、エネルギー、サービス、アパレル等の業界にて、おもにブランド戦略、グローバル成長戦略、企業・事業再生の立案・実行支援に従事。多くの実績を持つ。

監修　米田 寿治（よねだ　ひさじ）

　株式会社ローランド・ベルガー　取締役シニアパートナー。早稲田大学政治経済学部卒、日本債券信用銀行（現あおぞら銀行）、米国系戦略ファームを経て現職。金融、製造業、エネルギー、小売など幅広い業界に対し、主にM＆A、PMI、企業再生、ブランド戦略などの立案・実行支援に豊富な経験を有する。10年を超える戦略コンサルタント経験を通じ、マネジメントの一員として人材の発掘、採用、育成にも尽力している。

# 第2章

総合系コンサルティングの
プロジェクト事例

「サステナビリティ」を実現する新潮流のコンサルティング

アクセンチュア（株）

―― 企業経営を支える新しい価値基準として提案

■■激動の時代に求められる"従来の枠を超える"コンサルティングとは

　コンサルティングといえば、経営戦略策定やプロジェクトの実行支援などのテーマを思い浮かべる人が多いと思いますが、アクセンチュアはそのような「従来の枠」を超える、新しい価値基準を基点としたコンサルティングに取り組んでいます。

　世界の経済秩序は、19世紀の西欧一極集中、20世紀の日米欧の先進7カ国（G7）による3極体制を経て、21世紀に入り成長著しい新興国を含む多極化された経済圏（G20）の形成に至りました。さらに、最近の国境にとらわれない「ヒト・モノ・カネ」の流動を見る限り、もはやこの多極化した経済圏そのものも存在せず、際立ったリーダー不在の「G0（ゼロ）」時代へと突入しているともいわれています。

　G7による3極体制時には、企業や組織のリーダーたちは自社の戦略、オペレーション、人材を、該当する地域に優先的に投下することによって持続的な成長が可能でした。しかし、複雑性が増し、変化の激しい時代でも成長を描き、そして実行に移していくには、かつてないほどの困難がともないます。

　このような激動の時代に直面しているクライアントに、ハイパフォーマンスなコンサルティングサービスを提供していくためには、変化を受動的にとらえるのではなく、私たちみずから今までのコンサルティングの枠を超えて能動的な変革を生み出していかねばなりません。

■■サステナビリティの真の意味は「企業の成長を支える新たな価値基準」

　アクセンチュアがどのような領域で変革を生み出そうとしているのでし

ょうか。その1つは新しい価値基準としての「サステナビリティ」です。サステナビリティという言葉は広義の概念が持たれる言葉ですが、アクセンチュアではサステナビリティを「経済価値、社会価値、環境価値のバランスを恒常的にとり続ける新しいイノベーティブな働き方、暮らし方の選択」と定義しています。

アクセンチュアが国連グローバル・コンパクト（UNGC）と共同で約100か国、25業種、800名以上の経営陣を対象に実施した調査によると、ほぼすべての企業（世界全体では93％、アジア太平洋地域では98％）が、今後のビジネスで成功するにはサステナビリティは「重要である」または「非常に重要である」と回答しています。

資源枯渇、地球温暖化、食糧不足、水不足といった地球環境の変化から、シェールガス・オイル革命を代表例とした、エネルギーの多様化が進むなかでの産業的、政治的パワーバランスの変化など、私たちはいま激動の時代にあります。私たちが定義する「サステナブル」なビジネス環境を企業や組織が創り出していくためには、従来までの価値観や、成長戦略に凝り

◆サステナビリティに関する調査結果◆

貴社の今後のビジネスの成長に向け、「サステナビリティ」はどのくらい重要と考えていますか？

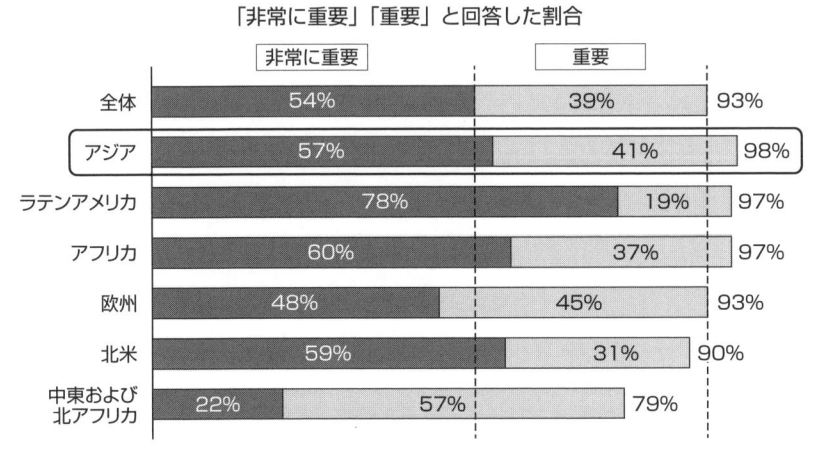

「非常に重要」「重要」と回答した割合

	非常に重要	重要	計
全体	54%	39%	93%
アジア	57%	41%	98%
ラテンアメリカ	78%	19%	97%
アフリカ	60%	37%	97%
欧州	48%	45%	93%
北米	59%	31%	90%
中東および北アフリカ	22%	57%	79%

出典：国連グローバルコンパクトCEO調査2010年（回答数766）

固まることなく、時代やニーズの変化をつぶさに見極めて、それを組織体として迅速に行動に移すことが可能なシステムが必要になるのです。

たとえば、環境面からエネルギーの最適化をどう図るか、豊かな生活文化を維持しながら企業活動を活性化させる術はあるのか、雇用を含めた未来の労働環境はどうあるべきかなど、グローバル化した経済においてサステナビリティは環境問題だけではなく、持続可能な社会や経済の発展をも包含しています。なかでも、電力利用の効率化や再生可能エネルギーの活用に取り組むスマートシティやスマート・コミュニティといったプロジェクトは、新しい変革を生み出す仕組みづくりの一環であり、私たちが背伸びをしてでも手を伸ばし、推進させたい取り組みの代表例です。

では、アクセンチュアの社員が実際のビジネスの現場でどのような変革を生み出しているのでしょうか。ここからは、アクセンチュアの経営コンサルティング本部でサステナビリティーサービスに従事する気鋭のコンサルタントの奮闘ぶりを、「サステナビリティ」というキーワードのもとにひも解いてみます。

■日本におけるサステナビリティ関連プロジェクトの立ち上がり

私たちアクセンチュア サステナビリティサービスの日本での活動が本格的に開始した時期は、リーマンショックによる経済危機からでした。当時、米国では、オバマ大統領のグリーンニューディール政策により、過度の規制緩和のために、不安定になっていた電力系統インフラ改修に対し、IT技術を活用した公共投資をはじめていました。そして日本でも、これに関連するITベンチャー企業を創出して経済活性化を図る「スマートグリッド」の必要性が盛んに説かれ始めていたころです。

当時、私たちは、この北米のニューエコノミーの恩恵を取り込むため、日本の商社をクライアントとするプロジェクトに携わっていました。クライアントと北米出張を繰り返し、市場調査・分析をしながら、実践的に日本の重電メーカーとのコンソーシアムの立ち上げの実地支援をしていたのです。このプロジェクトは最終的には、米国ニューメキシコ州にて、日本

のスマートグリッドモデルを海外に輸出する際の、パイロットとしての実証事業へと至りました。

　北米プロジェクトと同じタイミングで、「次世代エネルギー・社会システム協議会（経済産業省）」において、日本版グリーンニューディールである新政策の検討が行われていました。グローバル企業の代表としてアクセンチュアも本検討会に参加し、スマートグリッドに関する、以下の2つの代表的なモデルを説明しました。

> ①　北米の電力会社を中心とする「経済活性化型」のスマートグリッド
> 　アクセンチュアは、米国コロラド州ボルダ—にて世界初のパイロットプロジェクトを進めていました
> ②　欧州の自治体や需要家を巻き込んだ「環境調和型」のスマートシティ
> 　同時にアクセンチュアは、オランダ　アムステルダムにて、大胆なCO_2削減政策を掲げる自治体をクライアントとして、全産業セクター横断の政策設計をはじめていました

　その後の検討会において、新政策は「スマート・コミュニティ」と名を変え、横浜市・豊田市・けいはんな・北九州市の4地域で、欧州のモデルに近い都市基軸のパイロット実証プロジェクトがスタートしています。

■■たった5人でも壮大な構想を現実に――横浜スマートシティプロジェクト

　この横浜市での取り組みが、のちに欧州で主催されたスマートエキスポ国際会議にて「ワールドスマートシティ・アワード」を受賞することとなる「横浜スマートシティプロジェクト（YSCP）」です。このプロジェクトは、国内最大規模の基礎自治体である横浜市を舞台に既成市街地のスマートシティ化を推進し、低炭素化を軸に脱温暖化に向けて、エネルギー、建物、運輸・交通の3分野で低炭素関連技術を活用した社会システムの構築をめざす取り組みです。参加企業はNEC、東京ガス、東京電力、東芝、

◆めざすべきYSCPの将来像（イメージ）◆

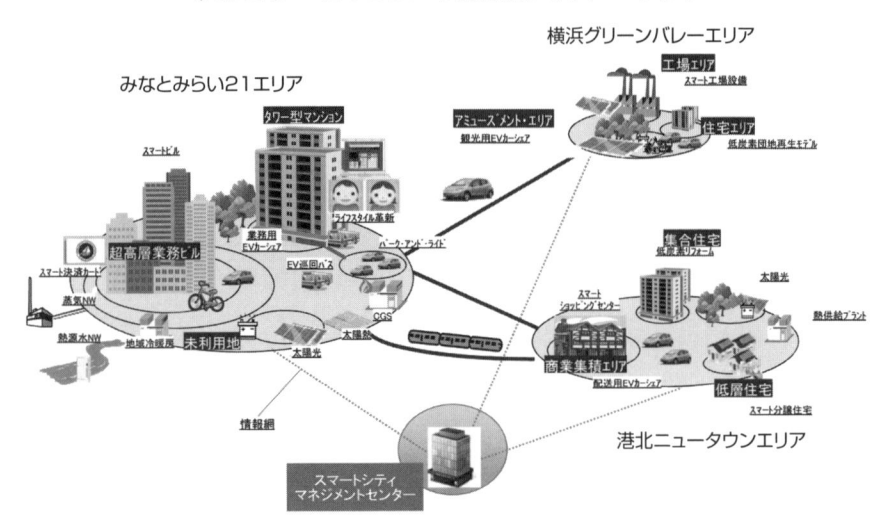

出典元：横浜市ホームページ"YSCPマスタープラン（平成22年8月）"

　日産自動車、パナソニック、日立、明電舎（以上、50音順）など、日本を代表する企業が参画しています。

　日本のスマートシティ建設には、その都市自体の低炭素化・魅力度向上を進める都市政策的側面にくわえ、将来の日本を支える新産業を生み出し、新興国を中心とした海外に輸出するという産業政策的側面もあります。アクセンチュアはこのプロジェクトにおいて、エネルギー関連、電気機器関連、自動車関連など8社の民間企業を中心としたコンソーシアムにおいて全体計画を練り、運営体制を調整し、デマンドレスポンスの在り方について、国内有数の規模と世界初のメニューも含んだ多様性をもって京都大学と共同研究を実施しました。

　当時、私たちは、これほど壮大なスケールのプロジェクトは到底自分の手に負えないと一抹の不安を抱きつつも、「この壮大なチャレンジを成功させることができれば、日本のスマート・コミュニティという、新たな産業領域の始動に携わることなり、さらにはアクセンチュアという会社において、今までにない可能性を切り拓くに違いない」と考えた記憶があります。

なかでも記憶に残っているのは、たった5名程度、全員30代前後という私たちのチームでいかにしてこの道数十年のベテランの方々と対等にわたり合い、どのようなバリューを提供できるかを思案していたところ、アクセンチュアのグローバルでサステナビリティ ビジネスを統括していた当時の女性上司が、「これは大きな取り組みでパートナー企業も大会社かもしれない。だけど私たちもbig companyであり、good companyだ」と、彼女が海外で手掛けた国家規模のスマートグリッドプロジェクトを引き合いに出し、勇気づけてくれたことです。

そして3年後の現在、途中社内外のさまざまな方々の力を借りつつ、横浜のスマートシティプロジェクトは設計から実行フェーズに移っています。3年前は机上の青写真でしかなかった、電力消費者側が需要量を変動させて電力の需給バランスを一致させる「デマンドレスポンス」の仕組みを、横浜市内1300世帯の市民のみなさんの協力のもとに開始しており、また、複数の大規模ビルでも展開しています。そして、アクセンチュアの役割も計画支援から実行支援へと移り、今では地域全体のエネルギーマネジメントシステム開発の一部も担っています。

■■電力とITの融合がもたらす新しい世界

2008年は、前述の横浜スマートシティプロジェクトのみならず、米国ニューメキシコ州でのスマートグリッド実証実験、国内でのスマートタウン構想など、日本を代表するプロジェクトがほぼ同じタイミングで立ち上がった年でした。まさに国内の検討と海外での検討が一緒に動いた瞬間といえます。また、別の視点から振り返ると、行政、電力、ハイテク産業の各インダストリーからメンバーが集まり、電力とITの融合がもたらす新しい世界をめがけて検討が開始された革新的な年でもありました。

それから3年間、多くのメンバーがクライアントとともに世界各地を飛び周りました。また、あるメンバーは日本の政府系機関に出向もしました。新たなメンバーの加入で勢いづくこともあれば、別の道へ進む仲間を涙で見送ったこともあります。時には日本のあるべきエネルギー政策について

徹夜でクライアントと喧々諤々(けんけんがくがく)の議論を戦わせたこともありました。そのような目まぐるしい日々を過ごしてきました。

何しろ新しい領域で、未知な部分が多いプロジェクトではありましたが、チームワークを尊重しつつも、1人ひとりがオーナーとしての自覚をもって行動し、責任をもった職務を果たした結果、後世に残る成果を出すことができたのだと考えます。

■■新興国市場へのチャレンジ──日本企業を二人三脚で支援

国内のスマートコミュニティプロジェクトは成功を収めましたが、これで終わりではありません。アクセンチュアはこの成功を活かし、日本企業の新興国への参入を支援しているのです。

1つの方法は、爆発的な成長が予測されるアジア諸国への展開です。私たちはこの3年間で、中国、インド、ブラジルはもちろん、インドネシア、

◆世界各地で進行する異業種連携によるジョイント事業の動き◆

世界中で企業・自治体がタッグを組んで街のモデルをつくり、海外輸出する流れがすでに開始されている

	米国 ～スマートグリッドシティ～	欧州 ～ポルトガルPlanIT～	アジア ～韓国U-City(インチョン)～
国と業種を超えた企業・自治体連合	電力会社 通信キャリア 家電系ベンチャー 重電系ベンチャー IT系ベンチャー アクセンチュア	スマートシティーベンチャー 高等研究機関 地方自治体 IT関連企業 不動産会社 アクセンチュア	ディベロッパー 総合電機メーカー 設計コンサルティングファーム 大手ゼネコン 鉄鋼・インフラ会社 IT通信チップメーカー アクセンチュア
グローバル展開	・最大で1億ドルの価値がある新技術を導入した、全米初の実証実験モデル都市 ・全米を皮切りに、ショーケースとして開発パッケージをプロモーション	・ポルトガル政府はこの計画を"国家的重要プロジェクト"と呼称 ～Project of National Importance～ ・ラスベガス等、他の都市も、このプロジェクト導入の意思を表明	・インチョンの開発をテンプレートとして、中国、インドで数十の新しい都市開発を予定

ベトナム、バルト三国など、さまざまな地域で日本企業のサステナビリティ関連市場への進出を支援してきました。

言葉の壁、時差の壁、文化の壁など、障壁を挙げればきりがないのですが、こうした壁を打破して世界に展開させていくなかで私たちがキーワードとしてとらえているのは、「徹底した現地政策の研究」「同床異夢の溝を埋める」「迅速さを失わない大胆な判断」の3つです。

■■グローバルの壁を打破する
①公共政策と連携し、現地の政策需要のメカニズム理解を徹底的に追究した上での戦略づくり

母国の市場規模が小さい韓国やシンガポールは、社会インフラをパッケージとして輸出する戦略を官民連携で推進しています。日本政府もまた、この官民連携によるインフラパッケージ輸出を「スマート・コミュニティ戦略」と銘打ち、アジア市場を取り込む足掛かりとして位置づけています。

これまで、日本政府は、G2G（政府間）ネットワークを活用し、インドのデリー・ムンバイ産業大動脈構想（DMIC）への参入調査など、新興国での現地の政策ニーズや参入障壁に関する調査（フィージビリティー・スタディー）を数多く実施してきました。では、日本の技術的に優れた環境技術の輸出は、何が難しいのでしょうか？

その時に1つのカギとなるのが、規制・許認可・普及補助を担う政府の政策へのアプローチです。先進国は、政策の精度も透明性も高いため市場予測がしやすいのですが、新興国の場合、その政策立案プロセスは不透明であり、政策転換するサイクルもまた短く、「読みづらい」のが実態です。

実際、新興国の為政者も、市民（納税者）の生活、雇用創出による経済発展、外資系誘致のための税制優遇や規制緩和策など、対立する多様な変数が存在するなかで、課題にぶつかりながら学習し、バランスをとりながら政策を見直さざるを得ない状況です。

逆に、それが何を意味するかといえば、「政策を中心とした前提条件を変動要素としてとらえ、大きなエコシステムを描くことにより競争環境を

書き換えることも可能になる」ということです。

実際、ある外資系コングロマリット企業の戦略責任者は「環境関連は政策需要であり、ロビイング活動を通じて、世界の変化をウォッチし、時に働きかけを図っている」と語っています。すなわち、現地企業への投資や雇用創出を通じて、時に、政府と連携しながら、ルールやポリシーメークを図り、巨額のインフラパッケージの経済メリットを、自社と現地で享受するエコシステムをデザインしているのです。

別のグローバル企業では、都市単位に政策提案する担当者を世界中に戦略的に配置し、低炭素化に向けた提言活動を繰り返しています。

アクセンチュアもまた、日本企業の新興国進出支援として、現地の政策メカニズムを丹念に読み解き、政策需要の変化点を予測し、将来の果実を取り込むためのモデルづくりのコンサルティング経験を数多く、積み増してきました。

その礎となっているのが、アクセンチュアが国際機関などと協働で実施している研究です。

- グローバル企業の経営者や各国の首脳が参加するダボス会議では、エネルギー、消費者、サプライチェーンなどサステナビリティをテーマとしたさまざまなワーキンググループを運営しています。環境調和型の新しいバリューチェーンの在り方と政策フレームワークを提言しています。
- メキシコのカルデロン元大統領を議長とした新興国のグリーンな経済成長検討（Green Growth Action Alliance）では、さらに効率よく民間の投資環境を整えるための途上国における政策や国際援助の在り方について、世界銀行やOECDなどと協力して提言をまとめています。
- グローバル金融機関であるBarclay社との共同研究では、Low Carbon Technology（低炭素技術）に投資し、普及させるための段階的なファイナンス・スキームのオプションや財務効果を発表し

ました。
- 世界的な都市設計の専門家が属する国際的なエンジニアリング・コンサルティング企業であるARUP社と共同で、スマートシティの設計におけるICTの活用可能性と実現に向けた標準化の考えを発表しました。

　このように、私たちは、グローバルの潮流の真っただ中に身を置くことで、市場参入を目指した日本企業と持続可能な成長を目指した新興国のwin-winな関係作りを実現させさせるべく活動を行っています。

② 「クロスインダストリー」の視点で異なるベクトルを束ね、相乗効果を発揮

　電力、水道、鉄道や、廃棄物処理といった社会インフラ分野も、日本が官民一体となって輸出を推進している領域の1つです。このような社会インフラは、非常に大きな投資が求められるものですし、用いられる技術や製品も多岐にわたるので、複数の会社や自治体によるコンソーシアムを形成して海外展開を進めるやり方が一般的です。異業種による連携、すなわち、私たちがいう「クロスインダストリー」の1つの形といってよいでしょう。

　さて、このように「クロスインダストリーで官民一体型のインフラ輸出を行う」といえば耳ざわりがよいわけですが、その裏側には同床異夢というナイトメアが潜んでいます。コンソーシアムの構成メンバーは、メーカー、商社、金融機関、自治体と多岐にわたります。海外に展開するという御旗こそ同じものを翻していますが、細かく見ると、それぞれの思いは異なります。

　たとえば、メーカーは自社製品の売り切りと短期の利益回収を、商社は事業投資と中長期の利益回収を、自治体は利益よりも公共機関としての国際協力をゴールに見据えているのかもしれません。また、これまで協業したことのないような相手も多いわけですから、互いに何がどこまでできるのかという力量すら測りかねている状態です。日本勢が互いに牽制してい

るうちに、中国や韓国勢に案件をさらわれたというのは、笑い話ではなく現実として起こった事実です。

　そのようななかで、コンサルタントが発揮できる役割は大きいものです。ただし、そこに綺麗な解決方法はありません。各社と膝を突き合わせて話を聞き、時に不安に感じている会社があれば背中を押し、時に不満を抱えている会社があればその不満を解消する手だてを一緒に考えます。愚直な行動を積み重ね、新興国市場という荒波にうってでた日本丸の舵取りをサポートしていく、そのような役割が求められるのです。

　具体例として、アクセンチュアは、世界各地でスマートシティの事業展開を図るためのパイロットとして、日本の大手メーカーをクライアントとし、ゼロからのパートナー探しから、ジョイント・ベンチャー（JV）設立、実際のサービス立ち上げまでを支援しました。

　通常、情報交換会で終わりがちな協議会やコンソーシアムが多いなか、

◆スマートシティ実現に向けたマスターコンセプト例◆

差別化と標準化の領域を最適化させたアーキテクチャーデザイン

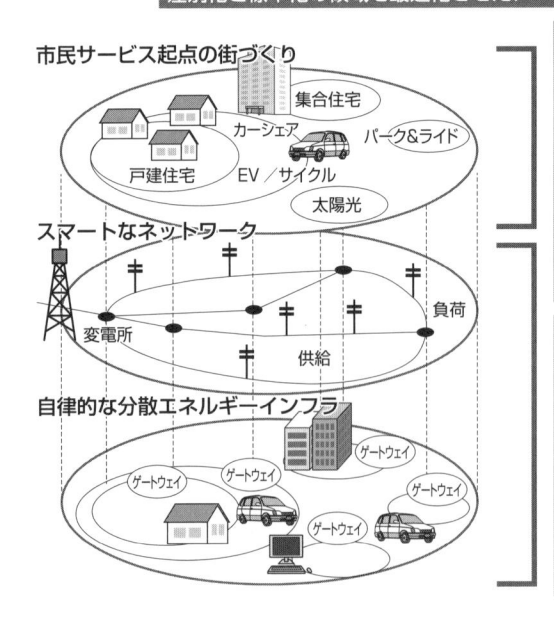

市民サービス起点の街づくり
- 集合住宅
- 戸建住宅
- カーシェア
- EV／サイクル
- パーク＆ライド
- 太陽光

スマートなネットワーク
- 変電所
- 供給
- 負荷

自律的な分散エネルギーインフラ
- ゲートウェイ

地域の多様性を生かして差別化
- 市民の多様なライフスタイルや歴史・文化・風土を生かした付加価値・コンセプトを訴求
- ローカルなデータを解析し、地域固有の課題を解決するソリューションにカスタマイズ
- 地場の企業や研究機関と連携したビジネスモデルにより、持続的な発展・運営を実現

共通パッケージとして標準化
- 上記ソリューションをサポートする技術や製品やインフラは、量産化された太陽光パネルや蓄電池や省エネ機器を組み合わせた標準化されたモデル設計
- 水平展開のために、導入しやすい最大公約数としてのトータルパッケージデザインに仕上げ、コストダウンを図り普及化を加速

◆スマートシティのアプローチ・ロードマップ◆

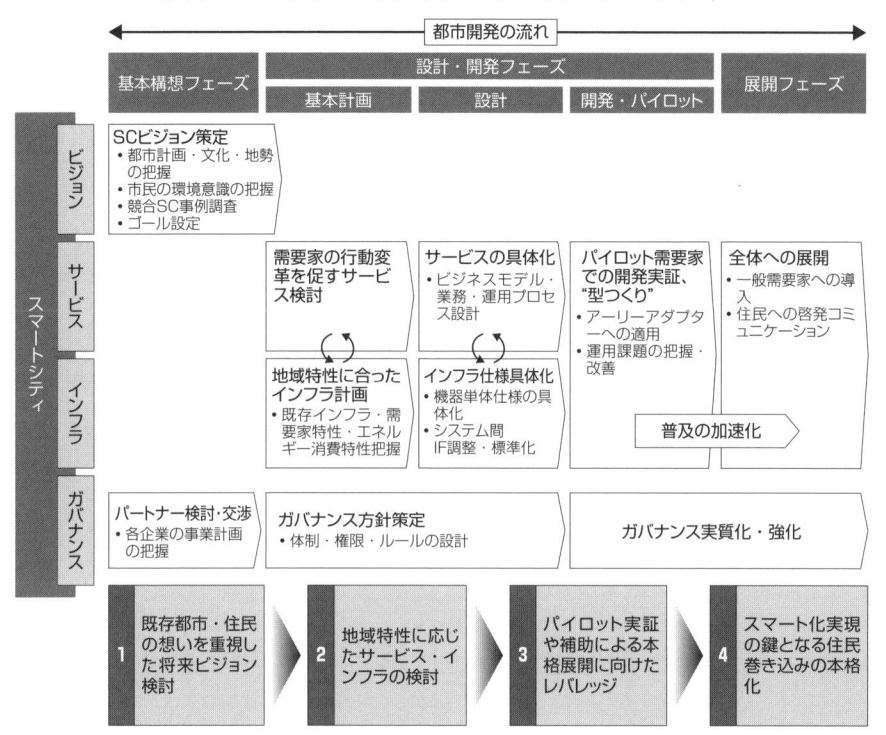

		都市開発の流れ			
	基本構想フェーズ	設計・開発フェーズ			展開フェーズ
		基本計画	設計	開発・パイロット	

ビジョン
- SCビジョン策定
  - 都市計画・文化・地勢の把握
  - 市民の環境意識の把握
  - 競合SC事例調査
  - ゴール設定

サービス
- 需要家の行動変革を促すサービス検討
- サービスの具体化
  - ビジネスモデル・業務・運用プロセス設計
- パイロット需要家での開発実証、"型つくり"
  - アーリーアダプターへの適用
  - 運用課題の把握・改善
- 全体への展開
  - 一般需要家への導入
  - 住民への啓発コミュニケーション

インフラ
- 地域特性に合ったインフラ計画
  - 既存インフラ・需要家特性・エネルギー消費特性把握
- インフラ仕様具体化
  - 機器単体仕様の具体化
  - システム間IF調整・標準化
- 普及の加速化

ガバナンス
- パートナー検討・交渉
  - 各企業の事業計画の把握
- ガバナンス方針策定
  - 体制・権限・ルールの設計
- ガバナンス実質化・強化

1. 既存都市・住民の想いを重視した将来ビジョン検討
2. 地域特性に応じたサービス・インフラの検討
3. パイロット実証や補助による本格展開に向けたレバレッジ
4. スマート化実現の鍵となる住民巻き込みの本格化

このケースにおいては、商社・金融・不動産・電力・メーカーなど、全く業界の畑が違う日本企業が一致団結し、実際に各社が資本出資し、取締役を派遣し、実際に会社を設立するに至ったのです。

私たちは、このプロジェクトのマスタープラン（基本計画）を描き、インフラやスマートハウスの基本設計、導入システム・商材の基本仕様、サービスモデルの設計など、さまざまな領域のプランニングと実行支援をしてきました。ただ、もっとも難易度が高く、かつ、価値があるのは、クロスインダストリー領域であり、具体的には異業種協業の折衝・交渉を含む実行支援です。

「コンサルタントは、分厚いレポートを残して去り、実行の苦しみ・組織の力学など、現場をわかっていない」という声を聞いたことがあるかも

しれません。

　しかし、私たちが苦労し成し遂げ、本領を発揮できたことの多くは、初期マスタープランを策定してからの実行支援関連であり、本プロジェクトは足掛け3年以上にわたる長期なものとなっています。

　会社設立ということは、夢やビジョンだけではなく、多くの企業のトップの事業判断・意思決定のもと、多くの決裁が必要です。現実の事業の取引契約、法的リスク等の責任領域の確定、資本出資比率にまつわる意思決定ガバナンスの調整などが挙げられます。

　私たちは、そういったものを設立計画書として合意していく一連のプロセスにおいて、同じ交渉テーブルに着き、発言し、折衝し、落とし所を探ってきました。

　こうした私たちのクロスインダストリーによる実行支援は大きな可能性を秘めています。この局面においては、もはや、提案書などのペーパーの善し悪しという次元ではなくなります。必要なことは、ビジネスをともにつくりあげていく気概をもつ一個人として、さまざまな関係者に違和感や猜疑心をもたれず、信頼と期待を寄せてもらえる人格であり、相手の視点・立場を踏まえたコミュニケーション能力の高さなのです。

　異業種の集まりだけに、投資効果に対する評価の時間軸など、関係者間のビジネスのスタンスはそれぞれ異なります。ゆえに求められているのは、異業種の壁を越えるための、プロジェクト推進の潤滑油、翻訳機能としての人間力です。

　クロスインダストリーを成功裏に導く舞台の裏側では、拮抗・交錯する各社の思惑を収斂させ着地点を見いだしていくような、かくもリアルな奮闘劇が繰り広げられているのです。

③「迅速さを失わない大胆な判断」はトライ&エラーで実現させる

　アクセンチュアは2011年、日経ビジネス誌と共同で「21世紀の成長都市ランキング」という記事を発表しました。都市のGDPを「経済自体の規模」と「成長の加速率」の2軸で評価した結果、そこでは、先進国の著名都市ではなく、インドのデリーやムンバイ、バングラディシュのダッカ、中国

◆人口とGDPで長期的に成長を見せる数多くの新興国都市の登場◆

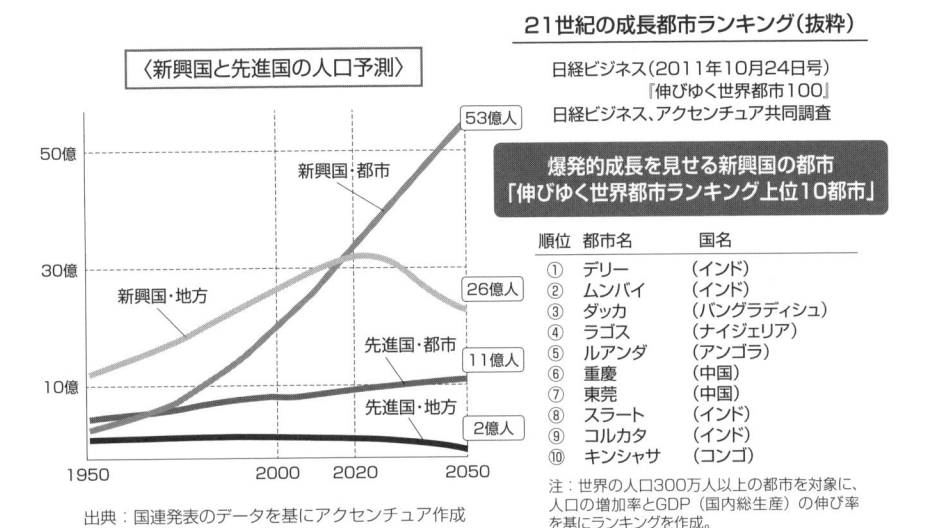

〈新興国と先進国の人口予測〉

- 新興国・都市 53億人
- 新興国・地方 26億人
- 先進国・都市 11億人
- 先進国・地方 2億人

（1950〜2050）

出典：国連発表のデータを基にアクセンチュア作成

21世紀の成長都市ランキング（抜粋）

日経ビジネス（2011年10月24日号）
『伸びゆく世界都市100』
日経ビジネス、アクセンチュア共同調査

爆発的成長を見せる新興国の都市「伸びゆく世界都市ランキング上位10都市」

順位	都市名	国名
①	デリー	（インド）
②	ムンバイ	（インド）
③	ダッカ	（バングラディシュ）
④	ラゴス	（ナイジェリア）
⑤	ルアンダ	（アンゴラ）
⑥	重慶	（中国）
⑦	東莞	（中国）
⑧	スラート	（インド）
⑨	コルカタ	（インド）
⑩	キンシャサ	（コンゴ）

注：世界の人口300万人以上の都市を対象に、人口の増加率とGDP（国内総生産）の伸び率を基にランキングを作成。

　の重慶など新興国の都市の名前が挙がりました。国連によると、2020年を皮切りに、新興国の人口は地方と都市が逆転し、7割近くの中間層の多くが都市生活を営む新たな一大経済圏が生まれることが予測されています。

　短期的には、BRICsが安定的な経済成長カーブを描けるかは課題が残るものの、グローバル企業の中長期ロードマップにおいて、確実にこの一大経済圏の成長を取り込むことが、持続的な成長の成否を握っていることは間違いありません。そして、肝要なことは、新興国の都市では、資源の枯渇や不安定な社会インフラやエネルギー消費削減の慢性的・構造的な課題を抱えていることにあります。

　先述のとおり、日本のスマートシティなどのプロジェクトは、アジア市場の開拓を狙う産業政策的側面も担っています。私たちは、その文脈に寄り添う形で、一貫して日本政府、自治体、民間企業に対する新興国進出支援を行ってきました。

　新興国進出支援のサービスにおいては「迅速さを失わない大胆な判断」が必要不可欠な要素となります。従来のコンサルティングファームの仕事

といえば、調査を実施してPEST（政策規制・経済・社会・技術）を所与の前提としてその構造を整理し、その上で、5F「Five Forces Analysis」や3C「Customer、Competitor、Company」などの分析手法を駆使して、産業のなかでの競争優位性を担保する「戦略」を策定することが中心でした。

　しかしながら、これら従来型のコンサルティングファームが手掛けてきたような分析手法は、新興国向けの進出支援においては一様に通じません。新興国の市場環境、競争環境、政策・規制環境等は捉えどころなく、刻一刻と姿を変えます。

　また、信頼性に足る情報を十分に得ることも困難を極めます。そのような状況のなか、長い時間をかけて精緻な情報を集め、とるべき参入仮説を１つに絞りこむというアプローチは適当ではありません。そのようなことをしているうちに状況は一転しますし、不十分・不確かな情報の上に立脚した参入仮説がヒットすることに望みを託すのは、まさに薄氷を踏むが如しです。

◆**新興国参入へのアプローチ**◆

従来型の市場参入アプローチ	新興国市場への参入アプローチ
調査＞戦略＞実行の線形アプローチ	**トライ＆エラーの循環・螺旋アプローチ**
調査・分析 ＞ 戦略策定 ＞ 実行	参入仮説 ＞ 行動／学習・見直し ＞ 組織／プロセスの高度化
・先進国市場の場合、統計等の信頼できるデータが入手でき、その分析によって戦略につながる洞察を得ることができる ・周到な準備の下に第一歩を踏み出しても、大局的には出遅れにはならない ・政治や市場のメカニズムが確立しているため、合理性に適った戦略が優位に立つ	・市場の状況が短期間に急激に変わるため、じっくり調査して戦略を立てている間に前提が変わってしまう ・市場が立ち上がってからの行動では遅く、打診しながら、臨機応変に方針を随時変えていくスピード感が重要になる ・信頼できる文献データが少なく、合理性よりもキーマンとのパイプが大きな影響を及ぼす場合もあるため、現地での行動が重要になる

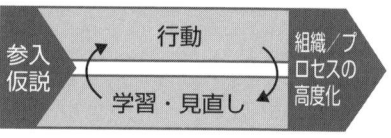

したがって、多少粗くてもクイックに情報を集め、参入仮説も複数の選択肢を残し、トライ＆エラーをしながら同時並行で追求するぐらいの胆力をもって臨むことのほうが正しアプローチとなり得るのです。

■■「迅速さを失わない大胆な判断」を支える世界中からの知見

そのような迅速かつ大胆な判断が求められる、新興国進出支援の現場において、アクセンチュアがもつローカルに根差したネットワークは力強い味方となります。私たちが廃棄物焼却プラントの新興国輸出プロジェクトにかかわった時のことです。廃棄物焼却プラントの輸出を検討する際に、その国・都市のごみの性質（紙やプラスチック等の構成、含水率等）に関する情報は重要なインプットになります。

ただし、国内でごみの性質に関する情報を探しても、なかなか有用な情報ソースは存在しません。そこでまずは、海外オフィスと連携し、欧州で同種のプロジェクトを経験していたメンバーを集めることで、新興国の廃棄物市場のメカニズムや、調査を実施する際の留意点等を得ることができました。

これをもとに、次は東アジア各国オフィスのメンバーと連携し、現地語で文献調査やインタビューを同時並行で進めてもらいました。結果、わずか1週間足らずで求めるすべての情報がそろい、その後短期間で市場参入戦略を描き、クライアントの迅速な意思決定に寄与することができたのです。

このように、私たちには世界中で26万人以上の社員がもつ知見に、常にアクセスできる環境があります。先述したダボス会議などで最新の研究成果を発表しているメンバーなど、ユニークな26万人の現場での経験や知見を、不確実性やリスクで悩むクライアントに直接投入し共有します。そうすることによって、迅速な意思決定や判断をうながして、事業を前に進めることができるのです。

■クライアントと「成果」も「リスク」も共有

アクセンチュアでは、このようにアドバイザーという立場から一歩も二

歩も先に進んで、クライアントとリスクを共有し、ともに事業を立ち上げ、事業の運営、そしてその先にある成果も共有していくスタンスをとることもあり、それを私たちは「ビジネスサービス」と呼んでいます。

「ビジネスサービス」を体現する例を紹介しましょう。アジアのある自動車メーカーのプロジェクトにおける事例です。このプロジェクトで、私たちはマーケティングプランの提案と販売の実働部隊としての役割を担いました。その中では「マーケティング・キャラバン」と称した移動型のキャラバンで全国を巡回し、スーパーマーケットの店頭などでクルマを展示し、アンケート調査を実施してその結果を販売に反映させるところまで深く入り込みました。まさに、クライアントの販売機能の一部をまるごと引き受けるようなスタイルで、実際の成果創出に貢献しました。

この「ビジネスサービス」のモデルでは、成果を上げた分、その報酬を得られる仕組みになっています。

実行支援とは、3か月間のプロジェクトを継続することではありません。実際に、部材を仕入れる、クライアントの営業部隊になる、経営管理を高度化する、そういったオペレーションにいたるまで、ビジネスパートナーとして深くかかわり、3〜5年のスパンで事業が育つまで支援するのが、アクセンチュアのビジネスモデルなのです。

このほかにも、たとえばクライアントが海外工場を立ち上げる際、現地の税制調査から、サプライヤーの確保、商流のチャネル整備まで、数十人におよぶ現地のアクセンチュア社員が投入されることがあります。また、北米における、高性能電力検針（スマートメーター）のデータ管理システムの設計・導入プロジェクトでは、電力事業者への機器の導入はもちろんのこと、消費者への請求書発行業務を管理する事業会社を立ち上げるなど、その後の事業運営にまで携わりました。国内では複数の業界を巻き込んだJVの設立にかかわり、事業提案や資本政策まで支援した実績もあります。

このように、単にクライアントが抱える課題に対して最終報告会で解決策を示すだけではなく、私たちはさらにビジネスそのものに深く踏み込んで、クライアントとともに事業を立ち上げ、成長させ、ともに祝杯を上げる。

まさに「パートナー」としての位置づけを非常に重要視しているのです。

■■私たちの日々の奮闘を支える理念「Respect for the Individual」

これまで紹介してきたような数々の大規模かつ困難なプロジェクトを立ち上げ、事業そのものにも参画していくアクセンチュアは、みなさんの想像を超える企業のように見えるかもしれません。しかし実際の私たちは、それぞれ強い個性をもち、多様な文化、時には意見を対立させながら日々チームとともに結果を上げています。実際この文章も、4名の社員が侃々諤々としながら執筆しています。

こうしたコラボレーションは国内のみならず、国境を越えて海外のメンバーとも繰り広げられています。私たちの日常的なミーティングの多くは、ソーシャルメディアを使ったやり取りから始まり、テレビ会議システムや

◆あらゆる産業にサービスを提供◆

〈通信・メディア・ハイテク〉
通信、インターネットサービス、電子機器・家電、コンピューター、事務機器、電子部品・半導体、ソフトウェア、メディア・印刷・広告、エンターテイメントなど

〈製造・流通〉
自動車・産業機械、インフラ・運輸・航空・貨物・旅行、医薬品、医療機器、消費財・サービス、流通・小売など

〈素材エネルギー〉
化学、金属・鉱業、窯業、製紙・製材、石油、電力、ガスなど

〈金融サービス〉
バンキング、保険、キャピタル・マーケットなど

〈公共サービス・医療健康〉
郵政、住民サービス及び社会保障、医療・健康サービス、税務、防衛・公安・安全保障、司法・立法、教育、環境、行政改革・電子政府など

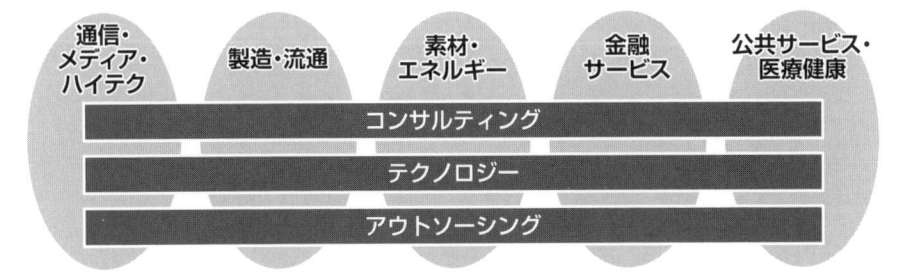

通信・メディア・ハイテク	製造・流通	素材・エネルギー	金融サービス	公共サービス・医療健康
コンサルティング					
テクノロジー					
アウトソーシング					

サービスの焦点を業界ごとに置くことで、各業界の歴史、業界固有の課題やテクノロジーに精通したプロフェッショナルが、それぞれのクライアントに応じたコンサルティング、テクノロジー、アウトソーシングサービスを提供。

電話を通じて行われます。このメリットは何といってもスピード感です。前日に出された課題に対して、翌日にはグローバルネットワークの知見のなかから回答を引き出すことができるレスポンスの速さにあります。多方面からの情報や知見を迅速に仕事に反映できるメリットを、私たちは常に享受することができるのです。そして、ここからまた新たなコラボレーションや知見が生まれ、蓄積されていくことはいうまでもありません。

サステナビリティサービスのメンバーは、国を横断して構成されており、日本を含めたアジア太平洋地域、欧州、北米から南米まで全体で数百人のメンバーで構成されています。モニター越し、受話器越しにこのようなメンバー間で情報交換が日夜行われ、散々バーチャルの世界で話しあった相手と対面で会った時には初対面でも久しぶり、あえてよかったと挨拶してしまいます。長年のビジネスで蓄積されてきた知見の上で成り立つアクセンチュアの文化は、決して一朝一夕の努力によって生まれるものではないのです。

また、グローバルにビジネスを展開している以上、プロジェクトメンバーの海外出張、あるいは長期にわたって海外の現場に常駐するケースも少なくありません。このような場合は最低でも2週間に一度は帰宅できるという制度が設けられており、従業員が働く環境にもサステナビリティの観点がとり入れられているところも、アクセンチュアならでは文化といます。

■■サステナビリティの実現に欠かせなかったアクセンチュアのDNA

クライアントに最高のパフォーマンスを届けるために、どのような理念に基づいて、何を考え、そして、どのように行動して実現させていくか。以下の一文は、私たちアクセンチュアの社員の根底に流れる、共通したフィロソフィーともいうべき価値観であり、サステナビリティを実現するうえで欠かせないものです。

――背伸びをしてでも目標に手を伸ばさずにはいられない
自分も会社も世の中までも、変えたいと望む

> ここで成長したあとは「次のステージ」も視野に入れている
> チャレンジに、手加減をしない
> タフな状況も、先頭に立ち楽しめる情熱がある
> 正しい判断のためには、上司との衝突も辞さない
> 信念に基づき、主張し、実際にやりとげる
> チームワークの可能性を信じる
> 多様な文化、相違する意見のなかにこそ宝石があると知っている
> 常に誠実さを失わず、言行一致の気概がある。
>
> 先駆者であり続けるために、進化は宿命
> 予測不可能な未来のアクセンチュアを造れるDNAが必要だ――

　この共通した価値観を軸に据える背景には、私たちを取り巻くビジネス環境が地球規模で日々変化するなかにおいて、私たち自身もその先端で進化を続けなければ、クライアントに最適なサービスは提供できず、さらにはサステナブルな成長は望めないという危機感の表れでもあるのです。
　「生き延びることができるものは、もっとも強いものでも、もっとも頭がよいものでもない。それは変化に対応できるものである」。1世紀以上前に残されたこの賢人の言葉は、まさに私たちの人財の多様性を言い当てています。クライアントに「進化」という価値をサステナブルに提供し続けていくためには、私たち自身が進化を続けていくことが重要なのです。

アクセンチュア株式会社

　アクセンチュアが日本でのビジネスを開始してから、すでに50年が経過している。アクセンチュアとしてのルーツは古く、1940年代には業務の機械化に着目してコンピューターの将来性を見抜き、いち早くそのビジネス利用を推し進めた。

　その後は会計領域のアドバイスのみならず、クライアントが抱える経営全般の課題解決支援へとその領域を広げ、1990年代のITの爆発的な普及期においては、経営に資するIT基盤の導入支援、さらには21世紀に入り、経済がより一層ボーダレス化する時代においてはクライアントのグローバル化の支援など、その時代のニーズを先読みしたサービスによって飛躍的な成長を続け、現在では、26万人以上の社員で、世界120カ国を超えるクライアントにサービスを提供するまでに成長。

　時代と企業とともに歩み続けてきた私たちは、「コンサルティング」「テクノロジー」「アウトソーシング」の3つのサービスを、世界中の企業や組織のビジネスパートナーとして、あらゆる業界のクライアントに提供している。

　この「提供サービス」と「産業分野」のメトリックス組織が、クライアントごとのさまざまな産業分野におけるコンサルティングを通じて蓄積してきた専門知識、知見の活用はもちろん、国を超え、マーケットを超えて、異なる産業を融合させながら、新たなスキームを生み出し、成長する基盤になっている。

丸山　洋
経営コンサルティング本部 戦略グループ　マネジング・ディレクター

朝海　伸子
経営コンサルティング本部 シニア・マネジャー

杉原　雅人
経営コンサルティング本部 シニア・マネジャー

福井　啓介
経営コンサルティング本部 マネジャー

交通インフラ企業の顧客ロイヤリティ管理

ガートナー ジャパン（株）

——世界最先端のIT"モノシリ"企業が届ける
　真の顧客志向のITコンサルティング

■公正・客観性を貫く「TBVA」

　ガートナーといえば、シンクタンクをイメージする人も多いと思いますが、1979年の創設以来、正確性、公正性、客観性、首尾一貫性をもったリサーチにくわえ、ITコンサルティングのオピニオン・リーダーとして業界をリードしてきました。

　ITコンサルティングといっても、ガートナーはテクノロジを売っているわけでもなければ、テクノロジの導入を行うわけでもありません。ガートナーの確固とした客観性の柱となっているのは"独立性"です。この"独立性"を大切にしているからこそ、常に真実をクライアントに提供できているのです。

　ガートナーは利益誘導型コンサルティングから決別し、クライアントを真の成功に導くために"Trust Based Value Added"という共通した信念で、公正性・客観性を貫きます。

　企業、政府・官公庁を問わず世界中の組織が、日々直面する重要な戦略、投資の判断から個々の問題解決まで、ガートナーの提供する公正中立な結論に基づいて意思決定を行っています（CIOのテクノロジの意思決定においてもっとも大きな影響力をもつ企業—『Optimize誌』調査結果）。

■テクノロジーを売らないITコンサルティング

　昨今、「IT」が企業の経営に欠かせないことはいうまでもありません。読者のみなさんは「ITコンサルティング」にどのようなイメージをもっていますか？「IT」を用いた情報システムの企画・構築をイメージする人が多いのではないでしょうか？　しかし、ガートナーのITコンサルティング

は一味違います。システム構築は一切行いません。

　豊富なITリサーチ情報、ファクトデータを保持するグローバル・シンクタンクという側面をもちつつ、完全なる客観・中立・顧客志向でITの最適解を追求するプロフェッショナルサービスです。

　「完全なる客観・中立・顧客志向」といってもピンとくる人は少ないと思いますので、プロジェクトの事例をもとに説明します。

■システム老朽化をきっかけに顧客ロイヤリティ・プログラムを刷新

　本プロジェクトのクライアントA社は、顧客ロイヤリティ管理システムが老朽化している交通インフラ企業です。このようなケースにおいて、情報システム部門が"ビジネス部門の要望どおり"に要件を整理していることをイメージする人は少なくないでしょう。

　しかし、このクライアントは違いました。情報システム部門から「老朽化したシステムをつくりかえる以前に、顧客ロイヤリティ・プログラムのあり方を考え直すべきである」という問題提起があったのです。

　顧客ロイヤリティ・プログラムとは、顧客維持・リピート拡大を目的とし、優良顧客にインセンティブを提供する施策を示します。「会員にポイントを提供するプログラム」をイメージすると、わかりやすいかもしれません。

　A社の収益は、本業の交通インフラサービスにくわえ、デパート、ホテル、不動産など多角的な事業で構成されています。割合で見ると、公益サービス収入よりもデパートやホテル収入が上回ります。

　交通インフラ企業における顧客ロイヤリティ・プログラムの刷新では、「交通インフラサービス利用者（顧客）に他の事業でお金を払ってもらうために、いかに顧客を囲い込むか」が重要になります。

　そのためには、全社横断で対応しなければなりませんが、"全社横断的な顧客の囲い込み"は、複数事業にまたがった戦略テーマです。そのため、一般的に事業によって顧客の定義が異なることは少なくなく、情報戦略・IT戦略と称して戦略を練るケースは珍しくないのです。

昨今、ガートナーでは、このようなコンサルティングテーマが増えてきています。

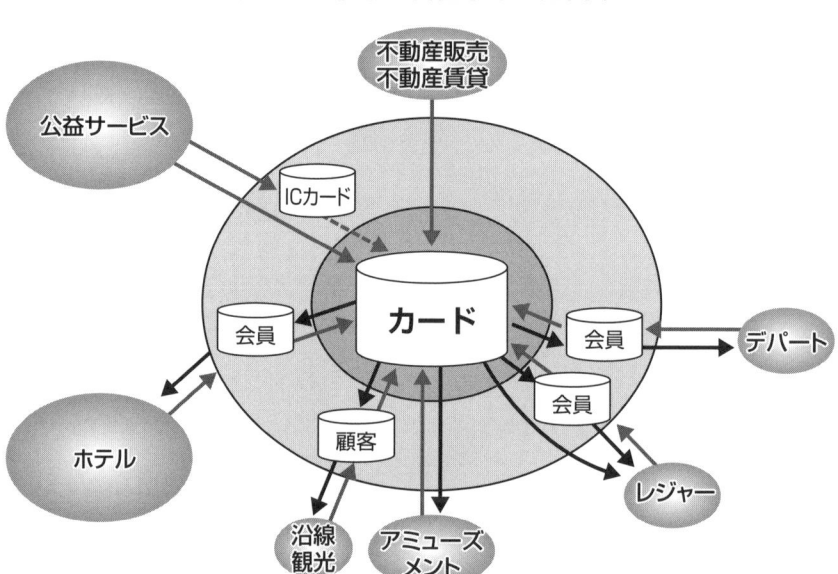

◆カード事業と各種事業の連関◆

（図：カードを中心に、公益サービス、不動産販売・不動産賃貸、ICカード、会員、顧客、ホテル、デパート、レジャー、沿線観光、アミューズメントが連関している図）

■■突出したアイデアよりも、すべて"少しだけ"上回ることが重要

　顧客ロイヤリティ・プログラムの事例では、TESCO（英国のグローバルな小売事業会社）が有名です。

　日本における顧客ロイヤリティ・プログラムでは、航空会社が代表的です。最近では、楽天やAmazonなどのE-Commerceも代表例として挙がります。そのほか、デパート、交通機関も例として挙げられるでしょう。

　ガートナーのロイヤリティ・プログラムのフレームワークでは、「カードを持つことで得られる優越感」「カードを持つことによるお得感」「カードを持つことの利便性」の組み込み方をポイントとしています。

　本プロジェクトにおいては、「他社がどういう顧客をターゲットに、何を目玉としているのか」を知るために、競合候補のカードをすべて調査し

◆ロイヤリティ・プログラムのフレームワーク◆

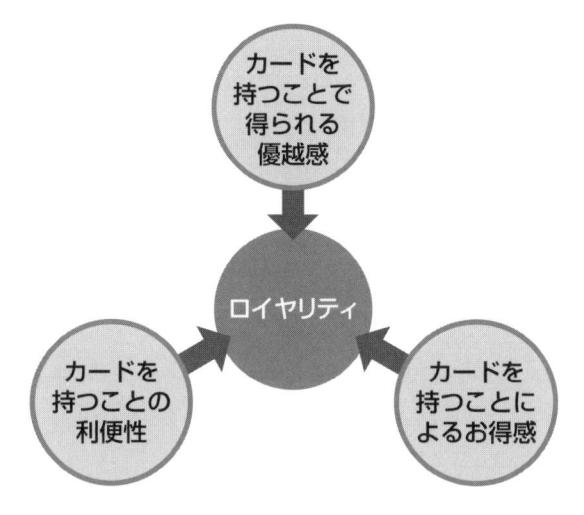

```
        カードを
        持つことで
        得られる
        優越感
           ↓
       ロイヤリティ
        ↗        ↖
  カードを         カードを
  持つことの        持つことに
  利便性          よるお得感
```

ました。そして、ある作戦をとることにしたのです。

　ここで、読者のみなさんはどのような作戦をとりますか？　得られた情報を分析して、ひらめきを頼りに突出したアイデアを出し続ける作戦をとりますか？　それとも、他社にアイデアを流用され、顧客の得られるインセンティブがすぐに薄れてしまうことを想定し、違う作戦を考えるでしょうか？

　たしかに、消費者動向をきっちり分析できているならば、突出したアイデアを出し続けて、顧客にインセンティブを提供し続けるという選択もあります。しかし、今回、"顧客ロイヤリティ・プログラムのあり方を考え直すべき"という問題提起がきっかけだったので、そもそも、消費者動向をきっちり分析できていないことを想定していました。

　また、カード事業はすでに多くのプレイヤが参入している事業です。そのため、アイデア自体は山のようにあるなか、その企業での実現は一筋縄でいかないことが予想できました。

　そこで、顧客にとってのインセンティブのわかりやすさ、売り手にとってのアピールのしやすさに着目して、「他社のカードでできることは全部

できる。更にちょっとお得です」という作戦をとることにしたのです。

■■「答え」をもって説得して仕上げることが短納期の要件定義の成功要因

　カード事業戦略を策定したのち、システム要件定義のフェーズがはじまりました。経営環境、システム老朽化への対応期限を踏まえ、短納期が求められていました。

　ただ、事業横断のシステムであることを踏まえると、その規模の観点から短納期を満たすことは簡単ではありません。また、各事業によって"顧客"の意味合いが異なるなか、利害関係者が多いため、複数事業部の意見をまとめていくことは至難の業です。このような状況においてガートナーがとった作戦は、おもに3つありました。

①徹底した既存資産の活用

　システムをつくりかえるというアプローチもあります。ただ、ゼロからシステムをつくりかえると「短納期」という条件を満たすことが難しくなる傾向があります。

　しかし、ガートナーはアプリケーションシステムのトレンドに関するデータを豊富に保有しています。本ケースにおいては、既存システムとトレンド比較の結果から機能が十分備わっているという見立てがあり、老朽化したシステムをつくりかえなくとも一部バージョンアップすれば十分という仮説をもって要件定義を進めることで、短納期の実現性を高めました。

②事業部と"面"でコミュニケーションする体制づくり

　3名体制程度で、要求分析・要件まとめといった作業規模でしたが、ガートナーでは事業部数分（通常の数倍）のメンバーで体制を組みました。各事業部のキーマン1人ひとりに担当者をつけて、中心に構えるプロジェクトマネジャーがそれらの"点"をつないで、"面"でコミュニケーションをとっていく仕組みです。

　同時並行で各事業部のキーマンと会話を交わしていくので、それぞれの違いが見えるとともに、一貫した対策を打てたことは利害関係者の多い本

ケースにおいて妥当でした。

なお、コンサルティングのフィーに関しては、参画率を調整し、通常の3名体制と同額だったため、クライアントにとってはリーズナブルだったのではないでしょうか。

③push型アプローチの採用

綿密な調査を経てから要件を承る"pull型アプローチ"ではなく、あらかじめ要件を仮案としてまとめておいて確認していく"push型アプローチ"をとったことです。

短納期なので、綿密に現状調査をしていては間に合いません。また、利害関係者が多いため、各事業部の要求をヒアリングしてとりまとめていては、なかなか合意に至らないことが想定されました。

そこで、要件に漏れが多少発生するというリスクは後続フェーズで対応することとして、要件定義フェーズ開始から2週間で要件をまとめ上げて、各事業部に確認していきました。

要件実現を100％求めた結果、システム構築に至らないケースもあります。"要件漏れ"のリスクを踏まえたうえで要件を固める"push型アプローチ"は、短納期、かつ、利害関係者が多いという難局面への対策として効果的でした。

■中立的にベンダーを選定する

要件定義が終了したのち、システム構築ベンダーを選定するフェーズに入りました。ベンダー選定においては、客観・中立的判断が求められます。そこでA社は、客観・中立を特徴として打ち出しているガートナーに、引き続きベンダー選定の支援を依頼したのです。

さて、本ケースでみなさんがベンダー選定支援を行う場合、どのような基準で選定しますか？　それとも、既存資産を熟知している現行保守ベンダーに安く構築してもらうように、交渉しますか？　現行ベンダーへの単一交渉だとバーゲニングパワーを発揮しにくいため、複数社に声をかけて交渉題材を集めますか？　ガートナーのとったアプローチは一味違います。

ガートナーは独自の方法論によって整理したベンダーポジションのデータを保有しています。これにより、たとえば、「どのベンダーがCRMのマーケティング領域のリーダーか、チャレンジャーたるベンダーがどこなのか」を知っています（マジッククアドラント）。

　本プロジェクトにおいては、ロイヤリティ・プログラムのソリューションを強化しているベンダーを候補に挙げて選定していきました。

　ベンダーにとってはこの機会にノウハウを蓄積して、ソリューションを強化することができます。また、クライアントにとっては、ノウハウを蓄積できることを交渉材料として、安価にシステムを構築してもらうことができるのです。つまり、クライアントにとっては安価にシステムを構築、ベンダーにとってはソリューション強化といった"Win-Win"が成立するのです。

　従来は、「クライアントの要求を全部満たし、かつ、安価に実行に移せるベンダー」をクライアントは好んできました。しかし、最近は1社ですべてやりきれないこともあります。クライアントがしたいことを実現しつつ、ベンダーにとっても参画した意義が残るような"Win-Win"な関係が、

◆**マジッククアドラント**◆

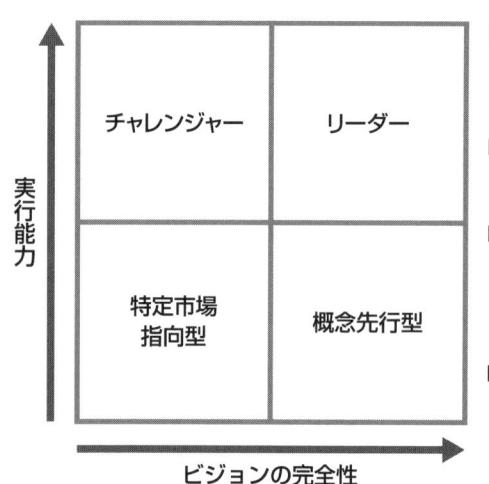

チャレンジャー	リーダー	
特定市場指向型	概念先行型	

縦軸：実行能力　横軸：ビジョンの完全性

■**リーダー**：現在すぐれた業績を上げており、将来性も非常に高く、市場の将来の方向性を決定付けるに足る優れた才能、能力、リソースを有していることを示す。

■**概念先行型**：長期にわたってパワーを維持するための実行能力を手にすればリーダーとなるビジョンを持っている。

■**特定市場指向型**：市場の特定領域に専念して高い業績を上げているベンダー、または市場の需要という現実を満たす能力に欠けるため小さな市場にビジネスが制約されているベンダーを示す。

■**チャレンジャー**：現在は好調だが、ガートナーが考える市場の方向性に対し、ビジョンの実現に実行能力を発揮できるかどうかが明確ではないことを示す。

◆"Win-Win"のコーディネート◆

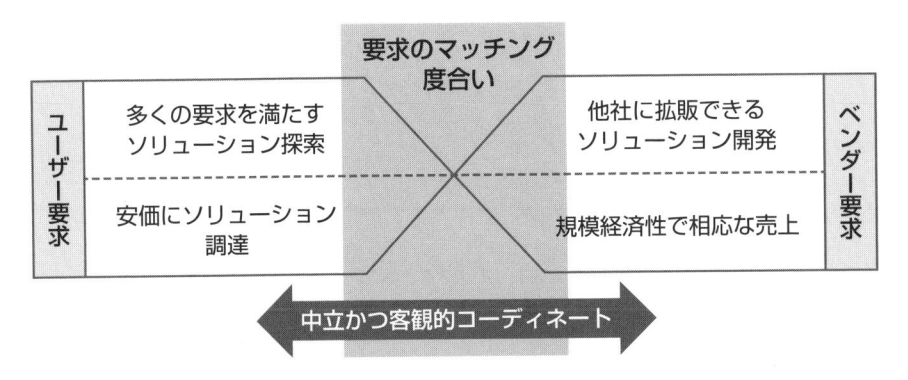

ユーザー要求	多くの要求を満たすソリューション探索	要求のマッチング度合い	他社に拡販できるソリューション開発	ベンダー要求
	安価にソリューション調達		規模経済性で相応な売上	

⇔ 中立かつ客観的コーディネート ⇔

プロジェクトの成功に必要だとガートナーは理解しています。

そのためには、中立的な立場でのコーディネーションが求められるわけで、それこそが、ガートナーの参画価値でもあります。

■■ビジネス貢献の成果は数字に出る

ベンダーの選定後、システムを構築します。少ない投資で、かつ適切な配分でシステムを構築するという考えは一般的です。本プロジェクトにおいては、「既存資産を徹底的に有効活用する」ことを前提に置いたため、既存システムへの投資総額から試算して予算枠を設定しました。

前述のとおり、要件に漏れの可能性があったため、本予算枠を超過するリスクが内在していました。また、複数事業部にまたがったシステムゆえに、事業部間で要件実装の優先順位について綱引きが発生し、「必ずしも売上向上につながらない投資配分になってしまう」というリスクも内在していました。

本プロジェクトにおいては、「予算超過や売上向上につながらない対象へ投資するという不適切な配分になるリスクが、事業全体へインパクトを及ぼす可能性がある」として、A社より支援を要請されました。

要件漏れが発覚した場合、ベンダーにとっては"新要件"であり、追加請求対象となります。一方、事業部のシステムユーザーからすると、漏れ

ていた要件を実装しなくては、今の業務を変えることを回避する目的で業務が回らないと主張してくることもあるのです。

ベンダーにとっては、「お金をいただかないと実現できません」という状況になるので、コストアップによる事業採算が気になるところです。

そこで、"新要件発覚"のつど、「本当に新要件か」の見極めを実施しながら、「コストアップが事業採算にどれくらいのインパクトがあるのか」をシミュレーションしながら進めました。

売上向上につながる要件が漏れていた場合には投資配分を調整する必要があります。一方、売上向上に必ずしもつながらない要件の漏れにより、大規模なコストアップが予測される場合もありました。

その場合には、業務の組み直しを事業部にお願いして回りました。納得してもらえない局面では、システム対応時の費用対効果、事業採算を見せて説得して回ったのです。

■■システム構築後のIT投資総額は見積りの4分の1に抑えた

システム構築後のIT投資総額は、要件定義で見積もった悲観値の4分の1に収めることができました。システムリリース後、安定的にカード事業は成長し、かつ、他事業とのシナジーにより、明確に売上が向上しました。

昨今、どれくらいIT投資が売上に貢献したかを明らかにしたいというクライアントが増えてきています。本ケースにおいては、事業採算のシミュレーションのなかでIT投資と売上の相関をKPIとしてまとめました。このKPIをしっかり見える化していれば、IT投資のビジネス貢献がおのずと数字に表れるのです。

■■CEOのITへの期待に応えていくことが本来のITコンサルティング

前述のケースではコンシューマを対象としたビジネスにおけるITコンサルティングを紹介しました。ITを使ってコンシューマに直接価値提供していく業態であれば、比較的にITによるビジネス革新はイメージできます。本イメージからは若干離れる製造業の場合はどうなのでしょう？

従来は、ERPブームをきっかけに業務の標準化、共通化を目的としたIT導入が主流でした。しかしながら、それらの主流は一巡し、最近は、モバイル、ソーシャル、クラウド、ビッグデータを活用した新たな販促・需要予測など業務そのものを創造する例を目にするようになりました。

ガートナーのCIO調査結果によると、ITへの期待は、BPR（効率化）から、成長への加速や新規クライアントの獲得に変わったことを示しています。テクノロジの側面においては、CRMや情報活用といった需要創造に活用したいという企業が増えてきていることがわかります。ITの位置づけが大きく変わろうとしているといっても、差し支えないかもしれません。

世界および日本の経済・金融情勢、そして企業の競争環境は依然として複雑であることに変わりはありません。従前であれば、コスト削減を最大の重点に置かれがちでしたが、今後は、企業成長と経営効率の両立を追求

◆イノベーション構造◆

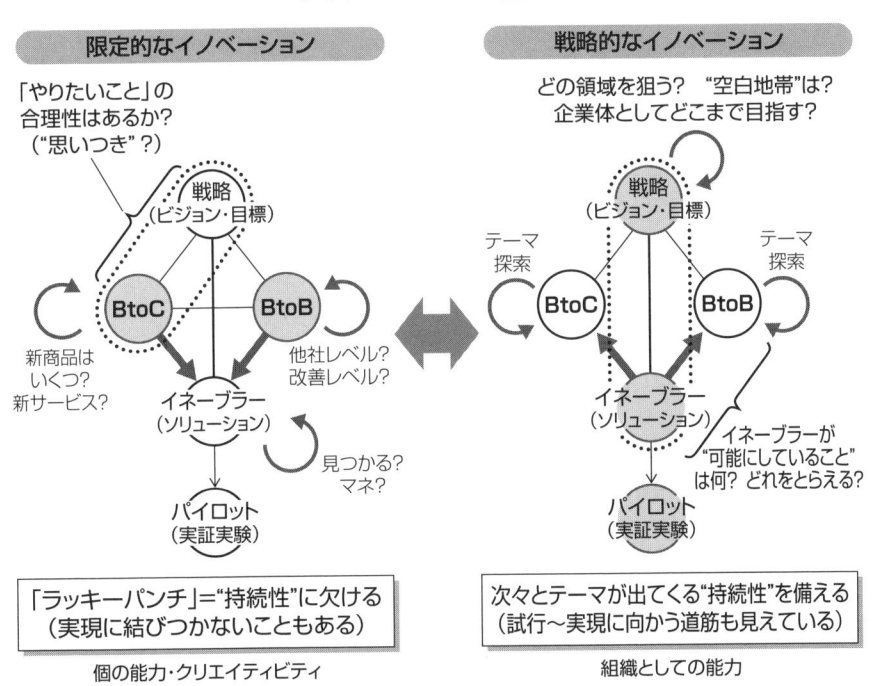

限定的なイノベーション

「やりたいこと」の合理性はあるか？（"思いつき"？）

戦略（ビジョン・目標）

BtoC　BtoB

新商品はいくつ？新サービス？

他社レベル？改善レベル？

イネーブラー（ソリューション）

見つかる？マネ？

パイロット（実証実験）

「ラッキーパンチ」="持続性"に欠ける
（実現に結びつかないこともある）

個の能力・クリエイティビティ

戦略的なイノベーション

どの領域を狙う？　"空白地帯"は？
企業体としてどこまで目指す？

戦略（ビジョン・目標）

テーマ探索

BtoC　BtoB

テーマ探索

イネーブラー（ソリューション）

イネーブラーが"可能にしていること"は何？どれをとらえる？

パイロット（実証実験）

次々とテーマが出てくる"持続性"を備える
（試行～実現に向かう道筋も見えている）

組織としての能力

する方向にあるのでしょう。

　ガートナーではソーシャル、モバイル、クラウド、ビッグデータが結びつくこと（Nexus of Forces：力の結節）で、ビジネス社会が大きく変わり、従来のビジネスモデルを刷新しながら新たなリーダを生み出すということを提唱しています。

　こういった先進テクノロジー全体のめざましい進展による環境変化や、ITをコスト削減や効率化の単なる道具としてではなく、競争優位性を生み出し企業収益を増加させる手段であるとするCEOやCIOの期待と認識があるからではないでしょうか？

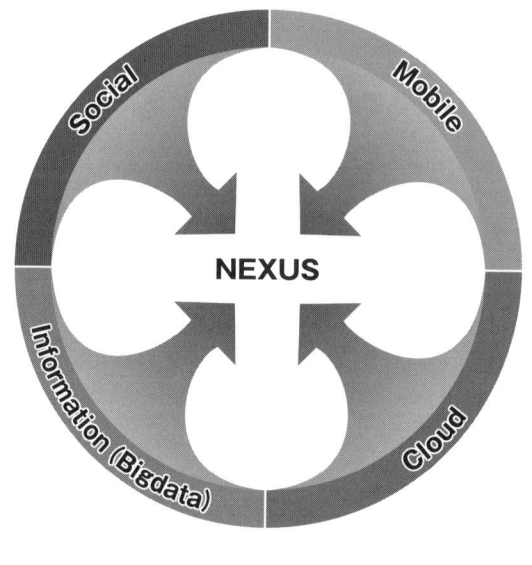

◆**Nexus of Forces：力の結節**◆

（図：Social／Mobile／Information (Bigdata)／Cloud が中心の NEXUS に結びつく）

■■ビジネスを革新できる企業ほどITマネジメントはしっかりしている

　ITによって競争優位性をもたせていくには、それなりの選択と集中が必要だと思います。IT活用の方向性はいくつかに分類できます。たとえば、ホテル事業だと4つに分類できます。

> ① クライアントサービスを持続的に進化させ続けるために、クライアントが感動した体験の情報を蓄積・共有することを強化
> ② ロングステイ促進・リピート率向上のために、どのクライアントにどのような接点をもつと筋が良いかのパターン化
> ③ 各拠点の独自性・強みを尊重した連邦経営のために、拠点によって異なる商習慣を踏まえた計数管理の共通化
> ④ 徹底的なコストダウンのために、単一のオペレーション基盤により共通化・統合化

　これらのどの方向性にITを活用していくかを、企業が判断していく必要があり、その分、IT戦略の重要性が高まっています。ただ、どんなにいい戦略でも実行できなければ無意味であり、確実に実行するために自社のITのマネジメント力を相当に高めておくことや、それなりのITケイパビリティが必要です。
　ソーシャル・モバイル・クラウド・ビックデータといったキーワードは、誰でも知っています。そういった技術を企業が有効活用できるかは、企業自身のITの戦略策定力と実行力に依存しているのです。
　クライアントにとって、戦略が正しいのか、自社のマネジメント力はどれくらいなのか、強化すべきマネジメント領域がどこなのかが気になるところです。業界や世界水準と比較してどの程度なのかを客観的に提示し、IT活用に必要なケイパビリティの充足を支援していくことが、現在のITコンサルタントに求められる最大の役割です。

■■"業務を変える"から"業務を創造する"ITの先導師

　多くの日本企業はITのガラパゴス化の懸念をもっています。社内のことはたしかに社員のほうが知見があり、よりよくするためのシステム改善を行っているでしょう。しかし、世界の動きに反した戦略実行は、早晩、ITのガラパゴス化・IT不良資産化を招きます。

◆CIO AGENDA◆

ITへの期待：
ビジネステーマ

BPR（効率化）の時代は終わりつつある、
「成長の加速」・「新規顧客の獲得・維持」に期待

	2012	08	09	10	11
企業成長を加速する	1	1	—	—	—
新規顧客を獲得し、維持する	2	2	5	4	2
企業コストを削減する	3	3	2	2	5
新商品や新サービスを開発する	4	4	6	8	3
オペレーションで成果を上げる	5	9	—	—	—
効率を改善する	6	8	—	—	—
収益性を改善する（利益）	7	21	—	—	—
ワークフォースを確保し、維持する	8	12	4	3	6
マーケティングとセールスの有効性を改善する	9	18	—	—	—
新市場または新しい地域へ業務を拡大する	10	11	13	0	4
ガバナンス、コンプライアンス、セキュリティを改善する	11	10	11	12	14
財務統制と経営管理を実装する	12	25	—	—	—
ビジネスプロセスを改善する	13	5	1	1	1

ITへの期待：
テクノロジーテーマ

ITによる情報支援を活用して顧客リーチを高め、
いかにして"売り"につなげるかに期待

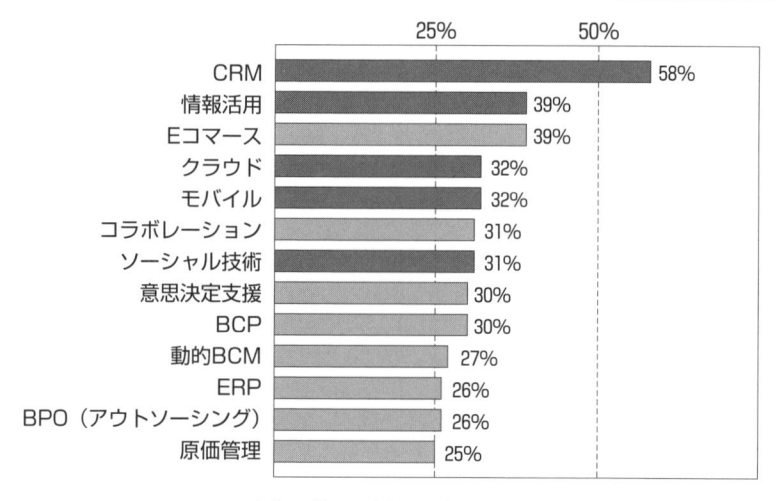

- CRM　58%
- 情報活用　39%
- Eコマース　39%
- クラウド　32%
- モバイル　32%
- コラボレーション　31%
- ソーシャル技術　31%
- 意思決定支援　30%
- BCP　30%
- 動的BCM　27%
- ERP　26%
- BPO（アウトソーシング）　26%
- 原価管理　25%

出典：グローバル2,335名のCIOへの調査結果（Gartner2012）

第2章　総合系コンサルティングのプロジェクト事例
ガートナー ジャパン

　将来を見据えて正しい戦略を策定・実行するには、周囲に目を凝らして正しく分析して、必要なITを取り込む知識と見識が不可欠です。

　世界最高のIT情報機関を有するコンサルティングファームたるガートナーでは、「重要性を増すITの選択と導入を、誰よりも正しく導く」ことを使命としています。

　ITを"あくまで道具""周辺的な位置づけ""脇役"ととらえる人は少なくありません。しかし、ガートナーは少し違います。ガートナーのCEO、Eugene A. Hallは言います。「IT is Central.」と。

ガートナー ジャパン株式会社

　ガートナーのサービスは、長年にわたるクライアントからの意見・要望を取り入れ、継続的な品質改善によって進化を続けている。「分析レポートの閲覧／アナリストへの問い合わせ」「CIO同士の交流・情報交換」「企業のイノベーションを包括的に支援するコンサルティング」「ITにかかわる最新情報を提供するセミナーへの参加」など、お客様が求めるあらゆるサービスを最適な手段で提供している。

宮本 認（みやもと みとむ）
ガートナー ジャパン マネージング・パートナー。大手外資系コンサルティングファーム、大手SIerを経て現職。ソリューションプロバイダの事業戦略、組織戦略、ソリューション開発戦略、営業戦略を担当。また、金融、流通業を中心にユーザー企業のIT戦略、EA構築、プロジェクト管理力向上、アウトソーシング戦略プロジェクトの経験も多数もつ。

中村拓郎（なかむら たくろう）
ガートナー ジャパン アソシエイト・ディレクター。大学卒業後、システム開発会社、ハイテク製造会社、外資系コンサルティング会社を経て現職。システムベンダー・システムユーザー双方の経験に基づいた、中立かつ客観性に拘ったITアドバイザリーの実績が多数ある。近年では、大手通信/メディア事業会社、大手ハイテク製造業会社を中心としたICT事業企画、イノベーションマネジメント、情報化構想、コストリダクション等に携わる。

グループ経営管理の高度化と経理業務コストの削減

プライスウォーターハウスクーパース（株）

――「会計ソリューション×幅広いサービスライン」が
　実現する一貫したコンサルティング

■■グループ全体をとりまく２つの大きな経営課題

　本項では、インフラ関連企業の「グループ経営管理の高度化と経理業務コストの削減プロジェクト」を紹介します。

　クライアント企業は、業界のリーディングカンパニーであり、グループ会社20社を擁します。グループ会社の多くは、本社部門から独立した機能分社会社であり、ファシリティマネジメント（施設とその環境であるファシリティすべてを経営にとって最適な状態で保有し、賃借・使用・運営・維持するための総合的な経営管理活動）や運営オペレーションなどの実行権限は、グループ会社側に委譲されています。

　これまで本社における経営管理は、単体としての本社事業の管理が中心でしたが、「グループ会社による事業規模の拡大や新規事業の立上げによるビジネスの多様化などにともない、グループ全体を対象とした経営管理の高度化ニーズの高まり」や「企業規模の拡大にともなう管理コストの増大」という大きな経営課題を抱えていました。

　さらに、数年前に導入した海外パッケージの会計システムも老朽化していて、ランニングコストの増加と運用リスクの増大という課題も抱えていました。そこで今回、基幹システムの再構築と合わせた「グループ経営管理の高度化と経理業務コストの削減」プロジェクトが起案され、当該クライアント企業の業界に明るく、会計領域に強みをもつプライスウォーターハウスクーパース（株）（PwC）とITベンダーをくわえた３社体制にて、プロジェクトがスタートすることになりました。

■■支援体制の組織

プロジェクトの詳細を解説する前に、本プロジェクトを担当するPwCのコンサルティング部門について紹介します。

PwCのコンサルティング部門は、クライアントの属する業界や最新動向に精通した「マーケット」と、戦略の立案、財務・会計・オペレーション・人と組織の変革、情報システムの導入など各業務に深い知見と豊富な経験を持つ「ソリューション」の2つのセクションによって構成されます。

◆プロフェッショナルサービスを提供するPwCの組織体制◆

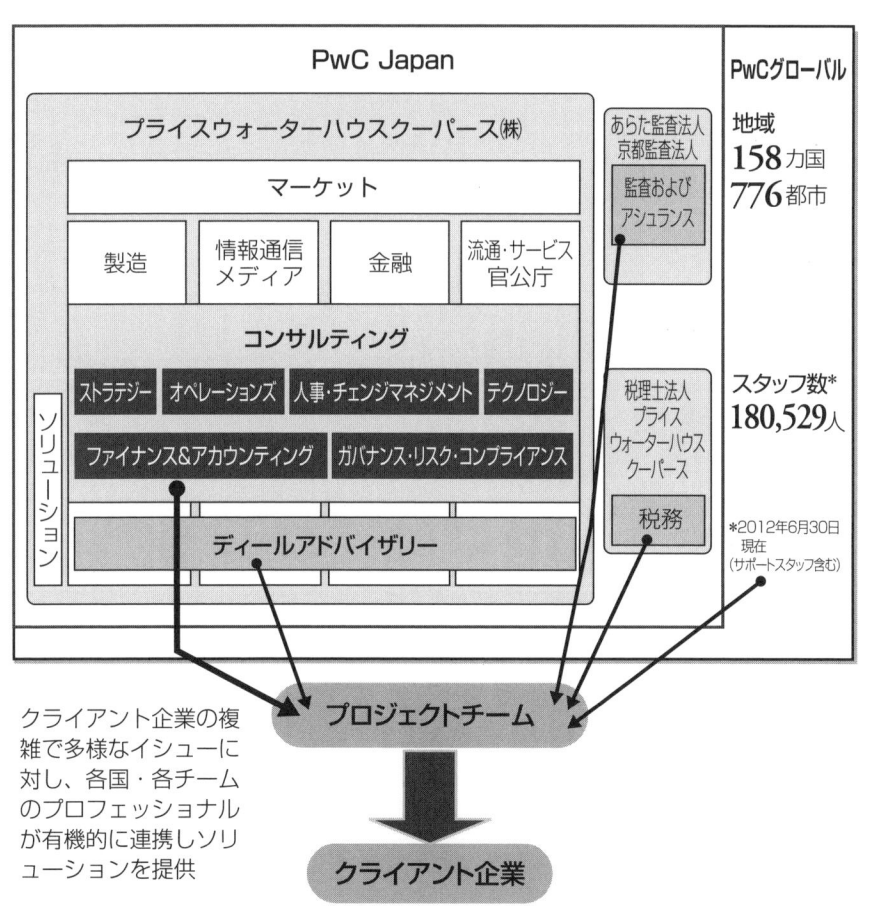

PwC Japan

プライスウォーターハウスクーパース㈱

マーケット
- 製造
- 情報通信メディア
- 金融
- 流通・サービス 官公庁

コンサルティング
- ストラテジー
- オペレーションズ
- 人事・チェンジマネジメント
- テクノロジー
- ファイナンス&アカウンティング
- ガバナンス・リスク・コンプライアンス

ディールアドバイザリー

ソリューション

あらた監査法人／京都監査法人
- 監査およびアシュアランス

税理士法人プライスウォーターハウスクーパース
- 税務

PwCグローバル

地域
158カ国
776都市

スタッフ数*
180,529人

*2012年6月30日現在
(サポートスタッフ含む)

クライアント企業の複雑で多様なイシューに対し、各国・各チームのプロフェッショナルが有機的に連携しソリューションを提供

→ プロジェクトチーム → クライアント企業

◆PwCのコンサルティングサービス◆

ストラテジー
- コーポレートストラテジー
- ビジネスストラテジー
- M&Aストラテジー
- グローバルマネジメント

オペレーションズ
- グローバル化支援
- サプライチェーン戦略（SCM）
- BPRをともなうERP導入
- 調達改革・購買コストダウン
- 営業・販売プロセス改革
- カスタマー・コンタクト・チャネル改革

人事・チェンジマネジメント
- 戦略・組織構造・制度の改革
- 組織風土の変革
- オペレーション&テクノロジーソリューション
- グローバル人材マネージメント
- HRトランスフォーメーション
- M&A支援

テクノロジー
- ITリスク削減
- 情報セキュリティ診断・構想～導入支援
- IDM構想～導入支援 (Identity & Access Management)
- BCP/BCM診断・構想～導入支援
- ITコスト削減
- ICTインフラストラクチャー刷新（クラウド活用戦略・モバイル活用戦略）
- ITデューデリジェンス／ディール後のIT統合サービス（PMI）
- システム設計～開発導入・保守運用

ファイナンス&アカウンティング
- グループ経営管理の高度化
- 経理業務プロセスの全体の効率化
- シェアード・サービス・センター(SSC)設立
- コストマネジメント再構築
- 会計システムの再構築
- 組織再編戦略策定と実行支援
- 組織再編後の業務統合
- コーポレート・パフォーマンス・マネジメント
- 予算管理
- ビジネスインテリジェント（BI）
- IFRS対応ソリューション
- J-SOXコストダウンソリューション

ガバナンス・リスク・コンプライアンス
- リスク・資本管理
- 金融機関の規制対応
- 事業継続・広域危機管理
- CFO（最高財務責任者）サポート
- 不動産リスクマネジメント

→「経営管理の高度化」と「経理業務コストの削減」は、ファイナンス＆アカウティング（F&A）のメンバーが中心となりサービスを展開

コンサルティングサービスを提供するプロジェクトチームは、クライアント企業の業界やテーマに合わせ、事業セクションから"その道のプロフェッショナル"がアサインされ、編成されます。

テーマによっては、コンサルティング部門以外のM&Aや事業再生・再編の専門家であるディールアドバイザリー部門、監査・アシュアランスのあらた監査法人、税務の税理士法人プライスウォーターハウスクーパース、さらに158カ国におよぶPwCグローバルネットワークからメンバーがアサインされることもあります。

クライアント企業が抱える複雑で多様な課題に対し、各国・各セクションのプロフェッショナルが有機的に連携しソリューションを提供できることは、まさにPwCの強みであり、私たちコンサルタントにとっても貴重な経験と成長の場となります。

今回のプロジェクトは、インフラ関連企業の「グループ経営管理の高度化と経理業務コストの削減」なので、財務・会計において、企画構想から業務設計、システム導入までの幅広いサービスラインをもち、高度なスキルと経験豊富なコンサルタントを多数抱えるファイナンス&アカウンティングのメンバーが担当することになりました。

■■プロジェクトの概要

本プロジェクトでは、命題定義、現状整理を経て、課題を明確にしたのち、「①会計処理ルールの標準化（グループ会計処理方針の策定）→127ページ」「②会計システムの標準化（統一会計システムの導入）→128ページ」「③会計処理業務の標準化とシェアード・サービス・センター（SSC）の設立→131ページ」の3つの施策を策定しました。

以降、検討ステップごとに、検討のポイントや検討結果などを織り交ぜてプロジェクトを紹介します。

◆「グループ経営管理の高度化と経理業務コストの削減」プロジェクト結果サマリー◆

課題	事業成果の"正確な把握"と"公正な評価"を可能とする管理情報の整備

会計処理ルールの"標準化"（グループ会計処理方針の策定）
○同じ物差しで事業・部署・子会社を管理できる会計データの生成を実現する

施策

会計システムの"標準化"（統一会計システムの導入）
○ルール・業務の標準化を定着させる「統一会計システム」を導入する
○加えて、各社バラバラで運用しているシステムを統一化し、保守コストの削減もねらう

会計処理業務の"標準化"とシェアード・サービス・センター（SSC）の設立
○グループの会計業務を切り出し、業務の集中化による会計ルールの遵守を図ることで、更なる精度向上を目指す
○あわせて集中化による、間接業務コストの削減もねらう

■■プロジェクト・ミッションの策定

①命題の定義アプローチ

　プロジェクトの最初のタスクは「命題の定義」となります。命題の定義により、経営戦略の実現と命題解決の必要性を関係づけ、「突き詰めて言うと、今やるべきことは何か、なぜプロジェクトを発足することにしたのか」を明確にします。

　「取り組むべき命題」をプロジェクト関係者全員が共有し、ベクトルを合わせることがプロジェクト成功に向けた第一歩となります。とくに経営管理の高度化のような抽象度が高いテーマの場合、目的が曖昧なままプロジェクトが進むことが多いため、関係者間での命題共有は必須ともいえます。

　また、本プロジェクト・ミッションの策定はクライアント企業の納得感が必要となるため、プロジェクトのキーパーソンを巻き込むことも重要です。

　検討は2ステップで進めます。

① 「Context：背景」の認識
　クライアント企業の置かれた環境や変革を起こそうとする背景と文脈を理解する
② 「Problem Statement：命題定義文」の作成
　クライアント企業は何をいつまでに成し遂げたいのかを明文化する

◆命題の定義ステップ◆

① 「Context：背景」の認識

Situation　「いまどのような状況にあるか」
業界の課題構造、競争原理、業界内のクライアント個社の置かれた環境、問題の認識、認識しているクライアント社内の役職レベルなどを確認する

Complication　「本来はどうあるべきか」
インタビューに現れる、まだ明確になっていない「あるべき姿」を明確化する

Question　「実現に向けて何をどうしたいのか」
阻害要因や制約条件があれば洗い出し、どうしたいのかを導出する

② 「Problem Statement：命題定義文」の作成

「何をいつまでに成し遂げたいのか」
クライアント企業の置かれた環境や変革を起こそうとする背景と文脈（Context）より、今やるべきことを命題定義文として作成する

②プロジェクトにおける命題の定義

　本プロジェクトの命題の定義は、プロジェクトオーナーであるファイナンス部門の執行役員とのワークセッションにより行いました。

　下記のように「Context：背景」と「Problem Statement：命題定義文」を整理しました。

[Context：背景]

Situation「今どのような状況にあるか」
- クライアント企業は社会性の強いインフラ企業であるため、これまで多額の投資をしつつも安定的に収益をあげることができてきた

- 現在、業界の規制緩和やグローバル化による競争激化、国内需要の低迷や顧客嗜好の多様化により、これまでと同じやり方では、収益性は落ち成長はないとクライアント企業のマネジメント層は認識している
    - ✓ ここ3か年のクライアント企業の売上の伸び率は鈍化しており、債務残高も高止まりしている
    - ✓ また競合他社と比較しても、3年前は大きく差をつけていたROE、売上高伸び率ともに現在はほぼ差がなくなってきている
- クライアント企業は、この状況を打開し新たな成長モデルを確立するために、グループ全体での事業軸の強化を進めており、組織体制をこれまでの機能部制からマーケットの動きに迅速に対応できる事業部制へと移行している

Complication「本来はどうあるべきか」
- 現状、事業軸の強化に向け組織体制の見直しを進めているが、本来は、事業をどのように括るかという"箱（組織）"の見直しだけでなく、事業をどのようにマネージするかの"中身（情報）"の整備も同時に行うべき

- そうしなければ"箱はあるが中身がなく"、マーケットの動きに迅速に対応するPDCAが回らない

Question「だから何をしたいか」
- 本社を含むグループ20社全社を対象とした、事業軸の強化を支えるグループ経営管理の仕組みを早急（1年半以内）に再整備したい
- あわせて財務体質の強化を図るために、業務の効率性をあげコスト削減を進めたい
- 次の経営会議（命題の定義時点）までに事業管理における現状を把握し、まず何をすべきか明らかにしたい（基本計画の策定）

[Problem Statement：命題定義文]
　どうすれば、1年半以内にグループ20社を対象とした、事業軸の強化とコスト削減に資するグループ経営管理体制を確立できるか

　事業軸の強化に向けた「経営管理の高度化」と「経理業務コストの削減」という一見相反する2つの取組みをいかに同時に実現するか、チャレンジングなプロジェクトとなります。

■■基本計画の策定
①基本計画の策定アプローチ

　命題の定義後は、命題に対する打ち手を導出する「基本計画の策定」を行います。

　基本計画の策定は、事業の管理業務におけるファクト（事実）を客観的に把握する「現状の整理」から、真因となる「課題の抽出」、その課題を解く実行可能な「施策の策定」の3ステップで進めます。

　このステップは当たり前のプロセスと思われるかもしれませんが、実行は難しいものです。意識して取り組まないと、問題の本質を見極めないま

まに施策の検討を始めてしまい、関連性が薄く、やりやすい施策ばかりをつくってしまいます。そして、その施策をいくら頑張って実行しても、本質的な問題が解決しないという状態に陥ってしまいます。とくに、今回のような経営管理特有の"抽象的な命題"に関しては、このステップを丁寧にふむことが非常に重要となります。

◆基本計画策定のアプローチ◆

命題

「どうすれば、1年半以内にグループ20社を対象とした、事業軸の強化とコスト削減に資するグループ経営管理体制を確立できるか」

基本計画策定アプローチ

現状の整理	事業の管理業務におけるファクト（事実）を客観的に把握する 事業の管理業務に関するインタビューや、事業・財務構造の分析などを行い、グループ経営管理における現状（ファクト）を整理する
課題の抽出	現状整理から意味合いを抽出し「真の課題」を把握する 整理した事業の管理業務におけるファクトに基づき、「何が課題であるか」をワークセッションにより導出する
施策の策定	「真の課題」を解く実行可能な施策を策定する 課題解決に向け、「何をすべきか（打ち手）」をベンチマークやワークセッションを通じ策定する

②「現状の整理」のポイントと検討内容

「現状の整理」のポイントは2つあります。1つは、あくまで現状のファクト（事実）の整理に留め解釈をくわえないことです。解釈をくわえてしまうとファクトがあやふやになり、何が事実で何が解釈であるかわからなくなってしまいます。

もう1つは、ファクトを「Why?」で深掘りすることです。ファクトは

すべて原因と結果で結びつき、その結びつきを「Why?」により深掘りすることで、「なぜ、現状のようなことが起きているか、その要因は何か」が明らかになり、次のステップである「課題の抽出」セッションに進みやすくなります。

本プロジェクトにおける「現状の整理」は、策定した命題から「事業管理に関する業務」と検討スコープを定義のうえ、クライアント企業のファイナンス部門、事業部門、IT部門と部門をまたいだインタビューと、「Why？」によるファクトの深掘りにより進めました。

以下が「現状の整理」の結果です。

◆事業管理に係る現状整理◆

インタビュー先	インタビューファクト（事業管理に係る現状整理）
ファイナンス部門	●事業部制への移行が打ち出されているが、現状事業別損益データの作成・分析・報告は、本社のファイナンス部門が行っている（事業部門は事業別損益の分析・報告を行っていない）
事業部門	●事業分析・報告を行う必要があると認識しているが、分析しようにも分析できない
事業部門	●事業部門管轄の各部署やグループ会社からあがってくる会計データ項目は統一されておらず歯抜けが多い ●そもそも会計データがどのような基準で計上されているかも不明瞭
ファイナンス部門	●現状、グループで統一された会計処理や管理基準がなく各社バラバラでの計上となっている
IT部門	●現状、グループ各社それぞれで独自の会計システムを導入しており、データ項目は各社バラバラ

（各ファクト間は「Why?」で深掘り）

③「課題の抽出」のポイントと検討内容

「課題の抽出」では、整理したファクトから意味合いを抽出し、「真の課題」をとらえます。課題を見つけ出す場合、時間を使いクライアント企業に"発散"してもらうことがポイントとなります。

"発散"により、クライアント企業みずから話す機会が多くなり、それにより主体性が高まります。くわえて"発散"は表面化されづらい真の課題を浮き彫りにします。クライアント企業の主体性を醸成するとともに、真の課題を見つけ出す"発散"のインタビューは、多少遠回りだとしても行うべきでしょう。

とはいえ、効率的にプロジェクトを進めることを求められるのも事実です。そのため、コンサルタントとしての仮説を裏でもち、タイミングを見計らって"収束"に向けリードします。「今は発散すべき？ 収束に向かうべき？」ということをクライアント企業の立場で考え、プロジェクトを推進します。

本プロジェクトでは、"発散"セッションにて「事業管理が進まない要因」として以下を抽出しました。

事業管理が進まない要因
- 事業部門の役割が明確でない
 （本来事業管理をすべき事業部門が事業の分析・報告をする役割が業務規定書などで定義付けられていない）
- 事業という軸で分析し、示唆できるスキルをもつ人がいない
- 事業管理データが整備されていない
- システムが老朽化しており、使い勝手が悪い

これら要因のなかで、私たちは「事業管理データが整備されていない」に着目しました。クライアント企業は、これまでグループ会社を含む機能単位での業務の最適化を図ってきました。

そのため管理データは、機能組織ごとの業務、グループ会社ごとの決算

により生成されるレベル・粒度に留まっており、事業の成果を把握し評価する粒度・レベルではありません。これはプロジェクト背景でも述べたように、グループ会社の多くは本社部門から独立した機能分社会社であり、各種機能における実行権限の大部分がグループ会社に存在していることにも起因します。

以上を踏まえ、事業管理を進めるうえで、まず取り組むべき課題は「事業成果の"正確な把握"と"公正な評価"を可能とする管理情報の整備」と定義しました。当たり前の話ですが、事業管理をするデータが整備されていないと、いくら事業管理における役割を決めたり、分析スキルを擁する人がいても、または使いやすいシステムがあっても、事業管理は進まないのです。

④「施策の策定」のポイントと検討内容

基本計画策定の最後のステップは「施策の策定」です。「課題の抽出」では"発散"によりクライアント企業の考えを引き出すことに注力したのに対し、「施策の策定」はPwCがもつ経験やナレッジを活用し、効率的、かつ、効果的にセッションを進めることがポイントとなります。

本プロジェクトでは、アドバイザーとして参画しているUKおよびKoreaメンバーによるベンチマーク結果の提示や、PwCの経営管理フレームワークを用いセッションを進めました。

そして、「事業成果の"正確な把握"と"公正な評価"を可能とする管理情報の整備」という課題に対して、実際に何をすべきかを、「ルール」「業務」「システム」の観点で取りまとめ、実行計画に落とし込みます。

私たちはクライアント企業との施策策定セッションにて、"標準化"というキーワードを導き出しました。

["標準化"施策]
会計処理ルールの"標準化"
- 取り組むべき課題「事業成果の"正確な把握"と"公正な評価"を可能とする管理情報の整備」には、まず事業管理に資する会計デー

タの生成が必要であり、そのためには グループの会計処理基準の"標準化"を進めるべき

会計システムの"標準化"
- "標準化"した会計処理ルールをグループ全体で遵守するためには、ルールに基づくデータの入力・管理を確立する"標準化"されたグループ統一の会計システムの導入が有効となる
- これまで各社バラバラで運用しているシステムを統一することで運用保守コストの削減もねらう

会計処理業務の"標準化"とシェアード・サービス・センターの設立
- ルール・システムに合わせ、グループにおける会計処理業務の"標準化"を図ったうえ、定型業務を切り出し・集約(シェアード・サービス・センターを設立)することで、さらなる会計処理ルールの遵守・精度向上をねらう
- 業務の集中化により経理業務コストの削減もねらう

以上、「ルール」「業務」「システム」を"標準化"することで、管理の高度化に資する情報の整備とコスト削減両方の実現をめざす

　基本計画策定後は、「グループ会計処理方針の策定」「SSCの設立」「統一会計システムの導入」の施策ごとに命題の達成に向けた実作業を支援していくこととなります。
　以降、本プロジェクトの肝となる「グループ会計処理方針の策定(ルール)」と「SSCの設立(業務)」に関する検討アプローチについて紹介します。なお、「統一会計システムの導入」に関しては、ルール、プロセスの検討結果を踏まえ、それを標準要件とし、一般的なパッケージ導入手法に沿って実施します。

■グループ会計処理方針の策定

①アプローチ

　今回のプロジェクトでは、まずはグループ会計処理方針について検討します。グループ会計処理方針については、SSCにおける業務設計や統一会計システムでの新業務要件フェーズまでに検討を完了させます。

　私たちコンサルタントがかかわるプロジェクトにおいて、単に規程類やガイドラインなど、文書化されたルールを策定して終わりといった仕事をお願いされることはありません。決めたルールを会社の実際の業務に落とし込みます。

　「ルールを変えたら業務の手順はどうするのか？」「関連するシステムの処理はどうするのか？」と、策定したルールに基づく業務設計、システム改修など、関連するすべてを検討していくことになります。

◆会計ルールの検討時期◆

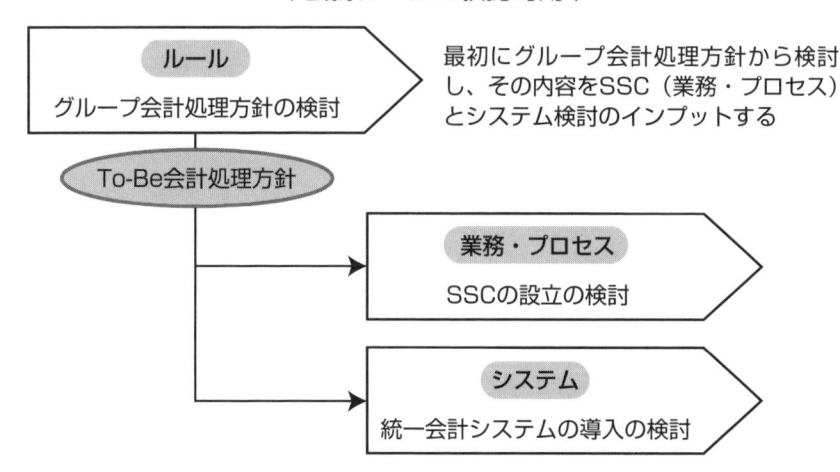

| ルール：グループ会計処理方針の検討 | 最初にグループ会計処理方針から検討し、その内容をSSC（業務・プロセス）とシステム検討のインプットする |

To-Be会計処理方針
- 業務・プロセス：SSCの設立の検討
- システム：統一会計システムの導入の検討

②グループ会計処理方針の検討

　グループの会計処理方針を統一するのは何のためでしょうか？　新しい会計制度の要請による場合もありますが、今回のプロジェクトでは、経営管理の高度化と経理業務コストの削減のために統一を検討します。会計処

理方針の統一により、

> - 会計情報の精度を高める
> - 会計情報の粒度を揃える
> - 会計情報に関する報告資料を見直す

ことで経営管理に必要な情報を整備します。また、会計処理方針の統一とシンプルな会計処理の設計により経理業務の効率を向上させ、コスト削減を支援します。

会計処理の統一は、多くの上場企業ですでに会計基準の定めによって達成しています。ただし、グループの重要な費用であるのにもかかわらず、グループ内の各社で異なる会計処理を行っているケースもあります。それは固定資産の減価償却のように「日本では定率法、日本以外の世界の拠点では定額法」といったものもあれば、グループのＡ社は取引月に計上するのに対して、同じグループのＢ社では取引の翌月に計上するといったものもあります。

今回のプロジェクトでは、基本計画の策定フェーズで実施したグループ全体の財務構造の分析結果をもとに、

> - 統一により財務数値が大きく変化するもの
> - 当該財務数値に対する管理ニーズが存在するもの

を対象に、グループ全体で把握すべき費用項目の会計処理方針を統一します。

会計処理方針を統一するだけでは、必要な情報が整備されたとはいえません。会計情報を集計する単位である「勘定科目や管理項目」を揃えることで、会計情報の粒度を揃えるのです。現在の連結勘定科目体系をベースに、管理ニーズの変化により現在使用していないものを削除し、新たに管理ニーズが発生している項目を追加します。

◆勘定科目と管理項目の統一ステップ◆

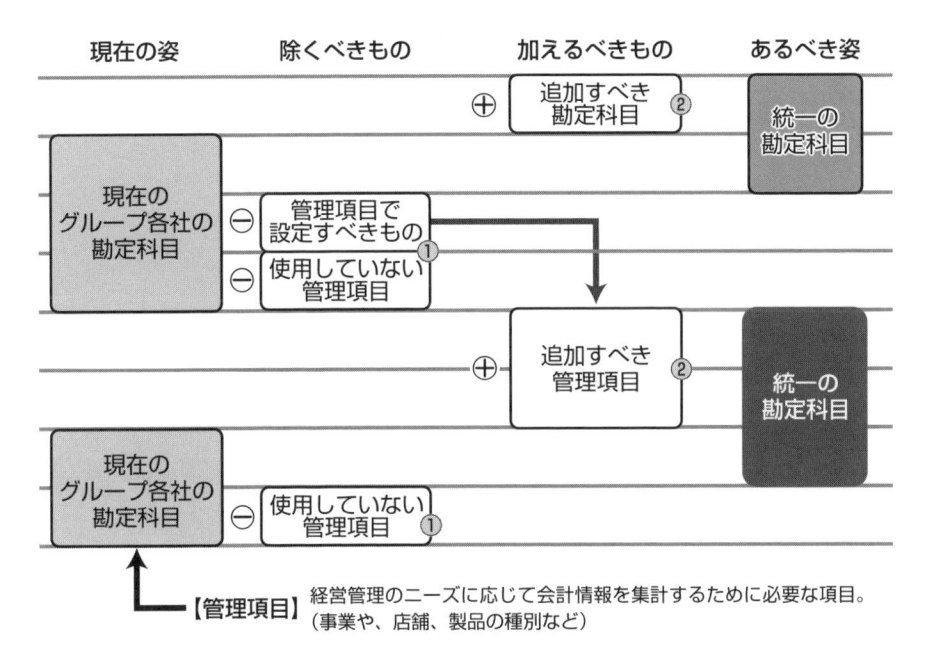

```
現在の姿    除くべきもの    加えるべきもの    あるべき姿

                         ⊕  追加すべき      統一の
                            勘定科目 ②      勘定科目

現在の        管理項目で
グループ各社の ⊖ 設定すべきもの ①
勘定科目      使用していない
           ⊖ 管理項目

                         ⊕  追加すべき      統一の
                            管理項目 ②      勘定科目

現在の
グループ各社の ⊖ 使用していない ①
勘定科目      管理項目
```

【管理項目】 経営管理のニーズに応じて会計情報を集計するために必要な項目。
(事業や、店舗、製品の種別など)

あわせて、コスト削減の達成を支えるべく、連結のための情報提供を効率化するために、連結ベースの勘定科目や管理項目と各社の勘定科目や管理項目を関連づけしたうえで階層化を行います。

今回のプロジェクトでは、勘定科目は5階層の体系としました。各階層の関係は、第1階層が連結財務諸表の開示レベルであり、下の階層にいくほど勘定科目の粒度が細かくなるように設計しました。

このうちグループ共通で使用する勘定科目を「第1階層から第3階層」、各社は第3階層に関連づける形で「第4階層と第5階層」を使用できることとし、単体会計において「第3階層から第5階層」をシステム上設定することとしました。

最後に、会計情報に関する報告資料を検討します。会計情報に関する報告資料とは、たとえば月次や四半期の単位で行う損益計算書、貸借対照表あるいはキャッシュ・フロー計算書に関する前期の実績との比較情報や、

◆勘定科目の階層化◆

	階層	内容	例示	粒度
統一の勘定科目	第1階層	親会社とグループ会社の会計情報を、統一的に整理するための階層	営業費用	粗 ↑
	第2階層		経費	
	第3階層		修繕費	
	第4階層	各社の管理ニーズに応じて、会計情報を整理する階層	材料関係	
	第5階層		消耗品	↓ 細

予算との比較情報に関する取締役会や執行役員会への報告資料です。

　せっかくシステムの会計情報を整備しても、適切な形で経営層に報告され、活用されなければ意味がありません。情報の受け手の立場から見ると往々にして、「A.情報が細かすぎて何を注意すればよいかわからない」「B.情報が粗く、追加の情報がないと適切な意思決定ができない」「C.これまでもずっと報告してもらっているが、実は参考までにパラパラと眺めるだけで意思決定には利用していない」といった状況にあります。

　企業経営にあたり、会計情報は、正しい情報を早く、わかりやすい形で意思決定者に提供されなければなりません。

　報告様式の検討は、これまで検討してきた会計方針や勘定科目・管理項

◆会計情報が備えるべき3つのポイント◆

1	正しいこと	●間違いがなく、実態を適切に示していること
2	早いこと	●効率的かつ速やかに作成されていること
3	わかりやすいこと	●経営管理のニーズに適合すること ●余計な情報がないこと

目の検討内容をふまえ、不要な資料は削減し、共通的な情報はシステムからそのまま出力可能なように帳票をデザインします。

報告資料の作成に必要な情報が複数のシステムに散在している場合には、情報分析ツールの導入も合わせて検討します。

■SSCの設立の検討
①アプローチ

SSC化により得られる効果は、

- 業務品質の安定化
- 業務効率の向上

などです。SSCの設立は、プロジェクト目標に合わせてSSC化する業務を選定し、新業務を設計したうえで集約します。単に業務を集約するだけでは、プロセスの冗長化や二重化を引き起こすからです。

そのため、SSC化の前に、会計処理（ルール）の統一とシンプルな会計処理（業務）の設計を行います。こうすることで、SSCの業務を1つにし、業務効率の向上が達成することができます。

◆SSC設立のアプローチ◆

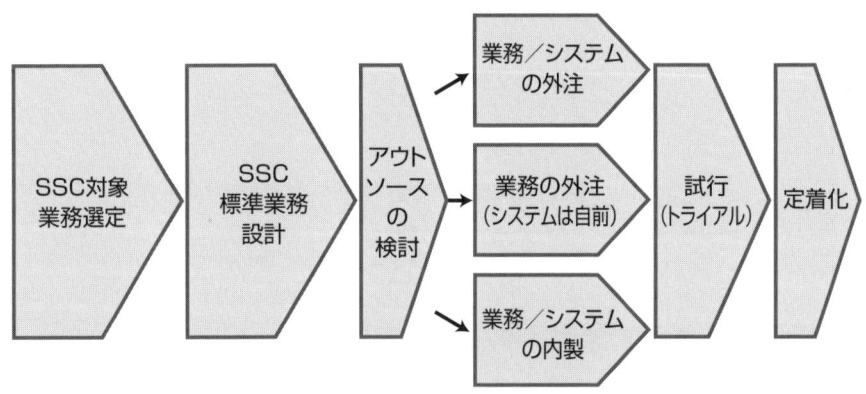

SSC対象業務選定 → SSC標準業務設計 → アウトソースの検討 → 業務／システムの外注 / 業務の外注（システムは自前）/ 業務／システムの内製 → 試行（トライアル）→ 定着化

ここでさらなる業務コストの削減をねらう場合には、集約化した業務についてアウトソースを検討します。単に効率化した業務を集中する場合と比較し、自社グループで直接雇用した従業員よりも低い単価で発注することでSSC業務のコストを削減します。

　今回のプロジェクトでは、業務品質の安定化による財務情報の品質向上が最優先でしたが、グループ内人員削減と合わせた将来的な業務コストの削減にも対応できるよう、稼働当初からアウトソースによるSSC運営を前提としました。

②アウトソースの検討

　業務コストの削減をめざす場合、単に業務改善を実施し業務量を削減するだけでなく、業務自体をアウトソースすることで、さらなるコストの削減をねらいます。

　本プロジェクトでも、SSCでの業務にBPO（Business Process Outsourcing）の活用を検討しました。ポイントはこれまでの担当者の処遇です。

　BPOによる社外流出コスト以上の人件費を削減できなければ、トータルとしてのコストは減りません。日本の企業は外資系企業と異なり、業績が大幅に悪化しているなどの状況にない限り、従業員を簡単に削減することはできません。

　定年退職による自然減を待ちつつ、人員が不足している他の部門に異動させることで対応することとなります。このとき、1つの法人で考えると、他の部門に異動といってもなかなか異動先が見つからないケースもあります。そのため、異動先として他のグループ企業まで含めて検討することが必要です。

　場合によっては、現行の人事制度では、簡単に法人の垣根を越えた異動を実現できないこともあります。そのため、SSCの検討にあたっては、あらかじめ企業グループの人事制度にまでふみ込んだ検討が大切です。

③BPO業者の選定

　BPO業者の選定では、よりよいパートナーを選ぶため、また、よりよ

◆BPO業者の選定プロセス◆

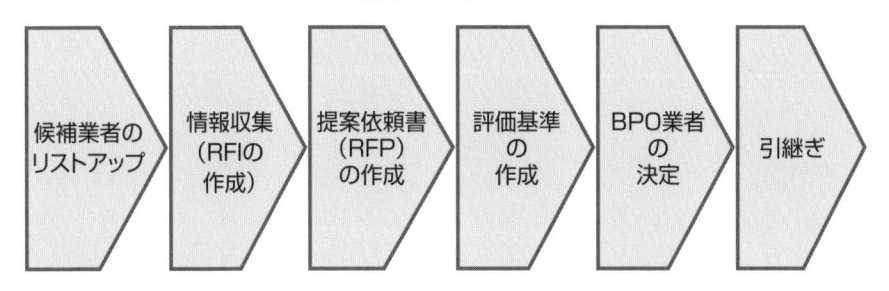

候補業者のリストアップ → 情報収集（RFIの作成）→ 提案依頼書（RFP）の作成 → 評価基準の作成 → BPO業者の決定 → 引継ぎ

い取引条件を引き出すために、コンペ方式によって選定するケースが多くあります。

　コンペに参加を要請する企業は、クライアント企業と取引実績のあるBPO業者や一般の公開情報から抽出します。こうして抽出した企業に対してRFIを提示し、情報収集から始めます。

　RFIとは、提案や見積もりといった交渉の前段階において、調達条件や選定条件を取りまとめるために必要情報の提供を求める文書です。こうして集めた情報をもとにRFP（提案依頼書）を作成するとともに、正式に提案を依頼する相手を絞り込み、効率的にコンペを行います。

　今回のプロジェクトでは、最終的にRFPの提示先は、人材派遣会社、アウトソーシング専業会社、システム会社からそれぞれ2社ずつ、合計6社としました。

　BPO業者にはそれぞれ特徴があります。たとえば、「対象業務に精通しているが値段が高い」「人を集められるけど業務遂行能力が疑わしい」といったこともあり、評価基準によって選ばれる企業が変わります。

　そのため、プロジェクトの目標をふまえ、「提案内容のどういった点を評価すべきか」という評価基準をあらかじめ定めておく必要があります。また、選考にあたって金額や提案書記載内容だけで決定できないことが予見される場合には、応募企業にプレゼンを依頼します。

　プレゼンにあたっては、応募企業の営業担当者だけでなく、実際の業務担当者の参加を依頼することで、「提案依頼内容を本当に理解しているのか」

「提案書では読み取れない重要な前提事項がないか」「この案件を担当する人物は信頼するに足りるのか」といった点についても確実に押さえておく必要があります。

私たちは、これら一連の手順を、これまでの豊富なプロジェクト実績を踏まえて、企画・推進することで、クライアント企業にとって最善のBPO業者が選定されることを支援します。

■■「会計」を軸に幅広いニーズに応えるコンサルティング

以上、今回のプロジェクトでは、「グループ経営管理の高度化と経理業務コストの削減」といった、相反する2つのテーマを命題として推進してきましたが、プロジェクト立上げ当初の検討段階においては、私たちがもつ方法論やグローバルネットワークを活用することで、実現性が高く、納得感のある検討を効率的に進めることができました。

その後、議論や計画をして終わりではなく、各施策の実行に対しても会計処理ルールの検討からSSC設立およびアウトソーサーの調達、会計システムの導入および稼働後の定着化まで一貫したコンサルティングサービスにより、以下の成果を得ることができました。

おもなプロジェクト成果
- 連結ベースの事業別PLやグループ会社別コスト比較などを月次で算出可能となった→経営管理の高度化
- グループ内の経理業務コストを10%削減した（最終的には30%削減が目標）→経理業務のコスト削減
- 会計システムのランニングコストを機能強化したうえで10%削減した→経理業務のコスト削減

これは、私たちがもつ"会計ソリューション"と"幅広いサービスライン"の賜（たまもの）といえるでしょう。

PwC Japan

　PwC Japanは、あらた監査法人、京都監査法人、プライスウォーターハウスクーパース株式会社、税理士法人プライスウォーターハウスクーパース、およびそれらの関連会社の総称。各法人はPwCグローバルネットワークの日本におけるメンバーファーム、またはその指定子会社であり、それぞれ独立した別法人として業務を行っている。

プライスウォーターハウスクーパース株式会社

　プライスウォーターハウスクーパース株式会社は、ディールアドバイザリーとコンサルティングを提供する国内最大規模のコンサルティングファーム。M&Aや事業再生・再編の専門家であるディールズ部門と経営戦略の策定から実行まで総合的に取り組むコンサルティング部門が連携し、顧客企業にとって最適なソリューションを提供。世界158カ国180,000人以上のスタッフを有するPwC（プライスウォーターハウスクーパース）のネットワークを生かし、国内約1,300名のプロフェッショナルが企業の経営課題の解決を支援している。

豊國 成康（とよくに　なりやす）

　パートナー、ファイナンス＆アカウンティング部門。大手監査法人系コンサルティング会社を経てPwCに入社。主に株式公開対応等に伴う業務改善、基幹システムの構築および大規模システム導入プロジェクトのプロジェクト管理などのコンサルティングサービスに従事。

河野 雄貴（こうの　ゆうき）

　ディレクター、ファイナンス＆アカウンティング部門。大手電機メーカーの企画部門を経てPwCに入社。主にグループ経営管理の強化にともなう管理会計制度の構築や決算早期化、会計システムの導入およびシェアードサービスセンターの設立による経理業務の効率化などのコンサルティングサービスに従事。

長崎 諭（ながさき　さとし）

　公認会計士、マネージャー、ファイナンス＆アカウンティング部門。大手監査法人を経てPwCに入社。決算早期化や米国会計基準およびIFRS関連アドバイザリー業務、J-SOX対応などのコンサルティングサービスに従事。

尾高智之（おだか　ともゆき）

　マネージャー、ストラテジー部門。大手コンサルティング会社を経てPwCに入社。中期経営計画の策定、新規投資にともなう事業性評価、経営管理制度の再構築などのコンサルティングサービスに従事。

第3章

財務アドバイザリーコンサルティングのプロジェクト事例

カーブアウトをともなうグローバルM&A

(株) KPMG FAS

—— グローバルファームならではの難関プロジェクト

■■ プロジェクトの概要

　世界各国に提携事務所を有するKPMGでは、さまざまな形でグローバル（クロスボーダー）M&Aプロジェクトに関与しています。そのなかでも、会社または企業グループの一事業、または部門を切り出して（カーブアウト）買収する事業買収は、企業そのものの株式を買いとる株式買収と比較して手続等が複雑となるため、難易度の高いプロジェクトとなります（右ページ図参照）。

　今回紹介するプロジェクトの概要は、次のとおりです。

- **クライアント（A社）**：日本の電子部品メーカー。日本国内でのマーケットシェアでは上位に食い込んでいるものの、海外におけるメイン拠点となっている北米での事業展開は芳しくない
- **売り手（B社）**：グローバルに事業展開するドイツ本社のコングロマリット・メーカー。近時の業績伸び悩みにより事業戦略の見直しを行っており、ノンコア事業の売却を進めている
- **買収対象事業（X事業）**：半導体部品事業（売上高約1,000億円、対象従業員約1,200名）であり、ドイツ（B社の一事業部門）、フランス（B社の子会社C社：販売機能）、米国（B社の子会社D社：販売機能）、ルーマニア（B社の工場の一部を利用：製造機能）の4か国に拠点を有する

　本プロジェクトで、KPMGが提供したサービスは次のとおりです。

- ファイナンシャル・アドバイザリー（Financial Advisory＝FA）業務：買収条件の提案・交渉サポート、プロセスマネジメント等を行うアドバイザリー業務
- バリュエーション：事業価値評価
- デューデリジェンス（Due Diligence＝DD）：M&A等において実施する詳細な事前調査——本プロジェクトにおいては財務・税務・年金・オペレーションプロセスに係るDDを実施
- 買収後の統合（Post Merger Integration＝PMI）支援サービス：M&A後に実施する買収対象会社と買い手企業の事業、組織等の統合をサポート

◆株式買収と事業買収の比較◆

株式買収

取引の前後において、対象会社自体は変わらない。対象会社の株主が変わり、経営権が移動するのみ。
（買い手は対象会社を丸ごと買い取り、買収対象会社の株主が対価を得る。）
このため、対象会社の従業員、資産、負債、ノウハウ等は原則として全て自動的に買い手に移転することとなる。

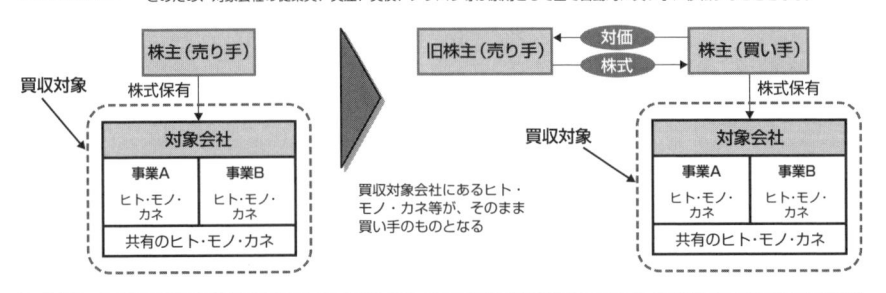

買収対象会社にあるヒト・モノ・カネ等が、そのまま買い手のものとなる

事業買収

対象会社の一部の事業が切り出される（＝カーブアウト）。
買い手は対象会社の事業を買い取るため、欲しい事業、必要な事業のみの買収が可能となる。
対象会社は切り出された事業を失い、その対価を得る。
この際、買収対象となる「事業B」として切り出される従業員、資産、負債、ノウハウ等は、個別に特定されるため、全ての資産・負債・ノウハウ等が移転するわけではない。共有していたヒト・カネ・モノも分割され、必要な部分だけ移転される。

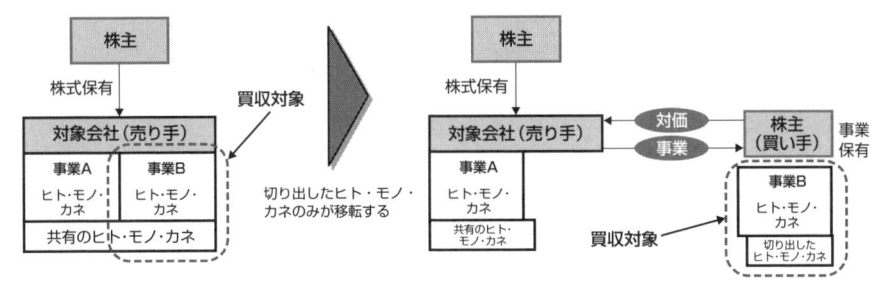

切り出したヒト・モノ・カネのみが移転する

さらに、この他にもそれぞれの専門家が各種DDを実施しました。

> - **ビジネスDD**：クライアント（A社）自身が実施
> - **法務DD**：国内大手弁護士事務所および当該事務所が提携するドイツの法律事務所
> - **人事DD**：グローバルな大手人事コンサルティングファーム

デューデリジェンスは、ビジネス、法務、財務、税務、人事、IT等のさまざまな分野において実施されます。A社自身も半導体部品事業を営んでいることから、X事業に関する収益性や将来の動向を分析するビジネスDDについてはA社自身で実施することとなりました。

一方で、過去の収益性（コスト構造を含む）や事業計画の前提条件を調査する財務DD、各国の年金等の退職給付債務を調査する年金DD、および切り出される事業に関する税務リスクを見る税務DD、およびITを中心としたオペレーションプロセス等に係るスタンド・アローン・イシュー（153ページ参照）を検討するオペレーショナルDDについては、KPMGのチームが実施することになりました。

人事については、現地のキーパーソンの見極めとリテンション（人材の確保）、各国におけるリストラの要否や施策の検討等が必要であったため、グローバルに展開する人事コンサルティングファームが担当しました。

■■本プロジェクトに対するA社の期待とKPMGの役割

A社は、国内では一定のシェアを有する会社ですが、最近3年間は国内・海外とも売上が伸び悩んでおり、北米事業のテコ入れと欧州を中心とした販路の拡大を検討していました。

今回の買収対象であるX事業は、北米市場では安定的なシェアを維持しており、かつ、A社が販路の拡大を目指す欧州の3カ国に拠点があるため、本プロジェクトに対してA社は高い関心を持っていました。しかしながら、A社はグローバルM＆Aの経験がほとんどなく、幅広い問題に対応できる

第3章　財務アドバイザリーコンサルティングのプロジェクト事例
KPMG FAS

総合的なアドバイザーが不可欠な状況でした。

さらにX事業は、B社傘下の独立した子会社ではなく一事業部門であったため、前述のカーブアウトをともなうM&Aとなります。複数の国にまたがる事業を法務的にどのように切り分けるか、X事業だけの収益性をどのように見積もり、評価するか、複数の事業が共同で使用している資産、ITシステムをどのように切り分け、引き継ぐか、誰がX事業に属しており対象となる人の年金はいくらか、事業を切り分けるにあたっていくらの税金が発生するかなどの諸問題を、1つずつ検討する必要が出てきます。

これらのさまざまな課題にアドバイザーとして応えるべく、KPMGは各国の現地事務所のプロフェッショナルを動員してグローバルチームを組織したのです。

◆プロジェクトの全体像◆

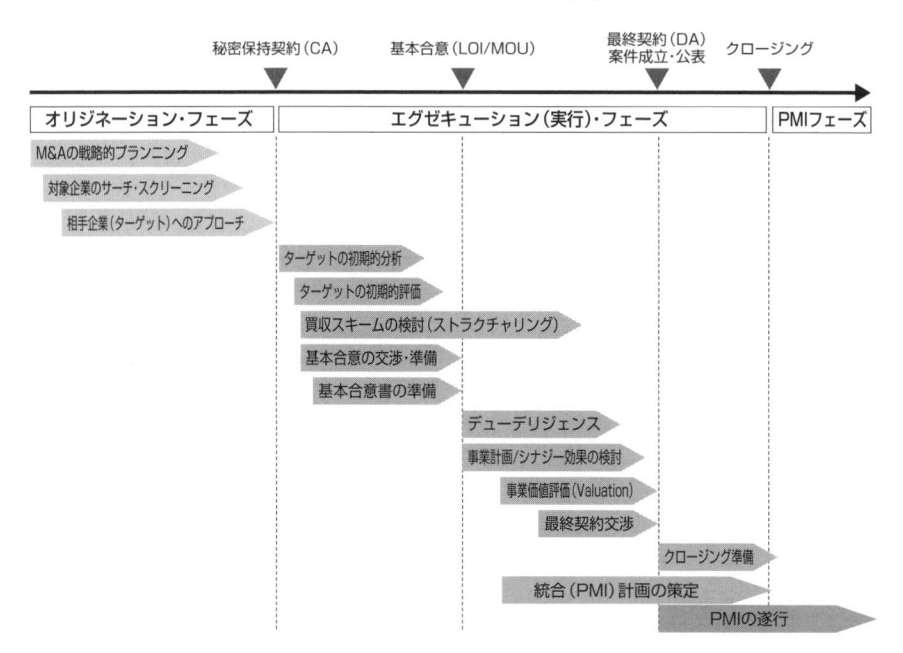

フェーズ	オリジネーション・フェーズ	エグゼキューション（実行）・フェーズ	PMIフェーズ
マイルストーン		秘密保持契約(CA) → 基本合意(LOI/MOU) → 最終契約(DA)案件成立・公表 → クロージング	

主な作業：
- M&Aの戦略的プランニング
- 対象企業のサーチ・スクリーニング
- 相手企業（ターゲット）へのアプローチ
- ターゲットの初期的分析
- ターゲットの初期的評価
- 買収スキームの検討（ストラクチャリング）
- 基本合意の交渉・準備
- 基本合意書の準備
- デューデリジェンス
- 事業計画/シナジー効果の検討
- 事業価値評価（Valuation）
- 最終契約交渉
- クロージング準備
- 統合(PMI)計画の策定
- PMIの遂行

■グローバル・カーブアウトM&Aプロジェクト特有のポイント

　国内M&AもグローバルM&Aも基本的な部分は同じですが、国内企業同士でのM&Aと比較して、グローバル（クロスボーダー）のM&Aにおいては、言語・文化・交渉スタイルの相違、制度の相違、為替やカントリーリスクの存在、買収後のグローバルマネジメント体制の構築や必要な人材の確保に重点を置いた統合計画の必要性など、固有の留意すべきポイントがあります。

◆クロスボーダー案件特有の課題◆

クロスボーダー案件では、以下のような点に留意が必要となる

多様性	複雑性	人材の確保
●文化の違い ●ビジネス慣習の違い ●言語の障壁 ●時差	●マネジメントレベル・現場レベルの同時統合 ●複数国・地域 ●既存ブランドとの融合	●日系企業に買収されることの捉えられかた ●統合発表後のヘッドハンティング
↓	↓	↓
"摩擦及び予期せぬ事態"	"膨大な作業"	"日々の業務を滞らせない"
↓	↓	↓
柔軟な 統合フレームワーク	よく練られた 統合計画	人心中心の 統合アプローチ

➡ これら（柔軟な統合フレームワーク、よく練られた統合計画、人心中心の統合アプローチ）の策定・遂行には経験値が必要

　そしてアドバイザーはこれらの点に留意しながら、対応することが求められています。

　ここまでプロジェクトの概要を説明しましたが、プロジェクトの実行の説明に入る前に、本プロジェクトを受注した経緯についても簡単に紹介します。

第3章　財務アドバイザリーコンサルティングのプロジェクト事例
KPMG FAS

■■受注では、対象各国とのネットワーク、現地チームの経歴・実績が重視される

　KPMGではグローバルなネットワークを利用し、潜在的な買い手・売り手等の情報を共有して、案件の紹介を行っています。

　たとえば、欧州のKPMGファームより、「○○社が○○事業の売却を検討している。日本の○○社が関心を示す可能性はないか。日本チームで○○社の意向を探って欲しい」等の連絡がきます。

　本件では、まずKPMGドイツからB社X事業について照会がありました。私たちがA社に打診をしたところ、欧州進出を検討していたA社は高い関心を示し、くわしい情報に基づき検討を進めたいという意向を示しました。そこで、A社はB社との間で守秘義務契約を締結し、B社との交渉を進めていくことになったのです。

　A社がアドバイザーを選定するにあたり、私たちは、KPMGドイツがB社と非常に関係が深いことを示し、私たちの情報収集能力およびB社との交渉におけるKPMGの役割を説明しました。

　くわえて、ドイツを初めとする主要メンバーの経歴や専門性、X事業が属する業界におけるM&Aの実績、日本とドイツ間のクロスボーダー案件の実績、FAチームと同一ファームのチームでDDを行うことの効率性・有用性等を説明しました。KPMGドイツが当業界に関する案件に多く関与している点が高く評価され、スムーズな受注につなげることができました。

■■日本のKPMGを中心としたチーム体制とプロジェクトマネジメント

　本プロジェクトでは、私たちKPMG東京チームがプロジェクトマネジメントにおける中心的な役割を担いました。

　経験豊富でバイリンガルな日本のプロフェッショナルがチームの中心となることによって、プロジェクトマネジメントをスムーズに行うことができ、クライアントとタイムリーなコミュニケーションを行うことが可能になるからです。

　時には曖昧なクライアントのニーズを的確に把握し、正確に現地の担当者に伝えるには、英語能力だけでなく、高い問題解決能力、コミュニケー

◆プロジェクトチーム体制◆

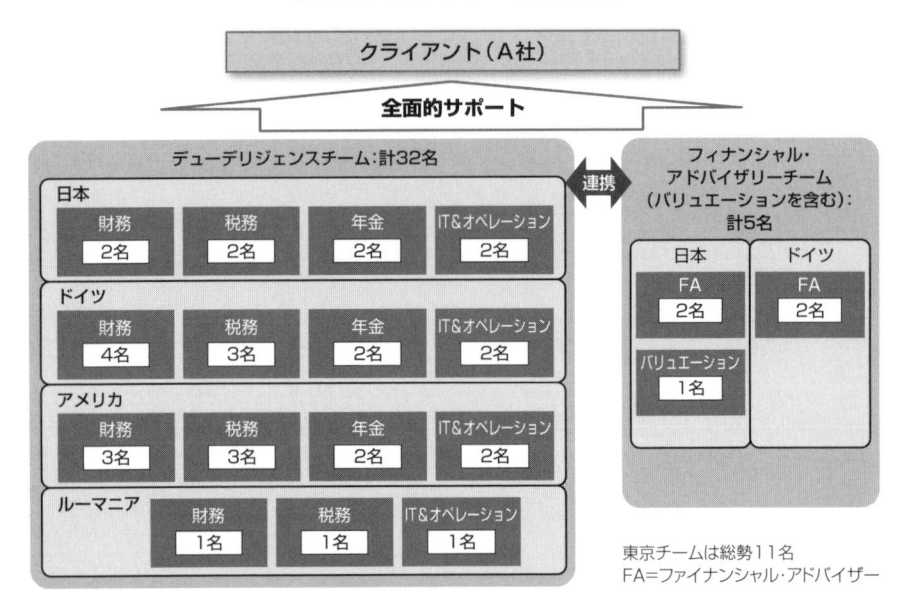

```
             クライアント（A社）
          ◁═══全面的サポート═══▷
```

| デューデリジェンスチーム：計32名 | | 連携 | フィナンシャル・アドバイザリーチーム（バリュエーションを含む）：計5名 |

デューデリジェンスチーム：計32名

日本
- 財務 2名
- 税務 2名
- 年金 2名
- IT&オペレーション 2名

ドイツ
- 財務 4名
- 税務 3名
- 年金 2名
- IT&オペレーション 2名

アメリカ
- 財務 3名
- 税務 3名
- 年金 2名
- IT&オペレーション 2名

ルーマニア
- 財務 1名
- 税務 1名
- IT&オペレーション 1名

フィナンシャル・アドバイザリーチーム（バリュエーションを含む）：計5名

日本
- FA 2名
- バリュエーション 1名

ドイツ
- FA 2名

東京チームは総勢11名
FA＝ファイナンシャル・アドバイザー

ション能力が求められます。

　時差があるなかで、海外の国々との間で専門的な事柄について英語でコミュニケーションを密にとっていくことに苦労したクライアントが多いためか、近年では必ずといってよいほど、日本チームの関与をリクエストされるようになっています。

　プロジェクトを円滑に進め、クライアントのニーズに迅速に対応するため、私たちはクライアントに対しては日本時間で対応し、ドイツに対してはドイツ時間で対応します。たとえばクライアントからの質問事項を夕方にまとめ、夜中にドイツと電話会議を行い、翌朝にはクライアントに回答するのです。

　本プロジェクトでは、東京チームは総勢11名がプロジェクトチームメンバーとして関与し、A社とのコミュニケーションの窓口となりました。また、各国の拠点に関する調査については現地チームが中心となって行い、これを東京のチームが取りまとめる（必要に応じて日本語で要約する）と

いう体制でサービスを提供しました。

■全体キックオフ・ミーティング

デューデリジェンスの流れは下図のようになります。

一定規模以上のプロジェクトとなると、全アドバイザーが集まり、顔合わせを兼ねたキックオフ・ミーティングが行われることが通常です。参加メンバーは、A社社長以下20名（半導体部品事業部、経営企画室、経理部、法務部、人事部）、KPMGの主要メンバー8名、弁護士5名、人事コンサルタント2名の体制となりました。

まずは、A社社長が「本件を成功させることが、今後の海外進出による成長戦略を実現させるためいかに重要であるか」「大勢の人間が本件に関わるので、機密情報の管理には細心の注意を払って欲しい」というメッセージを伝えました。

◆デューデリジェンスの流れ◆

フェーズ	事前準備	デューデリジェンス	フォローアップ＆契約書交渉
週	第1週／第2週	第3週／第4週／第5週／第6週	第7週／第8週／第9週／第10週〜第12週

主要イベント：キックオフミーティング → VDRオープン → マネジメント・プレゼンテーション → 中間報告 → 最終報告 → 提示価格等決定契約書ドラフト作成 → 契約書調印

プロジェクト管理：
- 売り手との交渉
- デューデリジェンスの進捗管理
- Q&Aリスト／売り手開示資料の管理
- ストラクチャリング／発見事項への対応策の検討／契約書のドラフト

調査分析：
- 調査スコープの決定
- 依頼資料リストの作成
- 潜在的リスクの分析／重要な発見事項の特定
- マネジメントへのインタビュー等
- 追加Q&Aおよび資料依頼
- 事業計画・シナジー効果の検討／バリュエーション

レポーティング等：
- 報告書の構成の検討
- 中間報告書の作成
- 最終報告書の作成
- 契約書のレビュー／必要な修正事項の提案
- 売り手との契約書文言に関する交渉の補佐
- 統合プラン（案）の作成

続いて、ファイナンシャルアドバイザーであるKPMGが詳細なスケジュールや本プロジェクトでのポイントを伝え、合わせて各種デューデリジェンスの重点ポイントを説明するとともに、クライアントと各アドバイザー間の連携を円滑に行うためのコミュニケーション方法・ルール等について提案しました。

本プロジェクトでは、X事業をどのようにB社から切り出すのか（カーブアウトスキーム）が最重要ポイントでした。さらに、「買収後にA社がX事業を運営する際の問題点の特定とその対応策」「X事業の事業単体での財務状況の実態の把握とバリュエーションへの反映」「X事業を運営するために必要な人々の特定と買収後もX事業の主要なマネジメント・メンバーとして関与してもらうための施策」の3点を重点ポイントとして議論しました。

■■基本合意書の締結

守秘義務契約を締結し当事者間で交渉をはじめても、すぐにDDを実施することはありません。コストも時間もかかるDDを開始する前に、基本的な条件を合意しておく必要があります。たとえば、X事業に含める資産の定義、カーブアウトスキーム、買収の価格レンジ、スケジュール、DDで開示を求める情報などです。KPMGのドイツと日本が連携し、弁護士事務所とも意見交換をしながら、合意事項を基本合意書（Letter of Intent＝LOI）にまとめていきました。その後の交渉はLOIに基づいて進められ、かつ最終契約書にも基本合意書の内容が反映されるため、ここでの合意事項は重要な意味をもちます。

■■デューデリジェンスの準備

LOIの交渉と並行して、KPMGの日本チームとドイツチームでDDのポイント、全体スケジュール等を共有し、DDの準備を進めます。実際のDDの作業はドイツで行うため、クライアントが知りたいこと、重点的に調査して欲しいと依頼があったこと等については、確実かつ詳細にドイツチー

ムに伝える必要があります。また、A社に提出する報告書の流れや構成についても、入念に確認を行います。

グローバルM&Aでは、売り手の本社所在地（この場合はドイツ）のチームが中心となって、調査・分析、報告書の作成等を行うことが通常です。本プロジェクトの場合も、X事業部の財務データがドイツ本社によって管理されていたこと、IT、人事等の責任者がドイツ本社に在籍していたこと等から、ドイツチームが中心になってそれらの作業を進めました。

税務DDに関しては、実務的には各国におけるマネジメントや担当者へのインタビューが作業の中心となったものの、ドイツ本社の視点から統括的に分析することも重要であったため、こちらもドイツチームを中心に作業を行いました。

海外チームと協業する際、とくに英語がネイティブでない国の者同士が仕事を行う場合には、たとえKPMGのオフィス同士であっても、異なる慣習をもつ海外チームだということを忘れずに、誤解のないよう明確かつ密なコミュニケーションをとることが必要となります。

本プロジェクトは、比較的協業の実績が多いドイツチームと東京チームをメインとしたクロスボーダー案件でしたので、最初からスムーズな意思疎通が可能でした。

なお、各国の祝日や売り手企業／買収対象会社の決算等がM&Aプロセスの期間内にある場合、全体の作業の進捗に影響するので、全体のスケジューリングを行う際には、これらによって進捗が滞る可能性についても確認が必要です。

■デューデリジェンスのスコープ（業務の範囲）決め

「M&Aは時間との戦いである」とよく言われます。結果として交渉期間が長引くことはありますが、売り手と買い手が協議を開始する時点では、通常は比較的短い交渉期間が定められます。

そのため、クライアントは限られた期間内で交渉や意思決定を行わなければなりません。また、アドバイザーは交渉や意思決定の材料を、デュー

デリジェンスの結果をベースにして、クライアントに提供していく必要があります。

　グローバルM＆Aにおいては、通常、クライアントのさまざまな部署が関与します。部署によって、アドバイザーに要望する視点・事項は異なる部分がありますので、結果として、「これもお願いしたい、あれもお願いしたい」ということになりがちです。

　リクエストのすべてを、限られた時間内で対応することは困難です。そこで、アドバイザーは、リクエストに対する優先順位付けをアドバイスし、クライアントと協議しながら、デューデリジェンスの範囲・項目を決めていきます。

　本プロジェクトでは、「デューデリジェンスの段階ではバリュエーションやPMIの観点から重要なリスクポイントを洗い出すことにフォーカスした分析を実施し、ITや内部統制・決算体制等の詳細については、契約締結からクロージングまでの期間にさらに詳細な調査を実施する」という提案を行い、A社に納得してもらうとともに、売り手であるB社側にも段取りを説明し、合意を得ました。

■電子データルームを覗く

　デューデリジェンスをはじめる前には、買い手が事前に必要な資料のリクエストを行い、売り手がこれらの資料を用意します。10年ほど前までは、資料が紙ベース（ハードコピー）で用意され、大量のファイルが会議室に並べられ、ここでデューデリジェンスを行うケースが多く見られました。

　このような資料が設置される部屋を「データルーム」と呼びますが、近年では紙ベースの開示ではなく、一定のセキュリティの下で保護されたサーバーにPDF等の電子ファイル（ソフトコピー）で資料を格納するVirtual Data Room（VDR）を利用することが多くなってきています。VDRであれば、買い手が海外等の遠隔地にいる場合でも、容易に資料を閲覧することができるほか、財務データ等の資料に関してはエクセルで開示する等の柔軟な対応も可能となるからです。

本プロジェクトにおいても必要な資料はVDRを通じて開示され、日本にいるチームはもちろんのこと、ドイツをはじめとする各国のチームがVDRへアクセスしました。VDRが最初にオープンした段階で買い手がリクエストした資料が揃っていることは稀ですが、最初の段階でどの程度揃っているかでその後のデューデリジェンスの難易度は大きく変わります。

本プロジェクトでは、VDR開設時点において、必要な情報の2割程度の情報しかサーバーに収納されていませんでした。A社からは、情報開示が不十分であるB社の誠実さを疑問視する声も聞こえてきましたが、このような状態はしばしば見られます。

B社に確認したところ、本プロジェクトでは、守秘性の観点から本件に関与している社内メンバーがかなり限られており人手不足であること、X事業だけの財務状態を示す社内資料が元々不十分だったので現在作成中であること等がわかりました。これを受け、B社に対して関与メンバーの増員を要求し、優先度の高い資料を順次追加で提供させるべく合意をとりつけました。

■マネジメント・プレゼンテーションとインタビュー

B社、X事業のマネジメントが、売却対象であるX事業の説明を行うプレゼンテーション（通常「マネジメント・プレゼンテーション」と呼ばれる）および彼らに対するインタビュー等のスケジュールが、B社本社にて設定され、次ページのようなスケジュールが組まれました。

現地で開催されるイベントには、A社のプロジェクトメンバーも参加しますが、KPMG日本チームもコーディネーターとして参加します。コーディネーターは、クライアントとドイツチームの絆を深めたり、作業状況や発見された問題点について直接、ドイツチームと意見交換する等の多面的な役割を担います。

また、これらのマネジメント・プレゼンテーションおよびインタビューには、デューデリジェンスの中心となるドイツチームも参加します（これについては法務DD、人事DDを担当するチームも同様）。現地のプロフェ

◆**現地ビジットのスケジュール表**◆

	日曜日	月曜日	火曜日	水曜日	木曜日	金曜日	土曜日
午前		KPMGドイツ事務所にて、チームの作業の状況や報告書イメージのすり合わせ（内部ミーティング）	マネジメント・プレゼンテーション（B社およびA社の双方）	財務・税務インタビュー	事業計画セッション	チェックアウト	帰宅
午後①	ドイツへ	クライアント（A社）・他のアドバイザーとの作戦会議	法務関連インタビュー	サイトビジット（工場等の視察）	A社・他のアドバイザーとラップアップ会議	日本へ	
午後②			Q&Aセッション	ITおよび技術・知的財産権関連インタビュー			
夜	ホテルへチェックイン	A社と会食（※）	A社と会食（※）	A社と会食（※）	A社と会食（※）		

※プロジェクトの進捗状況や日々発見された問題点等の情報を交換し、翌日以降の戦略を議論する場となる

ッショナルの参加は、B社やX事業のマネジメントのコミュニケーションにおいて、言語の面からはもちろんのこと、文化的な違いや思想的な背景等を理解するのに非常に重要な役割を果たします。

マネジメント・プレゼンテーションやインタビューへのアドバイザーの参加は、A社だけでは気がつかない問題点を専門家の視点から明らかにし、対応策を早めに検討するという意味からもとても重要なのです。

■■事業分割を行う（カーブアウト）案件はなぜ難易度が高いのか

会社の株式を単純に買収する場合、会社としての財務諸表が存在するため、買収対象会社の過去の収益性等の分析は、この財務諸表をベースとして行います。しかしながら、企業グループの一部門を買収する場合には、買収対象事業（本プロジェクトにおけるX事業）が会社単位で営まれていないことも多く、1つの会社で複数の事業を営んでいる場合には、対象事業のみの損益や財政状態を示すデータを抽出する必要があります。買収対象事業のみを抽出した財務諸表を「カーブアウト財務諸表」といいます。

ある程度の規模の会社であれば、いわゆる「セグメント情報」として、きちんと事業損益等を管理していますが、当該セグメント情報が存在したとしても、そのサポートとなる詳細データがどこまで精緻に作成されているかは会社によって異なります。また、買収対象事業＝セグメントである場合はこれらのセグメント情報を利用して分析を行うこともできますが、買収対象事業がセグメントのなかの一事業部である場合には、さらに詳細なデータの分解が必要となってくるのです。

本件においては拠点別の財務情報が以下のようになっていました。

- **ドイツの拠点：B社の一事業**
  X事業はB社の独立した1セグメントであったため、セグメント情報を作成するための損益計算書は存在していたが、X事業としての貸借対照表はなかった。
- **フランスの拠点：B社の子会社であるC社**
  C社単体の財務諸表が存在していた
- **米国の拠点：B社の子会社D社**
  D社単体の財務諸表が存在していた
- **ルーマニアの拠点：B社の工場の一部を利用**
  B社の製造コストの一部が、X事業のセグメント情報として切り出されていた。ただし同じ工場において、B社のほかの事業の製造も行っている

カーブアウト財務諸表は、通常は売り手側が作成し、買い手側がデューデリジェンスを通じて検証します。カーブアウト財務諸表は、売り手側の全社ベースの財務諸表を基礎として、その一部分を切り出す（＝カーブアウト）ことにより作成されますが、その作成にあたっては一般的な基準が存在しないため、売り手にとって準備に手間がかかります。一方、買い手側から見れば、作成された財務データには、売り手の恣意的な判断が反映される余地が大きく、これを利用するにあたっては十分な検証が必要とな

◆カーブアウト財務諸表とスタンド・アローン・イシュー◆

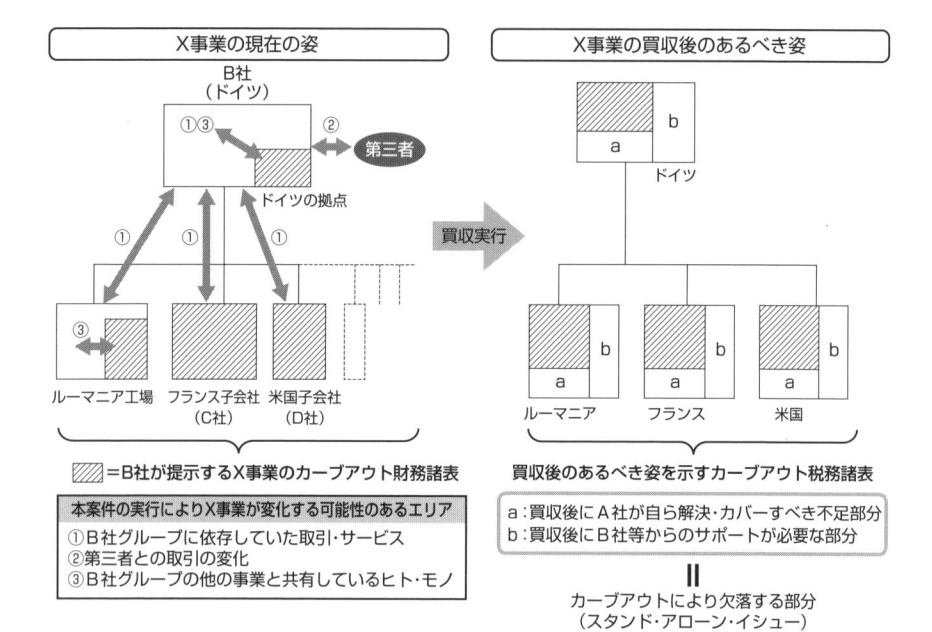

X事業の現在の姿

- B社（ドイツ）
  - ①③
  - ② ←→ 第三者
  - ドイツの拠点
- ①
  - ③ ルーマニア工場
  - フランス子会社（C社）
  - 米国子会社（D社）

▨ ＝B社が提示するX事業のカーブアウト財務諸表

本案件の実行によりX事業が変化する可能性のあるエリア
① B社グループに依存していた取引・サービス
② 第三者との取引の変化
③ B社グループの他の事業と共有しているヒト・モノ

→ 買収実行

X事業の買収後のあるべき姿

- b / a ドイツ
- ルーマニア（b/a）
- フランス（b/a）
- 米国（b/a）

買収後のあるべき姿を示すカーブアウト税務諸表

a：買収後にA社が自ら解決・カバーすべき不足部分
b：買収後にB社等からのサポートが必要な部分

＝
カーブアウトにより欠落する部分
（スタンド・アローン・イシュー）

ります。

　売り手の作成したカーブアウト財務諸表のデータやその作成前提等の情報が、買い手にとって満足のいくレベルで開示されるケースは少なく、買い手は提示価格を見積もるバリュエーションのために、当該カーブアウト財務諸表にさまざまな調整をくわえます。

　この調整のうち、とくに重要となるのが、スタンド・アローン・イシュー（次ページを参照）を織り込むための調整であり、このような調整を行う分析を「プロフォーマ分析」といいます。

　本プロジェクトにおいても、B社がX事業のカーブアウト財務諸表を作成していましたが、上記4拠点の財務データは、経営管理目的で簡易に作成されているのみであり、詳細な分析を行うのに必要な資料は存在しませんでした。このためKPMGチームは各国における財務データの元データに遡（さかのぼ）って、"あるべきX事業の財務情報"を作成するためのプロフォー

マ分析を行いました。

■ スタンド・アローン・イシューを分析する

スタンド・アローン・イシューとは、M&Aにおいて、買収対象会社または事業が親会社あるいは親会社グループから離脱した場合に受ける、事業上、経営管理上、または財務上の影響、およびそこから引き起こされる諸問題のことです。一部の機能を親会社や他のグループ会社に依存している場合、カーブアウト後に買収対象事業が独立した企業として事業を継続できなくなる場合は少なくありません。

すでに独立して事業を継続している会社を買収する場合と異なり、X事業はB社グループの機能に多くの点で依存していましたので、KPMGはデューデリジェンスの際に、スタンド・アローン・イシューを特定する必要がありました。

A社が買収する際に、X事業の運営に必要な人、資産、機能、取引関係等が十分に確保されているかを見極めておかなければ、買収後に期待した収益を上げることはできません。

前ページ図で示すとおり、「最終的に何が足りないのか」は、以下に記載の項目を理解し、X事業の現在の姿とX事業の買収後のあるべき姿を比較分析することによって明らかになります。また、足りない部分のうち、買収後にすぐにA社がカバーできない項目については早急にB社等と交渉を行い、対策を講じる必要もあります。

アドバイザーに期待される役割は、不足する機能等をデューデリジェンスであぶり出し、重要性に応じた柔軟なソリューションを提供することです。限られた時間内で、通常のデューデリジェンスや交渉に加え、スタンド・アローン・イシューに対応するためには、高度な専門知識、交渉力、判断力が求められるのです。

スタンド・アローン・イシューの分析の視点
- どこから何を仕入れ、どこでどのような加工をし、どこへ何を販売

> しているのか。あるいはどのような資源を用いて、どのようなサービスを提供しているのか（ビジネスフロー／サプライチェーン）
> - 仕入先、得意先、外注先とどのような契約が締結されているのか（取引契約関係）
> - B社グループのどの事業部の人員が直接的・間接的にX事業のオペレーションを行っているのか（人・組織）
> - B社グループのどの事業部・拠点に存在する資産を利用してオペレーションされているのか（資産）
> - B社グループからどのようなサポートを受けているのか。B社グループ会社との取引は第三者価格で行われているか（B社グループへの依存状況）

　本件においては、第三者との取引であっても、B社グループの傘下にいるからこそ得られていた信用や価格の優遇等の存在が考えられました。X事業がB社グループから切り出される場合において、従前と同様の条件で取引が継続できるかどうかには疑問があったのです。また、B社グループ会社との間で重要な取引が存在しており（＝主要な材料の購入）、かつ、当該取引は第三者に比して有利な条件で行われていたため（＝価格が安かった・買掛金決済期間が相対的に長かった）、買収後にB社との取引条件が変更されるリスクがありました。

　さらに、ドイツ拠点の財務データにおいては、実際にB社本社から提供されていたIT、経理、法務、マーケティング等のサポートに関する人件費等の費用がきちんと反映されているとはいえませんでした。

　くわえて、ルーマニアの工場にはB社のほかの事業部と共用している資産等がありましたが、これらの実態についての詳細は把握されておらず、また、どの人や資産がA社に譲渡可能なのか、譲渡可能ではない場合にはどのように代替するのかといった具体的な計画は存在していませんでした。

　これらのリスクが、スタンド・アローン・イシューと呼ばれるものであり、過去の財務データを基礎としたB社作成のカーブアウト財務諸表は、

これらのリスクや追加的に発生するコストを反映していないため、X事業が単独で存続していく場合の姿をとらえるための調整や、契約上の担保等のソリューションが必要となります。

■スタンド・アローン・イシューに対するソリューションを提供する

　定量的に影響が分析できるイシュー項目については、カーブアウト財務諸表を修正し、正常収益力や事業計画の分析に反映させていきます。

　本プロジェクトでは、X事業が従来の取引先との取引を従来通りの契約で継続できないリスクを、複数のシナリオに場合分けし、事業計画に反映させました。

　また、B社のほかの事業と共用している資産のうち、X事業にとって不可欠な資産やX事業の管理サポート（人事、IT、経理等）に必要な人員数を見積もり、追加の設備投資、人件費等についての調整を行いました。

　定量化が難しい、もしくは馴染まない問題点や、定量化ができたとしても別の解決策を検討すべき問題点については、B社の協力を得るべく交渉を行っていきます。

　前述のとおり、X事業の管理サポートに必要な資産や人員数等をカーブアウト財務諸表に数字上反映させることは可能かもしれませんが、本当にX事業に必要な資産や人材が移ってくるとは限りません。

　そこでKPMGは、B社とともに、移転可能な資産と人材の明確化を行い、リスト化しました。移転されない資産については、追加の設備購入等の計画を、移転されない人員については追加の人員を充当する等の計画を策定し、X事業の事業計画に反映させたのです。

　また、これらの増員を買収後すぐに行うことは現実的でないため、買収後1年間についてはX事業に必要な管理業務のサポートをB社に提供させるべく交渉を行うことを提案しました。

　また、B社グループから仕入れていた主要材料については、買収後最低2年間は、所定の合意した価格（従来の取引価格ではなく、第三者価格と同等と考えられる価格）において継続的に取引を行うことについても契約

上、担保するように提案しました。

契約書上に明記された効力発生日（クロージング）をもってX事業の所有権はB社からA社に移転しますが、その日からA社が事業運営を円滑に行えるとは限りません。物理的・時間的・法的な制約から、クロージングまでにX事業移管に必要なすべての準備が整わないことが一般的です。

必要な経営資源が譲渡対象に含まれていない場合や明確になっていない場合に、クロージング後の円滑な事業継続を担保するためには、A社自身がそうした機能を整備する必要がありますが、そのためには一定の準備期間が必要となります。

このようなケースでは、B社に対して一定期間は事業運営に必要なサポートをしてもらうよう契約上で取り決める方法も有効なソリューションとなるのです。

■■重要な問題点はすみやかに報告する

デューデリジェンスの進行中には、プロジェクトの進行上の障害（売り手からの資料の提出が遅れている等）やX事業そのものに関する問題点など、さまざまな問題が発見されます。これらの問題点を共有するため、プロジェクトチーム全体で毎週定例ミーティングを開催していました。このミーティングでは、各チームよりデューデリジェンスの進捗状況や重要な発見事項が報告されます。とくに、X事業の存続可能性に係る問題や多額の隠れ債務等の「ディールブレーカー（合理的な経営者であれば、この案件は行わないという意思決定を行う可能性のある状況・問題点）」が発見された場合には、すみやかに報告し対応策を検討する必要があります。

本件では、「X事業の事業やオペレーションプロセス、財務状況の正確な実態がなかなかつかめず、スタンド・アローン・イシューの把握が難航している」「X事業がB社グループから離脱すると、X事業のコスト構造が変化してしまう」という重要な課題はありましたが、致命的なディールブレーカーは幸い発見されませんでした。

さらに、「B社がX事業の次世代技術に対する設備投資を先送りしている」

という問題点があり、これについてはB社との交渉が必要でした。

■■発見事項に対処するための具体的なアドバイス

クライアントの視点からは、「○○が発見されたが影響は不明である」「○○は△△と分析された」といった事実の指摘にとどまる報告では不十分であり、「指摘事項に対してどのように対処していくか」という具体的な解決策やアクションプランの提示が不可欠です。

アドバイザーからの報告事項（報告事項の内容、および、これに関するアドバイス）は、基本的に「価値評価に反映させる事項」「契約・交渉に反映させる事項」「買収後の統合にあたって考慮すべき事項」の３つに大別されます。

● 価値評価（バリュエーション）をするうえで考慮すべき事項

A社がX事業を買収するかどうかの意思決定をするにあたっての最重要ポイントは、「買収価格は妥当なのか」という点です。したがって、デューデリジェンスで発見された問題点はできるだけ定量化し、バリュエーションに反映する必要があります。

◆売買価格の決定◆

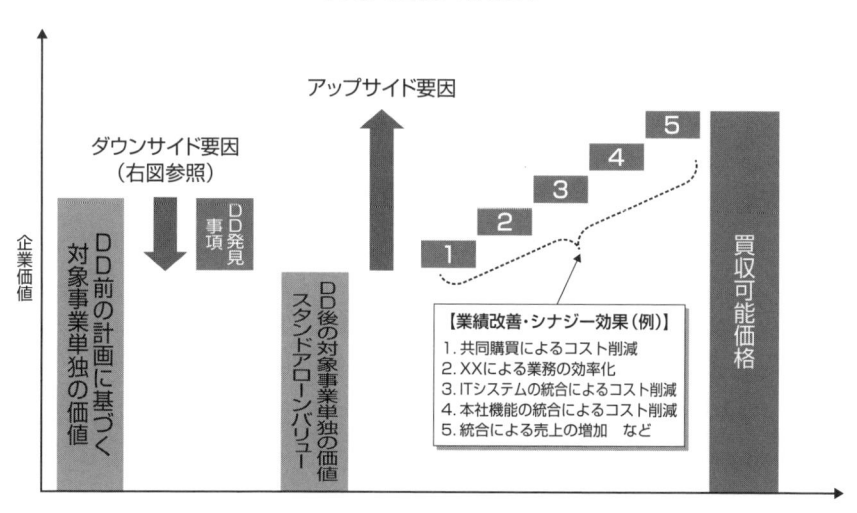

【業績改善・シナジー効果（例）】
1. 共同購買によるコスト削減
2. XXによる業務の効率化
3. ITシステムの統合によるコスト削減
4. 本社機能の統合によるコスト削減
5. 統合による売上の増加　など

バリュエーションは、簡単に示すと前ページの図のように行われます。事業価値を下げるダウンサイドリスクばかりではなく、統合による売上の増加や共同購買によるコスト削減等のアップサイド要因も同様に考慮します。

●契約・交渉にあたって考慮すべき事項

定量化が難しい、もしくは馴染まない問題点や、前述のスタンド・アローン・イシューのように定量化ができたとしても、別の解決策を検討すべき問題点については、M＆A契約書に織り込むことを検討し、B社に対して交渉を行っていきます。

そもそも、M＆Aは個別的な交渉の連続プロセスであり、さまざまな事項が協議されます。また、買い手であるA社の立場からは、交渉を通じてB社が約束した事項を確実に果たさせるべく、できるだけM＆A契約書に明記することが重要です。

双方の弁護士事務所が中心になって、契約上の争点を詰めていきますが、

◆事業計画の修正◆

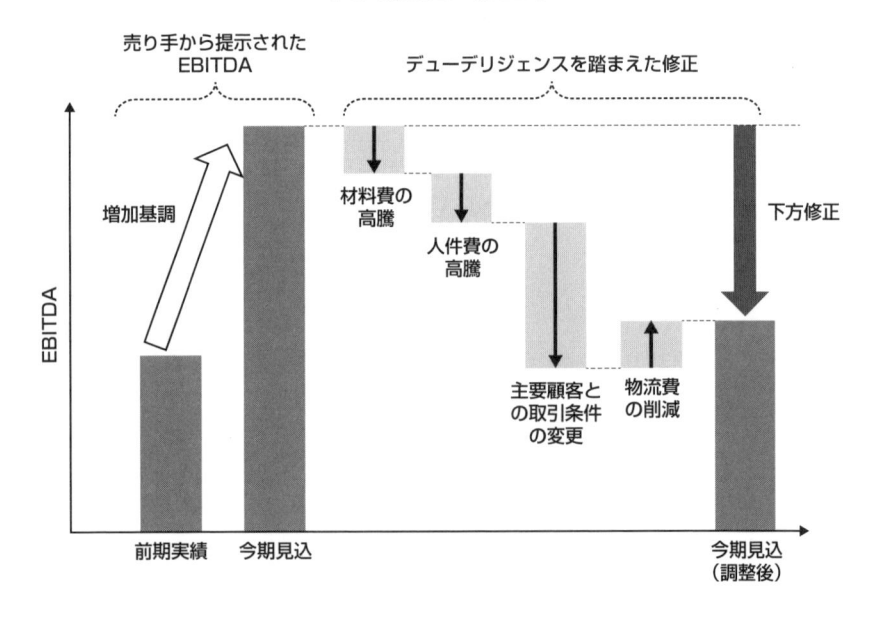

財務・税務アドバイザー等もこのプロセスに関与します。

●買収後の統合（PMI）にあたって考慮すべき事項

A社がX事業を適正な価格で買収し、M&A契約において必要な約束事が手当てされたとしても、X事業買収を成功させるためには、買収後のすみやかな統合が不可欠です。本件では、デューデリジェンスのプロセスの初期段階から、PMIに影響を及ぼす重要事項の抽出を行いましたので、これらに関する報告もなされました。

発見・報告されたスタンド・アローン・イシューにくわえて、買収後のガバナンス体制、決裁権限、ルール／プロセス、主要な経営・管理指標（KPI）の設定、会計方針の統一等についての今後の課題が報告・議論されました。

また、買収契約締結後に、業務プロセス再構築、組織体制・人員配置の見直しといった統合プランの修正が必要である点についての認識を共有したのです。

さらに、X事業のトップに就任するCEOへのインセンティブとして、「買収後3年以内にA社の取締役にも就任させること」に関しても、時間をかけた議論が行われました。

■各種デューデリジェンスの発見事項を整理する

各デューデリジェンス担当者より、さまざまな発見事項と対応案が提示されました。ここまでくると、X社マネジメントは、「課題があれもこれもあり、そのすべてに対策を打たなければならない」ということになり、対応に悩みます。

そこで、私たちは各種デューデリジェンスの発見事項と対応策を整理し、優先順位をつけたアクションプランを策定しました。また、PMIへ向けて、クロージング前に実施すべき事項およびクロージング後に実施すべき事項を時系列に取りまとめ、A社マネジメントおよびA社の法務・経理・人事部等の関係部署のメンバーに説明しました。

■価格交渉

　A社は「〇〇ユーロ以下でないとX事業を買収しない」と主張し、B社は「〇〇ユーロ以上でないとX事業を売却しない」と強気な姿勢で、当初より価格交渉は難航していました。

　KPMGドイツチームを通じて交渉を進めていましたが、価格差が埋まらないまま時間が過ぎていきます。その他の交渉事項もある程度固まった段階で、A社の担当者と我々は直接交渉に臨むべく、ドイツに向かいました。交渉の前日に現地入りし、交渉当日の午前中にKPMGドイツチームとの事前打ち合わせ、午後にB社との直接交渉を行いました。

　交渉は静かな雰囲気で始まったものの両社ともこれまでの主張を繰り返し、議論は平行線のまま価格交渉は長期戦の様相を呈してきました。深夜まで及んだ議論も結局まとまらず、我々は帰国の途につきました。この交渉を通じて、B社は価格を下げる意思がないことが改めて明確になりました。

　M&Aにおいて、交渉当事者が価格にこだわるのは当然です。しかし、価格だけに目を向けると交渉は進みません。このような状況では、なぜこのM&Aの検討を始めたのか、本当の目的は何か、という議論に立ち返り、冷静さを取り戻すことが何より重要です。「高く売る、安く買う」ということは重要な要素ではありますが、最終目的ではないからです。

　まず、私たちは交渉相手である売り手の本音を探ることから始めました。「B社は事業の選択と集中を進めるため、ノンコアであるX事業の売却の検討を始めた」というのが当初の説明でした。ここで交渉が終了すれば、B社はX事業を継続することとなり、当初の目的であるノンコア事業の売却は実現しません。「B社は本当にそれを望んでいるのか」というのが私たちの疑問でした。KPMGドイツチームがB社の複数の担当者から情報を収集し、B社の業績が市場で予想されている以上に悪化しており、X事業を売却できなければ新たに資金調達を検討しなければならないことが見えてきました。さらに、X事業の売却益を今期の決算に反映させたいという本音も聞き出せました。本業の業績が苦しいため、少しでも高く売却す

ることを望んでいるのですが、交渉決裂はＢ社にとって最悪のシナリオであることが判明したのです。

　次に、クライアントであるＡ社に対して「このＭ＆Ａの本当の目的が何か」を私たちは改めて問いかけました。その議論を通じて、Ｘ事業買収はＡ社が海外市場に出るために唯一かつ最後のチャンスであり、これを逃すとＡ社も国内市場にとどまらざるを得ないことを再確認しました。高値での買収は避けなければいけませんが、ここで買収を断念することのデメリットが社内でも共有されたのです。一時は交渉決裂もやむなしという意見が大勢でしたが、アドバイザーが社内の議論にくわわることにより、交渉決裂はＡ社にとっても決して好ましい結果ではないことが理解されました。

　ここでようやく「適正価格がいくらか」という議論に進みます。この順番が重要で、手前の議論（Ｍ＆Ａの目的を明確にすること）を省略して価格の議論を続けていたら、おそらく交渉は決裂していたことでしょう。

　Ｘ事業の専門家であるＡ社の担当者と、株式価値算定の専門家であるＫＰＭＧが共同でＸ事業の成長性、財務の健全性、事業計画の実現可能性、キャッシュフローの推計、について議論を重ねました。Ａ社の担当者はおもにＸ事業のバランスシートを見て、買収価格を主張していました。それに対して、ＫＰＭＧは、事業の将来キャッシュフローに基づく企業評価手法であるＤＣＦ（ディスカウンテッドキャッシュフロー）法による価格で買収することの妥当性を説明しました。ＤＣＦ法でＸ事業の価値を分析すると、仮にＢ社が主張する価格で買収しても、Ａ社は将来のキャッシュフローから十分なリターンが得られることが明確となり、買収価格の妥当性を納得してもらいました。

　最後の価格交渉は、ＫＰＭＧドイツチームが担当しました。交渉前に、Ａ社からは、「交渉決裂は絶対に避けること。Ｂ社が譲らなければ、買収価格はＢ社の提示金額でもかまわない。ただし、可能な限り買収価格を下げる交渉をすること」という指示を受けていました。

　ＫＰＭＧは交渉決裂を避けたいというＢ社の本音がわかっていたので、Ｂ社が表面的には強硬な姿勢を示していて、あわてることなく交渉を続け

ました。結果的にB社の提示金額から10％の値下げ交渉に成功し、このプロジェクトは、成功に向けて大きく前進したのです。

■■価格交渉だけが交渉事項ではない

　M&Aにおいては、価格交渉以外に、さまざまな契約・条件交渉が行われます。とくに、グローバルM&Aでは、英文契約書類のやりとりをベースに交渉が進みますので、日本企業同士のM&Aに比べて、より論理的な主張を展開することが必要となり、契約書の種類やボリュームが多くなりがちです。

　海外、国内を問わず、一般的に、売り手は契約書の量をなるべく少なくしようとしますし、買い手はなるべく多くしようとするものです。売り手は事業を売ってすっきりしたいと考え、買い手は事業を買ったあとの売り手の責任をできるだけ契約に織り込みたいと考えるからです。

　本プロジェクトでの争点の1つは、「B社がX事業の次世代技術に対する設備投資を先送りしている」という問題点に関する交渉でした。当然、将来の設備投資必要額を価値評価に織り込んだうえで価格交渉を行いました。ただし、これだけでは十分ではありません。

　なぜなら、この次世代最新技術に対する投資はX事業の今後の成長の生命線だからです。交渉の結果、以下の2点についてB社と合意し、M&A契約書に織り込むことに成功しました。

---

①クロージング日までは、当初計画されていたとおりの投資をB社が実行すること
②クロージング後に設備等の調査を実施し、不要な資産については買収価格を減額すること

　また、前述のスタンド・アローン・イシューへの対応についても合意内容が契約書に織り込まれました。

■■ 案件成立・公表へ

さまざまな交渉を経て、両社間で本件の合意に達しました。あとは、取締役会決議を経て、世間に対して本件が公表されることとなります。

公表に際しては、A社経営陣は本件が投資家や従業員などに及ぼす影響を考えながら、具体的なメッセージを発信していく必要があります。

本件では、「海外進出に苦戦しているA社がX事業買収後にグローバル経営をしっかり行うことができる」ことを示すことが、最大のポイントでした。この点に関し、プロジェクトの早い段階から、買収後のX事業を適切に経営できるマネジメント体制を構築することに注力してきたことが功を奏したのです。

案件公表のタイミングで、社内外に対して、買収後X事業のトップとなるドイツ人経営者からのビデオレターを公開し、現地トップマネジメント自身による今後の事業展開についてのメッセージや情熱を伝えることにより、投資家や従業員に対して好印象を与えることができました。

■■ 統合後の課題を改めて整理する

前述のとおり、デューデリジェンスや交渉を通じて、さまざまな統合後の課題が浮かび上がってきました。

M&A後にX事業を運営するのはA社ですが、契約書の合意からクロージングまでには2か月しかありませんでした。

私たちは、A社とともに、クロージングまでと、クロージング後の課題とプロセスを整理しました。当初は、A社が自社内のリソースを使って統合プロセスを推進していく計画でしたが、専門性の確保やリソース不足の補強、関係者の利害調整等の観点から、外部アドバイザーのサポートを得るという方向に変更されました。

PMIに関する問題点を指摘していたKPMGが、統合作業のプロジェクトマネジメントも引き続きサポートすることになったのです。

◆PMIのフロー図（PMIの各段階において重要視すべき視点）◆

経営統合を成功に導くためには、統合の各段階において達成すべき目的を明確にすることが肝要である。

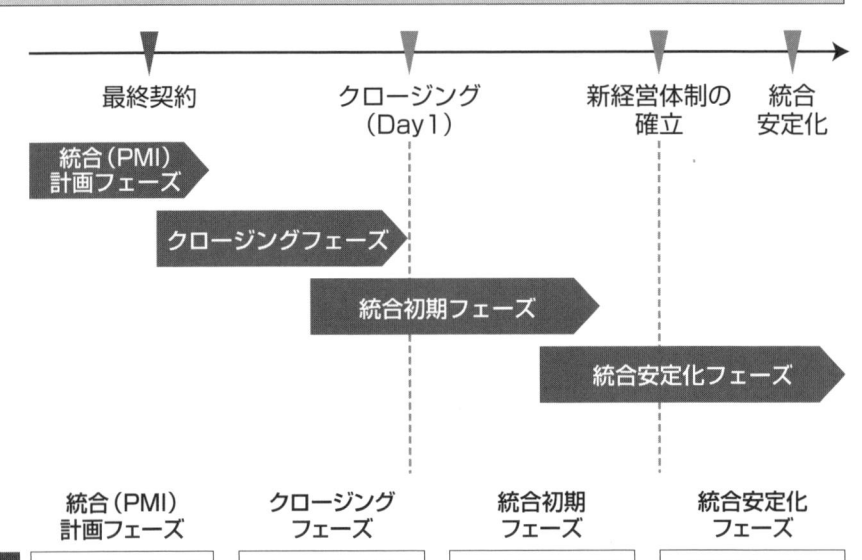

▼最終契約　　▼クロージング（Day1）　　▼新経営体制の確立　　▼統合安定化

- 統合（PMI）計画フェーズ
- クロージングフェーズ
- 統合初期フェーズ
- 統合安定化フェーズ

	統合（PMI）計画フェーズ	クロージングフェーズ	統合初期フェーズ	統合安定化フェーズ
目的	● 統合基本方針（目指すべき、あるべき姿）の定義 ● 統合による問題点・課題の特定 ● 統合効果の予備的検討	● クロージング時点の事業継続性の確保 ● 買収対象の独立した事業運営・組織基盤の確保	● 統合初期段階での統合事業の安定化を早期実現 ● 統合事業に対するコントロールの確保	● 組織統合の完了 ● 意図した統合目的（統合シナジー）の達成
主要タスク	● 各マイルストーンにおける組織のあり姿定義と共有 ● 統合に関するリスク、機会、シナジーおよび課題の検討 ● 統合計画素案の作成 ● 統合プロジェクトチーム発足 ● プロジェクト管理ツール共有	● 対象会社の組織・経営陣の決定 ● 統合作業計画の策定 ● 統合スケジュールの策定 　- Day1タスクリスト 　- Day100（統合初期）プラン ● Day1における事業継続を確保するための実務対応（ITシステム対応等）	● 業務上の混乱・課題の潰し込み ● 顧客離反の防止 ● キー従業員等のリテンション ● 取引先・その他利害関係者とのコミュニケーション ● 文化的融和策の実行 ● 業績管理指標の暫定的設定とレポーティングシステム整備	● 統合作業計画の完了（タスクの優先順位見直し、売り手からの提供サービスの終了を含む） ● 統合安定化計画の策定・実行 ● 中長期経営目標の設定と成長のための諸施策の実行 ＊具体的なタスク内容は、プロジェクトの進捗状況による。

第3章 財務アドバイザリーコンサルティングのプロジェクト事例
KPMG FAS

■■プロジェクトを通じてクライアントとの信頼関係を構築する

　案件が無事クロージングを迎え、私たちは本件プロジェクトのリーダーおよび主要メンバーとの面談を実施しました。無事に成立したことへのお祝いを述べつつ、私たちが提供したサービスに関するフィードバックを受けます。時には厳しい指摘を受けることもありますが、厳しい指摘は私たちがより良いサービスを提供し続けていくうえでの貴重な情報でもあります。

　A社と仕事をするのは初めてでしたが、本件を通じてさまざまな部署の方々との信頼関係ができました。また、A社がめざす方向性や抱える課題も見えてきました。

　グローバル案件の裏には、波乱万丈のストーリーがあることが多く、このようなプロジェクトを通じて、アドバイザーはA社との信頼関係を築いていきます。今では、A社はKPMGの重要なクライアントの1社となっています。

株式会社KPMG FAS

　KPMGは、監査、税務、アドバイザリーサービスを提供するプロフェッショナルファームのグローバルネットワークであり、世界156か国のメンバーファームに約152,000名のプロフェッショナルを擁する。

　KPMG FASは、日本における財務アドバイザリーの中核として、M&A、バリュエーションに関する財務アドバイザリー、デューデリジェンス、事業再編・再生関連アドバイス、不正調査等のプロフェッショナルサービスを提供している。経験豊富な財務の専門家、公認会計士をはじめ、不動産・ホスピタリティ等の個別業界の専門家が、社会情勢・市場環境の変化とお客様の幅広いニーズに的確・迅速に対応し、実践的かつ最適なサービスを提供する。

天野さとか（あまの さとか）

　(株)KPMG FAS　シニアマネジャー。公認会計士。慶応義塾大学経済学部卒。

　1998年に朝日監査法人（現あずさ監査法人）に入所後、製造業、小売業、食品・飲料関連等の幅広い業種の監査およびデューデリジェンスに従事。2005年にKPMGデュッセルドルフ事務所（ドイツ）へ赴任し、2007年に帰国後は、あずさ監査法人からKPMG FASへ転籍。さまざまな業種に係る国内・クロスボーダー案件の財務デューデリジェンスを中心としたM&A関連業務に関与している。

紀藤政寿（きとう まさとし）

　(株)KPMG FAS　マネジャー。公認会計士。早稲田大学政治経済学部卒。

　クロスボーダーを含むM&Aの計画・実行を支援するアドバイザリーサービスに従事。クロスボーダー案件では、あずさ監査法人と共同でインド関連業務開発に努める。KPMG FAS入社以前は大手監査法人にて上場企業の会計監査に従事。その後、DHL（本社ベルギー）にて、M&A戦略を含む中期経営計画の策定、複数のGlobal Projectのリーダー等を経て、2007年6月より現職。

第4章

組織人事コンサルティングのプロジェクト事例

会社を"変える"人材をつくり出すリーダー改革
ヘイグループ

――ビジネスモデルの変革を成功に導くリーダーへと
　変貌させる

■■大手医薬・健康食品企業におけるリーダー改革プロジェクト

　すでに考え抜かれた戦略や中期経営計画はあるものの、いざそれを実行しようとすると、なかなか社員が動かないといった悩みを抱えているクライアント企業はたくさんあります。大きな行動変革が必要な場合にはなおさらです。

　そこで本項では、私たちのような組織・人材開発コンサルタントが、そんなクライアント企業の悩みに応え、クライアント企業のリーダーシップ開発を通じて組織変革に貢献した事例を紹介します。

　Ａ社は、日本中に販売網をもっていて、医薬と健康食品の分野では抜群の知名度を誇る企業です。医薬事業ではグローバル化をめざし、健康食品事業では、販売システムのリニューアルを計画中でした。

　創業して40年余り、その間に社長が一度交代しています。初代は創業者で、35年間社長を務め、70代後半になってから今の社長を後継者として選びました。

　Ａ社には、私が前に所属していたコンサルティング会社にいた時に業務プロセスの改善のプロジェクトでお世話になったことがあり、その縁が今回のプロジェクトに結びついたのです。

■■ビジネスの変化と人材のズレ

　Ａ社のＹ社長によると、「Ａ社は健康食品に関してはそれなりの歴史があり、全国に直販体制をもっていて、順調に成長を続けてきたものの、今後の中長期的な視点に立つと、今までどおりのやり方に限界を感じている」とのことでした。ネットショッピングが全盛ですし、健康食品も訪問販売

で売上げを確保するような時代ではなくなっていることに危機を感じているようです。

そうはいっても、長年足で稼いできたセールスの人たちを、ネットの時代に合うように変えていくのも大変でしょうし、そういう人たちとの契約をいきなり打ち切るわけにもいきません。しかし、人間関係と根性論に依存するセールスでは衰退するのは明らかです。

一方、今後の成長が見込める医薬事業にとっても、グローバル化という課題がありました。A社の売上げでの海外比率は25パーセントしかありませんが、これを5年後に目標の40パーセントまで持っていくには、今までどおりのやり方ではダメということはY社長も認識していたようです。

要するに、健康食品も医薬も、変革が必要なことは明確でした。このことを役員会でもたびたび議論しているとのことでしたが、どうも、実際のマネジャーたちの動きを見ていて、現状を変えようという意識が見えず、社長は物足りなさを感じていたようです。そういった社長の危機感が、本プロジェクトの背景でした。

■■IBMを改革した手法が依頼のきっかけ

A社の社長が当社に組織改革を依頼したのには、理由がありました。A社の経営企画部長が、ヘイグループがサポートしたIBM改革の話に感銘を受けたのがきっかけだったのです。

1990年代の前半、IBMが巨大な赤字を出して苦しんでいた時に、外から呼ばれた新しいCEOは、いくつか改革を実行しました。そのなかでとくに力を入れたのは、ヘイグループと共同で行ったリーダー改革だったのです。

ニューヨーク州のアーモンクにある、IBMのグローバル本社にヘイグループのボストンオフィスからベテランのコンサルタント数人が赴き、ルイス・ガースナーCEOの意向に沿った社内人材改革を行いました。担当したうちの2人は、私もよく知っているコンサルタントです。

それまでのメインフレームといった製品ありきのビジネスから、よりサ

ービスやソリューションなどに比重を置いたものに変化する必要があったIBMは、その新しいビジネスモデルに適応できている人材を発掘し、チームリーダーに抜擢（ばってき）し権限を委譲することで、わずか3年ほどでV字回復を果たしたのです。

　「事業転換を大規模に実施する時には、人材の入れ替えや行動変革も必要になる事例であり、かつ、それに成功したケース」として、1994年あたりから3年間くらいのIBMは、まさにベストプラクティスだったといえます。それをコンサルタントとしてサポートしたヘイグループであれば、A社のお役にも立てるのではないかと感じました。

　ただし、A社が外部の力を使う時、必ず数社のコンサルタントにプレゼンテーションを依頼する決まりがありました。今度も例外ではなく、2週間くらいのうちにプレゼンテーションを実施することになったのです。

■プレゼンテーションの準備は「顧客企業での情報収集」から

　社長との面談後、次のアポイントに向かうタクシーの中から、さっそくヘイジャパンの社長に報告の電話を入れました。A社からの要請を伝え、ヘイグループとしてのチームづくり、プレゼンテーションの要点についてアドバイスをもらうためです。「2週間以内」という期限内に、他社を上回るプレゼンテーションの準備をしなければならず、1分たりとも無駄にはできません。

　A社のプロジェクトには、この分野で経験豊富なコンサルタントGさんにも入ってもらうことにしました。若手でも勘のいいコンサルタントで、都合を確認すると、これからの2週間の間に、半日単位で3日あるいは4日は、プレゼンテーション共同作成のための時間を確保できそうです。

　A社から宿題をいただいてから1週間近く、A社の経営企画の担当者や、過去の業務で懇意にしていただいた役員に、現状の課題認識をデータで裏付けることはできないかと相談したり、ヘイグループ・グローバルのイントラネット内にアップされているデータベースのなかから、健康食品や医薬品企業の類似のプロジェクト成功事例などを引っ張り出し、それを担当

したコンサルタントに補足の意見を電話で聞いたりしました。

社内外でさまざまな情報収集を行ったなかで、一番有益な情報をいただけたのは、A社の健康食品事業部管掌のS専務からでした。以前プロジェクトでカウンターパートをしてもらった相手なので、電話で今回ヘイグループとして提案することを伝えたところ、各事業の課題や人事や組織に関して、本音の意見をざっくばらんに教えてもらえたのです。

とくに、以前プロジェクトを行っていた時から感じていた、A社のリーダーシップチーム（Y社長以下、役員会メンバー）やY社長の高圧的なリーダーシップといった課題については、ヘイグループの得意分野でもあることから、突っ込んで話を聞くことができました。

このころの私の心境としては、「Y社長に気に入ってもらえる提案にしなければならない」と思う一方で、「コンサルタントの直感としては、Y社長にとって耳が痛いことも申し上げなければ、私たちの真のバリューを

◆A社の課題整理と打ち手◆

	ビジネス面での課題	組織・人事面での課題	組織人事面での打ち手
健康食品事業	・マーケットシェアの維持・拡大 ・関係性重視の訪問販売から、コンサルティング型・プル型営業への速やかなビジネスモデルの転換	・新ビジネスモデルに適応できていない管理職の存在 ・成功パターンが明確になっていないため、どのように社員を指導してよいのか環境が混乱	・新ビジネスモデルで成功できる人材の発掘・選抜 ・成功する行動パターンをモデル化し、研修やコーチングを通じて、社員に行動改革をうながす
医薬品事業	・グローバル化の推進 ・海外売上比率を5年後に40％まで伸ばす	・これまでの「任せきり」スタイルを改め、海外現地法人のガバナンスを強化	・環境キーポストの明確化 ・キーポストを支える人材のアセスメントと育成・採用 ・グローバル幹部向け人事制度と組織制度の構築
会社	・健康食品と医薬品事業の独立性が強く、シナジー効果が見られない	・A社リーダーシップチームの強化 ・社長の後継者候補の育成が進んでいない	・トップチームビルディング ・エグゼクティブ・コーチング

100%提供できたことにはならないだろうな」という思いもありました。

　こうして、A社のビジネス上の課題と、そこにひも付けされる組織・人事面での課題、および課題解決のための打ち手が前ページ図のように整理され、A社社長、および、経営陣に対するプレゼンテーションの方向が見えてきたのです。

■■プレゼンテーションのポイント

　A社でのプレゼンテーションの日はあっという間にやってきました。

　経営企画部長によると、ほかに3社ほどに声をかけ、すでに2社のプレゼンテーションはすんでいるとのことです。この日の午前中に別の1社、そしてヘイグループがしんがりとして、午後にプレゼンテーションという順番になっているとの話でした。

　コンサルタントにとって、プロジェクトに採用されるかどうかが決まるプレゼンテーションは、もっとも緊張を強いられる場面です。プレゼンテーションは午後3時から1時間半と決められています。Y社長、経営企画と人事の担当役員、それに各部門から2人ずつ、合計7人が出席すると聞いていました。

　プレゼンテーションでは、まずはヘイグループを紹介します。どの分野に実績があり、どんなクライアントのために仕事をしてきたかなどを、パワーポイント数枚にまとめて紹介しました。その要旨は次のようなものです。

- ヘイグループは世界で最初にできた人事・組織専門のコンサルティング会社であり、48か国に86のオフィスを持ち、人事系では最大規模のグローバル・サービスを提供している
- ハーバード大学の行動心理学者であった故デイビッド・マクレランドが創始したリーダーシップ研究機関（マクレランド・センター）を擁し、今では常識となったコンピテンシーを使う人材能力の測定と育成を世界に広め、多くの企業の組織改革に寄与した
- 日本でも30年以上の歴史をもち、各業界のトップ企業とお付き合い

第4章　組織人事コンサルティングのプロジェクト事例
ヘイグループ

> をしていただいている

■■チャートを活用して、1つずつ丁寧に提案する

　ヘイグループの紹介が終わり、いよいよ今回のプロジェクトに対する私たちの提案を説明する順番です。まずは社長からのリクエストに沿い、健康食品ビジネス、医薬品ビジネスそれぞれに対するプロジェクトの流れをパワーポイントで説明します。

　健康食品事業への提案は、ビジネスモデルの転換期において変革をリードできる人物モデルを明確化し、ヘイグループのサーベイを活用したワークショップを行い、全管理職の意識と行動の変革をうながすものでした。

　この部門に関しては、事前に管掌役員であるS専務と話をしていたので、スムーズに説明が流れましたが、医薬品事業への提案に関しては、そもそも役員自身もそれほど海外現地法人の現状を把握できていないために、海外現地法人を巻き込んだプロジェクトに対して不安や懸念が強そうです。

　そこでチャートを使って、なるべく丁寧な説明を試みました。

　私たちの事前ヒアリングから、現状の医薬品事業部は、海外販売子会社の経営を現地に任せきりにしており、本社の意思が現地に浸透しにくく、またガバナンスの観点からもリスクが高いということがわかっています。

　人事的な面でいうと、「現地幹部がどういう能力をもった人材で、報酬水準は市場と比較してどうか、その幹部に万が一のことがあった場合の後継者は育っているのか」といったことについて、日本本社の人事部は皆目見当もつかないという状況です。

　そこで、まずは5年後に海外比率40％を実現するために重要な役割を果たすと思われるクリティカルジョブを明確化し、その人事だけは、戦略的重要性を考慮し、本社が登用・採用・育成・報酬などに関与するための基盤整備のプロジェクトを提案しました。

　プロジェクトの詳細部分などの一部はGさんにも担当してもらって説明を終えると、いくつかの率直な意見、懸念、質問を受けました。

◆プレゼン概要　人材の見える化と適材適所の配置プロジェクトの進め方◆

〈Step1〉ビジネス戦略につきヒアリング → 〈Step2〉クリティカルジョブ決定 → 〈Step3〉人材要件の明確化

〈Step1〉
ねらい：
経営陣とのコンタクトを通じて巻き込みを開始するとともに、企業特有のビジネス戦略、人事戦略を明確化します。

- 中期経営計画書など各種資料の分析
- 経営陣へのインタビュー対象：トップ、役員など・主なインタビュー内容：今後のビジネス戦略、人事戦略、人材マネジメント上の課題、国際異動についてなど

〈Step2〉
ねらい：
ジョブサイズの大きさだけでなく、今後のグローバル戦略にクリティカルな職務に焦点を当て、トップの合意を形成します。

- ワークショップ（1〜2回）によりクリティカルジョブを決定
- クリティカルジョブのJD（ジョブ・ディスクリプション）を整備
- 事務局とヘイで上記JDをベースにクリティカルジョブマップを作成する
- ヘイの職務評価基準によってジョブサイズを測る
- クリティカルジョブマップに関して、経営陣の承認を得る

〈Step3〉
ねらい：
仕事の性質（プロファイル）に適した人材要件を定義します。

- クリティカルジョブホルダーに対し、コンピテンシー調査を実施
- ステップ2で作成したジョブマップの各カテゴリごとに分析を行い、求められるコンピテンシー要件を抽出
- ヘイのグローバル・リーダーのデータベースも参考にしつつ、コンピテンシー要件（案）を作成
- コンピテンシー要件に関して経営陣の承認を得る

「そういうことをやって現地法人に悪い印象をもたれないか」

「恥ずかしながら、当社には各国の現地法人をコーディネーションできるほど国際的なセンスをもった人材がいないんだが、ヘイグループさんがそこを手伝ってくれるのだろうか」

「どれほど工数のかかる提案なのだろうか」

といった、1つひとつの質問に共感しつつ、過去のグローバルプロジェクトの経験談等含めながらGさんと私で丁寧に回答していくことで、徐々に安心してもらえた様子です。

■■人の資質を可視化するユニークな手法

　プレゼンテーションのなかで、とくに役員たちの関心を集めたのは、IBMの改革時にも活用された、ヘイグループのアセスメントの特徴の1つである「動機」に対する考え方です。

〈Step4〉 供給状況の把握

ねらい：
将来クリティカルジョブを担えるポテンシャル人材がどの程度存在するのか、を明らかにします。

- ステップ3で作成したコンピテンシー要件に基づきオリジナルコンピテンシー調査票（テスト）を設計
- クリティカルジョブ候補者を推薦させる
- 候補者に対してコンピテンシー調査（テスト）を実施
- 同時に、マネジメントスタイル、組織風土のテストも実施
- クリティカルジョブに対する人材供給状況（人材パイプライン）の把握

〈Step5〉 人材マネジメント プランの設計

ねらい：
グローバルな適材適所を実現するためのプロセス・ルールを作成します。

- グローバル人材マネジメント制度（異動・キャリアプランニング・育成制度）のプロセスや各種ルールブックの作成
- アナウンス

ヘイグループの動機診断が一般に言われるモチベーション調査と異なるユニークな点は、以下の2点です。

> ① 本人も気づかないほど深層にある本人の関心や欲求を明らかにすることができる
> ② 深層心理を明確化する手法として、次ページ下図右側の絵を見て、直感的に頭に浮かんだ物語を書いてもらい専門資格を保有する分析官が動機を分析する手法を用いている（臨床の場では多く用いられ、検証・確立されている手法）

動機を診断することで、その人が組織においてどのくらい成功する可能性が高いかを長期的な観点から予測することができます。具体的に、「起業家」「大企業CEO」「変革者」「マトリクス組織の調整型リーダー」に適

◆動機◆

動機とは、広範にわたる人間の社会的行動を説明するものです。以下の3つの動機が、仕事における個人の業績に最も関連するものとして学術的な研究と調査を通じて証明されています。

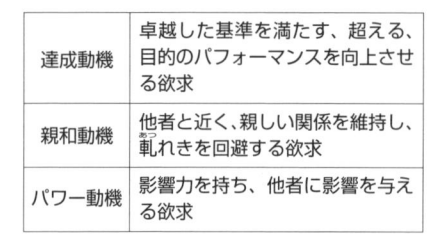

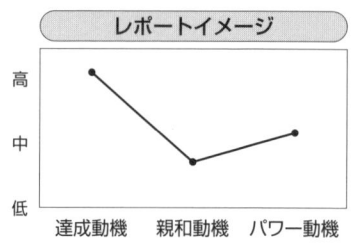

達成動機	卓越した基準を満たす、超える、目的のパフォーマンスを向上させる欲求
親和動機	他者と近く、親しい関係を維持し、軋(あつ)れきを回避する欲求
パワー動機	影響力を持ち、他者に影響を与える欲求

レポートイメージ

典型的なプロファイル

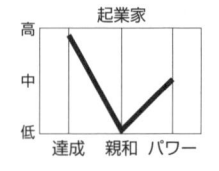

起業家／大企業CEO／変革者／マトリックス組織の調整型リーダー

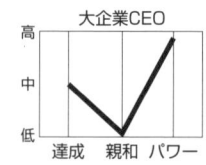

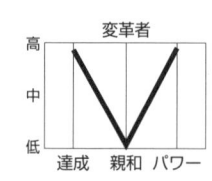

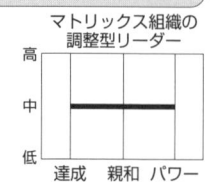

◆マクレランドの氷山モデル◆

- 上層ほど、外から評価しやすい。単純業務においては成果の決め手要因となる

知識
スキル　経験
社会的役割／価値観
自己イメージ
性格特性、資質
動機

- 下層に行くほど、複雑かつ高度な業務において成果の決め手要因となる

一般的なモチベーション調査
「あなたはチャレンジすることが好きですか?」といった問題に答える

自己解答を集計

ヘイの動機診断

物語を専門家が分析

上の絵を見て思い浮かんだ物語を自由に記入(複数の絵を見て回答)

した動機パターンなどについて、実例を用いて説明すると、みなさんは興味津々の様子でした。

■トップみずから行動変革することの重要性を提言

　Y社長は私たちからの提案を気に入ってくれたようですが、さらに、当社からオプションとしての追加提案もしました。

　それは、「A社のリーダーシップチーム診断、および、社長自身のリーダーシップ診断と行動変革のための個人/グループ・コーチングセッション」です。私の経験からすると、組織変革においてとりわけ重要なのは、トップみずからが範を示すことです。

　たとえば、社長みずからが、リーダーシップ診断を受け、自分の強みと同時に開発課題を明確化し、行動変革に真摯に取り組む姿勢を見せることが重要だと考えたのです。

　努めて前向きかつ真摯(しんし)な態度で一気に言い切り、会議室を見渡します。私（2回り近くも年下の女性コンサルタント）から社長への失礼ともとれる発言に半ばあきれつつも、社長がどう反応するか、興味津々に様子をうかがっている雰囲気が漂います。

　そんな場の空気をまったく意に介さぬ様子で、Y社長は真面目な表情でおっしゃいました。

　「確かに、チームとして見た時に、我々が社員に対して良い影響力を与えているかどうかは検証しておく必要がある。それに、人にやれといっておいて、自分たちがやらんのはいかんですなあ。異論がなければ私含めて、リーダーシップチーム全員、まな板の鯉になりましょう。これは先に提案いただいた社員へのアセスメントの精度や効果を試す良い機会でもある。ヘイグループさんが我々にとって有益ではないと判断されれば、即刻他社さんに切り替えるかもしれないよ。それでもいいですか？」

　検討期間を経て、当社にY社長を含めた役員会議メンバーのアセスメント（能力評価）を依頼してもらったのです。その場で、来週から始められるよう、担当者と調整することになりました。

◆プロジェクト・スケジュール◆

時期		9月			10月			11月			12月			1月		
	フェーズとステップ	上旬	中旬	下旬	上旬	中旬	下旬	上旬	中旬	下旬	上旬	中旬	下旬	上旬	中旬	下旬
役員の行動改革	1.役員アセスメントインタビュー		■													
	2.役員個別コーチング				■		■		■		■		■		■	
	3.リーダーシップチームリトリート @蓼科(たてしな)															■
健康食品	1.新ビジネスモデルで成功する人材モデルの明確化			■	■											
	2.リーダーシップ調査						■	■	■							
	3.リーダーシップ変革ワークショップ										■	■	■			
医薬	1.ビジネス課題ヒアリング	■														
	2.クリティカルジョブ決定		■	■												
	3.人材要件明確化				■	■	■									
	4.タレント供給状況把握							■	■	■						
	5.人材マネジメントプランの作成										■	■				

■■ プロジェクトはBEIを用いたインタビューからスタート

こうしてA社でのプロジェクトがスタートしました。

Y社長のインタビューはプレゼンテーションから2週間後の金曜日の午後に行いました。3時間近いロング・インタビューですが、社長に就任してからの現在に至るまでの成功と苦労のストーリーを本人の口から臨場感たっぷりにお話をうかがうので、あっという間に感じられます。

もちろん、守秘義務契約を結んだうえでのインタビューですので、内密な事項も安心して話してもらえます。

今回用いたインタビュー手法は、BEIと呼ばれるものです。BEIはBehavioral Event Interview の略で、「実体験インタビュー」と訳されています。対象者が一番うまくいった仕事上の経験や、もっともフラストレーションを感じた経験をインタビューの場でリアルに引き出し、そのなかに、その人自身の資質、コンピテンシーがどう表れているかを分析するものです。

インタビューは、なるべく自発的な答えを引き出すことを目的に行われ、聴き手であるコンサルタントが「でもその時、こういう選択肢もあったのではないですか？」といった、誘導尋問的なコメントをさしはさむことはありません。「それでどうされたのですか？」「その時どう感じました？」といった、きわめてニュートラル、かつ、オープンエンドの質問をします。

　そうすることによって、対象者が自分の置かれた状況をどのようにとらえ、何をモチベーションの源泉とし、何を目標として、周囲にどう働きかけているのか、いないのか等を明らかにし、組織人として毎日遭遇するさまざまな場面のなかで、その人はどういう行動をとる可能性が高いのか、どういう場面で成功しやすく、どういう場面では失敗する可能性が高いのかを分析していくのです。

■■インタビューはCodingによって分析する

　インタビューは録音され、テキストに起こされます。その後、視覚的な印象を排除する目的で、インタビュアーとは別の人間がテキストを読み込んで分析を行います。このCoding（コーディング）と呼ばれる分析作業は、ヘイグループの研究機関であるマクレランド・センターのトレーニングを受けて、分析資格を取得した者だけができます。同じインタビュー内容でも、分析する人によって結果が違ったのでは、使い物になりません。

　そこでヘイグループでは、この分析担当者にも資格試験を設け、最終的にはさまざまな言語で語られる個々人のコンピテンシー測定において、世界共通のスタンダードを提供できるようにしています。また、複数名でインタビューや分析作業を担当する場合には、キャリブレーションという評価結果のすり合わせ作業を行ったり、大規模案件では品質保証担当者を専任で設けたりして、分析結果にばらつきや間違いがないかをプロジェクト・マネジャーとともにダブルチェックしています。

　このような徹底した品質へのこだわりを評価してもらい、多くのグローバル企業で幹部社員の大規模アセスメントに使われ、圧倒的な信頼を受けています。

今回のA社役員のアセスメントでも、数名のシニアコンサルタントが、それぞれ数名の役員を分担してインタビューを行いましたが、当然ながら上記の品質管理を行い、慎重にアセスメントレポートを仕上げました。

　アセスメント結果のフィードバックは、インタビューを実施してから3週間後、インタビューを担当したコンサルタントが各役員と1対1で行います。筆者はY社長と数名の役員へのフィードバックを担当しました。

　Y社長へのフィードバックは、アセスメント結果の概要、リーダーとしての現状の強みと課題、今後さらなるリーダーシップ開発に向けてのアドバイスなどを端的に説明し、質問があれば補足して詳細データの説明を行いました。

　Y社長はレポートにマーカーを引きながら、熱心にメモを取り、私たちコンサルタントのコメントを食い入るように読み込んでいました。

　ヘイグループには、全世界で実施されたエグゼクティブ・アセスメントデータに基づき、経営者（CEO）に発揮が求められるコンピテンシーを集約した辞書があります。社長の仕事はほかの役員の仕事とは別格、ましてや普通の管理職とはそもそも求められるコンピテンシーが異なる場合が多いので、こういった特殊なコンピテンシー基準がなければ社長の評価を適正に行うことができません。

■エグゼクティブ・アセスメントとアクションプランの作成

　Y社長は、創業者である先代の社長からその実力を認められ、現在のポストに就いたのですが、それでもグローバル企業の経営者との比較ということで、多少結果を見る前は緊張していたようです。

　結果としては、すでに合格点に達している部分もあれば、さらに改善すべき点もあり、ミーティングの終盤では、改善すべき点を具体的にどのようなアクションプランに落とし込んでいくかを、次のように一緒に検討しました。私のセリフはさりげないものですが、実はセッションを効果的に進める意図があるので、あわせて紹介します。

Y社長:　これから、役員たちに一枚岩になってもらうためには、やはり私のリーダーシップスタイルのレパートリーを増やしていこうと思います。

私:　よい案ですね。具体的にはどういう場面でそれらの行動がとれると効果的だと思われますか？
→【まず認知。次に具体的な行動をうながす質問】

Y社長:　やはり、役員会の場面でしょうかね。いつも気づくと私が独りでしゃべっているような気がします…。役員間の議論が少ない、事業部間シナジーが希薄というのも、この報告書にあるとおりだと思います。

アセスメントでは、BEI以外にもオンラインでのアンケート方式の360度調査や、匿名を条件とした定性的なヒアリングなども行って多面的な情報に基づき、社長のリーダーシップ上の課題について報告しています。

Y社長:　まずは役員会で独裁するのではなく、役員の意見に耳を傾ける、管掌以外の役員にも意見を求めるといったことができれば、ずいぶん雰囲気も変わるかもしれません。今の役員会は私と報告者のやりとりで終始していて、他の役員たちは私がうながさない限り、一切発言しないのですよ。

最後の発言には役員に対するフラストレーションがこもっています。

私:　社長は、役員会を活発な議論の場にされたいのですね。
→【発言の奥底にある社長の願いを要約】

Y社長:　そのとおりです。いつも口を酸っぱくして発言しろと言っているのですが…。

私:　では、具体的に役員さんたちが活発に意見を交換している情景をイメージしてみていただけますか？　みなさん、それぞれどんな表情で、どんな議論をしていらっしゃるのでしょう？　その時社長はどの位置に座っています？　社長のかかわり方は？　どんなお気持ちでその場にいるのでしょう？
→【愚痴にならないよう、望ましい状態をイメージしてもらう】

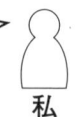

Y社長:　そう言われてイメージしてみると、役員会が活性化すれば、私は非常におだやかで冷静な気持ちでその場にいるような気がします。役員たちの活発で忌憚(きたん)のない発言、生き生きした表情に満足しながらも、自分はより冷静にものごとを俯瞰できるというか…。

私:　そういう役員会がもてることは、社長、いえ、会社全体にとって、どういう意味があるのでしょうか？
→【アクションプランの意義を問うことで、その重要性を再認識してもらう】

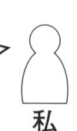

Y社長:　大いに意義があります。これから我々が一枚岩になって改革を推し進めるためには今までのような、みな起きているのか寝ているのかさえわからないような会議では、何も始まりませんからね。

　このような会話をＹ社長としながら、まずは２週間後に予定されている役員合宿において、理想とする議論の場をつくるために、特定部分の議論

に関して、みずからは民主的なアプローチを実践してみることと、その結果を私との次回ミーティングで振り返ることを約束しました。

このように、アクションプランをつくる際には、ありありと情景が目に浮かぶくらいまで具体的にすることが実現可能性を高めます。さらに、その行動変革自体の意義や効果を再確認することも忘れてはなりません。「その行動をとることが、本当にその人や組織にとって有意義であるかどうか」「アクションすること自体が目的化していないか」としっかりと問いかけることで、行動へのコミットメントを強めるのです。

このような個別フィードバックセッションを各役員に対して実施し、それぞれにアクションプランを立ててもらいました。

■リトリートによる経営チームとしてのリーダーシップ改革

ここまでは、個々のリーダーシップについてのアセスメントに対するフィードバックを説明しました。次は、経営陣が「チームとして、どう改革を進めていくか」という課題に対してどう取り組んだかを紹介します。

リーダーシップチームの合宿は、紅葉が美しい蓼科で行われました。このように日常から隔絶され、自然に囲まれた場所で自分自身を取り戻す合宿は「リトリート」と呼ばれたりもします。

自然に囲まれた蓼科のリゾートホテルでのリトリートのおもな流れは以下のとおりでした。

【初日】
午前：東京から各自で移動
午後：オープニング＆中長期戦略について（Y社長）
　　　アイスブレーキング
　　　リーダーシップチーム診断結果のフィードバック
　　　リーダーシップチームのアカウンタビリティ
　夜 ：懇親会

【2日目】
午前：チームの行動規範の策定
午後：レクリエーション

■ マッピングで相互のラーニング・スタイルを理解する

　オープニングと中長期戦略についての説明のあとは、私ともう1名のコンサルタントがファシリテーターを務めます。まずは、堅い雰囲気を和らげるためのアイスブレーキングをします。そして、相互のラーニング・スタイル（ものごとの学び方）について理解を深めるワークを行うのです。
　これは、それぞれのものごとへの取り組み方や理解の仕方についてのスタイルを1枚のマップに落とし込んでいくことで、メンバー相互の共通性や相違のある点について可視化し、相互理解を深める目的があります。
　どのスタイルが正しい、間違っているということはなく、さまざまなスタイルの人がチームを構成しているからこそ、チームとしてのシナジーが発揮できるということを自然と理解できるワークであり、今回のような目

◆ラーニング・スタイルマッピング（イメージ）◆

経験重視

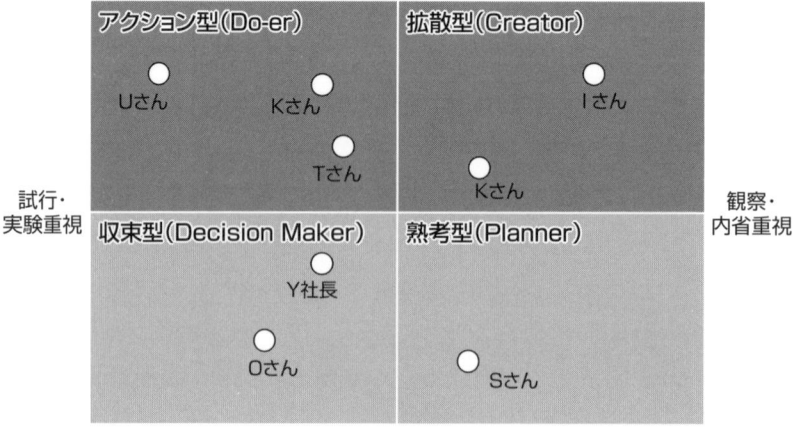

アクション型(Do-er)	拡散型(Creator)
Uさん　Kさん	Iさん
Tさん	Kさん

試行・実験重視　　　　　　　　　　　　　　　　観察・内省重視

収束型(Decision Maker)	熟考型(Planner)
Y社長	
Oさん	Sさん

理論重視

的にはぴったりです。

　張り出したマップに、1人ひとりの役員が自分のスタイルをマッピングするたびに「あー、確かに、Ｋさんはここだよねー。ほら、以前の〇〇の件でも、僕は『即行動すべし』と言ったんだけど、絶対にＫさんは譲らず、リサーチをかけることにしたんだよね。まあ、結果はそれで良かったんだけど（笑）」といった感想や笑いが飛び交います。

　全員のマッピングが終わると、今度はチームとしての強み、弱みを検討しました。マッピングの偏りから、チームで議論や意思決定を行う際に何に気をつけるべきかを明確にします。

　Ａ社の場合は熟考タイプが少数で、アクション型が多いため、ともするとアクション型の役員の活発な発言に引っ張られてものごとを進めてしまう傾向が見受けられたため、「必ず熟考型の役員にも発言する機会を与えよう」というルールができました。

■チームのアカウンタビリティの明確化

　場の空気がなじんだところで、次にチームのアカウンタビリティの明確化のセッションが始まりました。アカウンタビリティとは成果責任、あるいは役割責任などと呼ばれるもので、「なぜそのチームが存在するのか」という存在意義とも呼べるものです。

　Ａ社の場合、事業部ごとに業界やビジネスモデルが大きく異なるため、ともすると事業部が1つの会社のような動きをしがちで、リーダーシップチームの存在意義、共通の役割がぼやけているというのが現状でした。

　ここでは、事前に私と立てたアクションプランのとおり、Ｙ社長がファシリテーターの帽子をかぶって、議論をリードします。小グループでの課題出しから発表までの間、社長は時に1人の参加者として発言することはあっても、全般的には役員間での自由な発言をうながしており、ファシリテーションは大成功でした。

　チームのアカウンタビリティとしては、とくに事業部をまたいだ人材の育成が重要項目の1つとして挙げられました。事業部制の弊害として、ハ

イポテンシャル人材を事業部内に囲い込むという点が挙げられますが、リーダーシップチームの責任で、事業部をまたいだ人材交流やサクセッションプランなどを確実に行っていくことで合意がなされました。

一般的にアカウンタビリティというと、特定のポジションについて明確化する場合が多いのですが、このようにチームのアカウンタビリティを決めることで、メンバーそれぞれの事業部の利益や立場を超えたチームとしてのものの見方、考え方ができるようになるため、非常に有益です。

その日の親睦会では、ファシリテーションがうまくいき、チームの一体感が生まれつつあるのを実感されたY社長は上機嫌な様子でした。

私たちファシリテーターは、翌日の準備があるため一次会で失礼しましたが、役員のみなさんはその後もラウンジやいくつかの部屋で二次会が続いたようです。

■チームメンバー間で約束しておくべき行動規範を決める

翌日は朝8時半からセッションがスタートします。セッションルームは高原リゾートらしく一面ガラス張りで、落葉樹の林から朝日が差し込んでいます。木の葉の合間にキノコが顔を出していて、秋を感じさせてくれる景色です。昨夜は遅くまで盛り上がっていたようですが、早起きをして散策をしてきた参加者もいたようです。初日の緊張感の漂う空気から一転、今朝は打ち解けた雰囲気がチームに流れているのが感じられます。

2日目の午前は、前日のチームのアカウンタビリティを果たすために、チームメンバー間で約束しておくべき行動規範(ルール)についての議論です。メンバーからは、

「他事業部の内容についても、全社視点をもって話を聞き、積極的に意見や質問をしよう」

「そのためには、他事業部の状況をよく理解しないといけないから、事前に議題と発表資料を送ってくれれば、適切なコメントや質問ができると思う」

「そもそも出張などで会議を欠席するケースもあるけれど、電話会議で参加するなりして、極力全員参加で進めるべきではないか」

といった意見が出され、チーム全員での議論と合意のもと、行動規範の原案ができあがりました。ここで作成された原案は、経営企画室長が最終的に文言などを整えたのちに「リーダーシップチーム憲章」として役員会議室に掲げることとなったのです。

こうして、蓼科でのリトリートは大きな成果を残して終わることができました。社長からは、「合宿形式の研修はいろいろやってきたけど、今回の研修が一番中味が濃かったように思うよ」と、声をかけていただきました。

■役員対象プロジェクトの次は、健康食品事業部をサポート

その後も、ヘイグループのプロジェクトチームはA社役員への個別のコーチングを通じて、各事業の変革のサポートを続けています。

また、健康食品事業部では、全管理職のリーダーシップ調査を実施し、「変革期に求められるリーダーとして自分のどんな行動をどう変えていくべきか」を体系的かつ具体的に指摘し、行動変革のためのアクションプランを立案してもらうワークショップを行いました。

さらに、やりっぱなしのワークショップでは意味がないため、1年後には効果測定のために再度リーダーシップ調査を実施して、改善度合いを確認したのです。

ヘイグループでは、リーダーシップ開発を行う場合に「Journey（旅）」という言葉をよく使います。リーダーシップを生まれつきもっている人などおらず、どんな優れたリーダーも、1つひとつ経験から学び、自分のものにしているのです。それはまさに旅のようなもので、1つ峠を越えたら、また別の山が見えてきます。でも、あきらめないで前進し続ければ、いつかは目的地にたどり着けるものです。

A社において特筆すべきは、Y社長みずからが率先して自身のスタイル

◆リーダーシップスタイル診断　ビフォー&アフター◆

「あれをやれ、これをやれ」という指示命令スタイルから、新しいビジネスモデルに適したビジョン型へ変化が見られた。

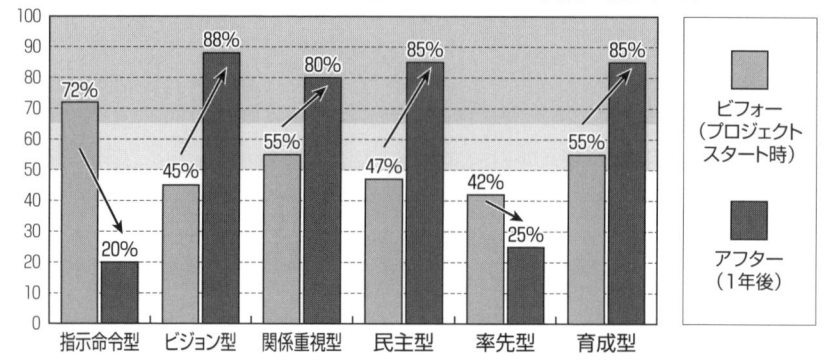

指示命令型	言われた通りにやれ、即刻の服従	
ビジョン型	断定的だがフェア、長期的視点の提供	
関係重視型	まず人、次に職務調和の形成	
民主型	メンバーの参画、コミットメント醸成	
率先型	自己管理を期待、模範の提示	
育成型	中長期的な育成、能力の伸張	

　の変革に取り組んだことです。指示命令中心のスタイルを控えつつ、優秀な若手を役員に抜擢してリーダーシップチームを活性化させ、チームとしての結束を強める働きかけ、各事業については役員への権限委譲を進めることで、現場のやる気が高まりました。

　トップみずからが変わろうと努力する姿を見せることで、健康食品の現場のマネジャーたちも「本気で変わらねば」という気持ちに火がついたように思います。

　従来型の足で稼ぐ訪問販売からコンサルティング営業に変えるために、「軍隊組織からプロフェッショナル組織へ、数値管理からプロセス管理へ、指示命令からビジョンの提示へ」と少しずつ変化していく様子が、成功事例として営業会議で共有されたり、そのことで業績を大幅に向上させたマネジャーが社内報に取り上げられたりすることで、ますます変革が進みました。

■■人材パイプラインを可視化──医薬品事業部

医薬品事業部については、グローバルのキーポストを明確化したあと、各国のヘイグループオフィスのコンサルタントをくわえたグローバルチームで、そのポストの人材パイプラインの現状を可視化するというプロジェクトも実施しました。

その結果、どの国にはどういう幹部ポストにどのような人材がついていて、どの部門では層が厚く、どの国では弱いか、といったことが可視化されることになったのです。

主要ポストにもかかわらず後継者のパイプラインが枯渇していたり、現職者に致命的な課題があると判断されたりしたポジションについては、各国のヘイグループオフィスのコンサルタントによるサポートを得ながら個別対策を打っていきました。

また、従来は現地のいいなりに支払っていた現地法人幹部の報酬について、ヘイグループのグローバルの報酬サーベイにも参加してもらうことで、職責やマーケット水準に照らしたうえで、透明性が高く、フェアに報酬管理を行う方式に切り替え、ガバナンスの点でも成果が上がっています。

◆クリティカルジョブ個別の需給ギャップ◆

		日本	イギリス	ドイツ	中国	インド
クリティカルジョブ	カントリーマネジャー	C	C	C	C	B
	CFO	C	C	C	B	C
	人事トップ	A	B	B	C	B
	営業リーダー	B	C	B	―	―
	ITアーキテクト	―	―	―	C	C
	マーケティングリーダー	B	―	B	B	―

A：期待役割を充たす後継者が存在
B：即期待役割を果たす後継者は存在しない。将来の候補は存在。
C：期待役割を果たす人材も将来の候補も存在しない。

■組織・人事系のコンサルティングは顧客と長く付き合える

　組織・人事系のコンサルティングは一度クライアント企業と付き合いが始まると、5年、10年というスパンで長くお付き合いをすることが多く、A社についても、はや5年以上の付き合いになります。

　A社健康食品事業部はビジネスモデルの転換に成功していますし、医薬品ビジネスも海外で堅調に業績を伸ばしています。何より全社的な人材育成が活発になって、若くて優秀な方が役員に抜擢されたり、女性管理職が増えたりするなど、組織活性化が進んでおり、将来が楽しみな組織に変貌しています。

株式会社ヘイ コンサルティング グループ

ヘイグループは、1943年に米国フィラデルフィアで創業された人事・組織の問題に特化したコンサルティング会社。現在は、世界48か国、86か所にオフィスを設け、顧客企業の人材開発・組織開発の支援を行っている。日本においても30年以上の実績をもち、大手家電、自動車、製薬等のメーカー、総合商社、銀行等500社以上のクライアントに対してコンサルティングサービスを提供している。ヘイグループが世界に先駆けて開発したコンピテンシー、職務分析などの手法はグローバルに幅広く活用されており、またリーダーシップ育成サービスについてもグローバルトップの実績を有している。

大高 美樹（おおたか・みき）

（株）ヘイ コンサルティング グループ シニアコンサルタント。リーダーシップ＆タレント領域ジャパン・プラクティス・リーダー。米国CTI 認定プロフェッショナル・コーアクティブ・コーチ（CPCC）。

津田塾大学学芸学部国際関係学科卒。青山学院大学大学院国際マネジメント専攻（MBA）大手複写機メーカー、米系マネジメント・コンサルティング・ファームを経て、2001年にヘイグループ入社。大手日系・外資系企業のエグゼクティブやマネジャーのリーダーシップ改革、組織風土改革をサポートしている。アセスメント、ワークショップ、研修、コーチングなどを通じ、これまでに出会ったリーダーの数は5000名以上。

グローバル人材マネジメントの高度化

マーサー ジャパン(株)

――「イシューの解決」と「ニーズの充足」の両立

■■海外事業の強化とそれにともなうグローバル人材マネジメントの実現

　マーサーの組織・人事コンサルティング部門のコンサルタントは、クライアントの企業価値向上、また、そのために必要な事業戦略の成功に向けて、組織・人事領域を中心に総合的なコンサルティングサービスを提供しており、ビジネスパートナーとして日々クライアントの経営課題解決に取り組んでいます。

　近年は企業のグローバル化、また、M&Aやグループ再編の支援を数多く担っています。

　今回は、「海外事業の拡大に取り組む大手日系金融機関のグローバル人材マネジメントの高度化を支援した事例」を紹介します。

　マーサーのクライアントである大手金融機関のY社は、トップクラスの日系金融機関であり、国内において充実した店舗網を保有しています。しかしながら、多くの日系金融機関は、海外において十分な事業展開ができていないことが多く、Y社もその例に漏れません。

　この状況を打破すべく、海外事業の強化とそれにともなうグローバル人材マネジメントの実現がY社における経営課題となりました。

　Y社とマーサーの関係はかねてより良好です。Y社は2年前に国内のサクセッションマネジメントの仕組みづくりや役員候補者の人材アセスメントを行い、そのサポートをマーサーが実施しました。それ以来、Y社からは人事や組織改革に関する引き合いを継続していただいており、経営課題解決のためのビジネスパートナーとしての関係を築いています。

■■グローバル化は死活問題に

ちなみに、Y社に限らず、今回のトピックである「グローバル」を課題とする相談はここ数年増加しています。この背景の1つとして、2007年以降の日本の人口の継続的減少が挙げられます。

グローバル化の必要性は30年も前からいわれており、また、多くの日本企業は以前から海外進出をしていましたが、人口が減少し始め、国内GDPの成長が期待できなくなると、企業にとってグローバル化は死活問題となり、力の入れ方が目に見えて変わりました。

ここ数年「5年以内に海外売上比率を半分以上にします」というような目標が、多くの企業から出ているのもこの一環といえます。

近年、大手メーカーに関しては、中国やタイへの進出・業容拡大が進んでいます。今後は他のASEAN諸国への進出・拡大が増えることでしょう。一方、金融を代表とするサービス業は今まで比較的ドメスティックな事業展開をしていたため、これからグローバル進出・業容拡大が本格化する会社が増加することが予想され、Y社からの依頼はその先駆けとも考えられます。

◆グローバル組織・人事マネジメントの課題（一部抜粋）◆

	今まで 海外事業の量の拡大 （既存ビジネス売上拡大）	これから 海外事業の質の向上 （ROI向上、新規ビジネスの開発）
個々の人材	・駐在員の確保 ・マンパワーとしてのNS（National Staff）の確保	・グローバル組織をリードできるリーダーの確保 ・事業の創造や組織基盤の構築を能動的に行える優秀なNS（National Staff）の確保
組織の機能	・日本本社に海外拠点がぶらさがる日本を中心としたマネジメント ・人（駐在員）を介したガバナンス	・グローバル本社機能が確立され日本は最大の拠点に ・グローバルレベルで組織的なガバナンスの確立（方向性の統一と各拠点の裁量の明確化）

■■提案時にはイシューの特定が重要

　今回のプロジェクトは、Y社担当者からの提案依頼メールから始まっており、そこでは以下のような社内の概況と依頼が担当者から伝えられました。

> ①　来年度から始まる次の３ヵ年中期経営計画では海外事業の拡大が目玉になっている
> ②　それにともない、人材マネジメントに関しても、グローバル化が求められている
> ③　その一貫として、トップから、グローバルグレード（次ページを参照）を来年３月までに導入したいという要望が出ている
> ④　そのサポートとしてコンサルティング会社の活用を考えているので、一度ミーティングをしたうえで、適切な提案書を提出して欲しい

　マーサーの担当者はミーティング日時を設定し、早急にクライアントを訪問しました。過去からの信頼関係もあり、クライアントとのミーティングは終始和やかなものでしたが、ミーティングの中で解決すべき大きな課題が１つありました。

　それは、「クライアントのニーズは明快だが、そのニーズに対応してもイシュー（経営課題）が解決されない可能性が高い」ということです。

　クライアントとしては、「海外事業の拡大を図るため解決すべきことがたくさんありそうだ」ということは認識しているものの、ひとまずトップからオーダーがあったグローバルグレードの設計・導入に関して強いニーズがあります。

　そのため、マーサーに対しても「グローバルグレードの設計・導入を前提とした提案にしてほしい」との要望でした。

　一方、マーサーとしては、「事業がグローバル化を図るために解決が必要なイシューを特定し、そのイシューを解決するために施策を立案し、仕組みを設計導入すべき」というのが基本的スタンスでした。

グローバルグレードは、問題解決のために導入可能性は高いと想定しているものの、単にそれだけを設計すると、「何のためにつくったの？」ということになり、クライアントのためにならないこともあるので、望ましくないとも考えていました。

結局、このギャップを埋めることが、ミーティングの主題となったのです。

●グローバルグレードとは

グローバルグレードとは、グローバル共通の格付け体系であり、一般的には役割の大きさによる格付けです。役割の大きさの測定には、影響力、難易度、専門知識等の世界共通の基準を用います。

測定された役割の大きさを基に各ポジションをいくつかのグレードにまとめることでグレードとポジションの対応を明確化します。それぞれのグレードの役割レベルを記述した定義を設定することもあります。グローバルグレードには、主として４つの典型的な活用目的があります。

１つ目は、グローバルモビリティ（国際間異動）を行う際の参考情報としての利用です。具体的にいえば、異動対象となる当該個人が担うポジションの大きさと、行き先候補となっている新しいポジションの大きさを比較し、適切な異動か検討をする材料とします。

２つ目はグローバルトレーニングプログラムを行う際の抽出基準としての活用です。グローバルトレーニングプログラムのメンバー選定の際には、何らかの基準が必要であり、その１つとして使用するのです。

３つ目は報酬ガバナンスにおける活用です。グローバルグレードを設計する際は、各国でポジションの大きさを測定し、同一グレードではポジションの大きさをそろえています。

ポジションの大きさがわかると、ある国で、あるグレードに属するあるポジションの適正報酬水準がわかるため、各国の報酬が高すぎないか、低すぎないかという確認をすることができます。

４つ目は要員計画、要員管理への活用です。グローバルに横串が通っているため、各国の要員計画を同じ基準で立案、比較することが可能になり、相

対的な視点をもちながら、各国別に人材の不足や余剰に関する考察を行うことができるようになります。

　ここまでグローバルグレードの典型的な活用方法に関し、説明をしてきましたが、その必要性の強さは、その会社の組織・人事戦略や拠点群の性質により異なります。

　たとえば、「各拠点において類似業務や類似職種が多い」「拠点ごとに人的リソースの偏りが大きい」「さらに、人的リソースの過不足の解消や個人のスキルアップをグローバルモビリティ（国際間異動）により実現する方針を採っている」という状況であれば、先ほどの1つ目の理由である「グローバルモビリティ（国際間異動）を行う際の参考情報」としてグローバルグレードを活用する意義は大きいでしょう。

　ちなみに、Y社においては各拠点の職務の構成は比較的似ており、大きく

◆グローバルグレード◆

Global Grade（Conversion Type）

Global Grade	Japan	US	Euro	China
G7	M3	E		
G6	M2	M3	E	H
G5	M1	M2 / M1	M2	G / F
G4	S3	S3	M1	E
G3	S2	S2	S3	D / C
G2	S1	S1	S2	B
G1			S1	A

M：Manager 管理職　S：Staff 非管理職

活用目的：
グローバルモビリティ（国際間異動）を行う際のガイドライン（概ね同じレベルのポジションに異動）
グローバル選抜教育を行う際の基準（特定のグローバルグレードから人材を選出）
グローバル報酬水準ガバナンスを行う際のガイドライン（報酬水準の適切度をチェック）
要員計画の際の基準（グローバルグレード別に要員数を把握）

は管理系、営業系、バックオフィス系の3グループからなります。レベルや規模の差はあるにせよ、各拠点の性質は似ており、ある程度の異動が可能なようです。

●日本企業がグローバルグレードを取り入れる理由

近年、このグローバルグレードの設計・導入は、人材マネジメントのグローバル化施策の一環で多くの企業で実施されています。その第一の理由は、現在の日本企業が置かれた状況です。

多くの日本企業は、これまで海外出向者(駐在員)を通じて海外拠点のマネジメントを行い、必ずしも、きちんとした仕組みのうえで、各拠点のマネジメントを行ってきたわけではありません。

しかし、ここ数年は、拠点数や拠点自体の拡大、外国人ナショナルスタッフの登用の促進等を進めるうえで、きちんとしたマネジメント基盤をつくりたいという要望が出てきているのです。

また、グローバルグレードのような何らかの仕組みをつくることは、本社スタッフにとっては比較的手をつけやすいという事情もあります。グローバルグレードは多くの企業で着手されており、横並び感覚もあるようです。

■イシューを特定する
①ブレーンストーミングと集約

単にクライアントの要望をうかがい、また、それに対するマーサーの見解を述べるだけでは、何をすべきか(提案内容をどのようにすべきか)という共通見解をもてないので、現実の問題・課題から今後の方向性を導くために、ブレーンストーミングのように問題意識をホワイトボードに洗い出しました。

多くのアイディアが出てきましたが、大まかにまとめると問題意識は5つにまとめられました。

◆**グローバル人材マネジメント上の問題・課題（イシュー）**◆

① ニューヨーク拠点に対するガバナンスが弱い
② グローバルグレードがなく、グローバルモビリティやグローバル選抜研修を行いにくい
③ グローバル人事担当者が少なく海外のサポートや管理ができない
④ 各国でのビジネス開発に向けた人材（特にナショナルスタッフ）が不足している
⑤ 各国の状況が見えずどんな問題を抱えているのか、どんな人材がいるのかわからない

　これら5つのうち、とくに「Y社の海外事業の成長」に影響の大きいイシューが何であるか検討したところ、最終的には、「事業への直接的な影響が大きいのは④の人材不足である」という共通の課題認識（仮説）をクライアントとマーサーはともにもつに至りました。
　その理由は、現在、④が海外事業の成長において、明らかにボトルネックになっているためです。「海外での売上げを増やすためにビジネスを開発する人材がいない」「優秀な人材ほど辞めてしまっている」という問題意識が、多くの海外拠点であがっていました。
　過去、Y社のような日本の金融機関は、日本企業の海外進出にともない海外で事業を展開し、国内の付随サービス的な位置づけで海外サービスを提供していました。
　近年はこれにくわえて現地での事業開発の強化の必要性が増し、その場合はその国の優秀なナショナルスタッフ（現地社員）の存在が不可欠となっています。
　とくに販売促進においては、当該国内のリレーションづくりという面で、優秀なナショナルスタッフの存在が不可欠です。Y社にとってもその重要性は同様でしたが、前述のように、優秀人材が不足していました。

②2番目に重要なイシューの特定

　また、「その次に重要なイシューは⑤である」という結論に至りました。なぜならば、このイシューを解決するとほかのイシューも一定程度解決が

可能となるからです。

　①ニューヨーク拠点にガバナンスが利かない原因の1つは各国の状況が見えていないからであり、②グローバルモビリティができない理由の大きな1つは、どのような配置ニーズがあるかわからないからでした。

　③のグローバル人事担当者の不足を解決するにも、「各国の問題が把握できず、今後どのような人材マネジメントをするかが不明確で増員に踏み切れない」という側面もありました。

　ここまでの議論で、Y社担当者、マーサーともに、優先的に解決すべきイシューは、

> ④　各国でのビジネス開発に向けた人材が不足している
> ⑤　各国の状況が見えずどんな問題を抱えているのか、どんな人材がいるのかわからない

の2つであるという共通の課題認識をもつことができ、グローバルグレードはそれらの解決の一環として、必要になる可能性が高そうですが、まずは、「④⑤への対処を優先し、その過程でグレードが必要ならば、そのコンセプトを明確にし、マーサーはそれらをサポートする提案を行う」ということで合意しました（もちろん、この議論の段階では、トップの了承を得られたら、という前提つきの合意でした）。

■「イシューの解決」と「ニーズの充足」の両立が欠かせない

　本プロジェクトでは、過去からの信頼関係があり、比較的マーサーの主張が受け入れられ、いきなりグレード設計には入らない方向で決着がつきましたが、「ただちにグレード設計をしてほしい」という要望をいただくこともあります。

　マーサーにはIPE（＝International Position Evaluation）という役割の大きさを測定するツールがあり、IPEを利用するグローバルグレードの設計を得意としているために、そのような依頼を受けることが多いのです。

◆IPE (International Position Evaluation)◆

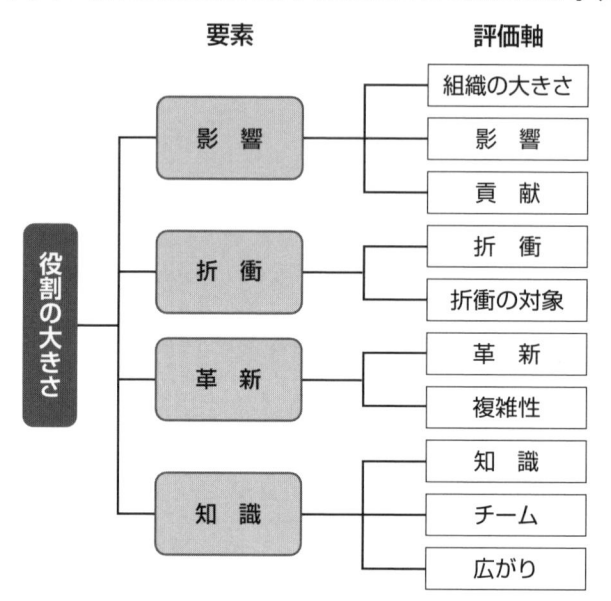

```
役割の大きさ
├─ 影　響 ─┬─ 組織の大きさ
│          ├─ 影　響
│          └─ 貢　献
├─ 折　衝 ─┬─ 折　衝
│          └─ 折衝の対象
├─ 革　新 ─┬─ 革　新
│          └─ 複雑性
└─ 知　識 ─┬─ 知　識
           ├─ チーム
           └─ 広がり
```

要素 / 評価軸

しかし、単にニーズを満たすためにグローバルグレードを設計しても、クライアントのイシュー（課題）に合わない場合は、あまり効果が出ないため、クライアントが満足せず、信頼を落としてしまうリスクもあります。

これを避けるためには、「イシュー（課題）を明確化し、その解決を図る」ことが大切です。一方で、ニーズを無視して、イシューを解決しようとしても、現実にはクライアントには受け入れられないことでしょう。

このようなケースでは、クライアントの目をイシュー（課題）の解決に向けるよう努力をするとともに、その解決の一環として、クライアントのニーズの充足を組み込むようなバランス感覚も必要です。

コンサルティングサービスとほかのサービス業とのもっとも大きな差はこの部分です。すなわち、ニーズに単に応えるのではなく、「イシューの解決」と「ニーズの充足」の両立を図らなければならないのです。

第4章　組織人事コンサルティングのプロジェクト事例
マーサー ジャパン

■■ワークプランの策定
①プロジェクトの概成
提案前ミーティングの合意、すなわち、

> ④　各国でのビジネス開発に向けた人材が不足している
> ⑤　各国の状況が見えずどんな問題を抱えているのか、どんな人材がいるのかわからない

という課題を解決するために、「各拠点の現状の整理および問題の可視化」また「ビジネス開発向け人材確保の施策方向性の明確化」に焦点を当てた提案をしたところ、過去の実績と良好なリレーションが追い風となり、順調に受注となりました。

具体的なサービス内容は、Global HR Management Transformationの第1フェーズとして、「10月から12月の3か月の間に、グローバル人材マネジメントに関する問題・課題を明確化し、今後の施策方向性を立案する」ことです。

具体的に言えば、最初の1.5か月に調査および問題・課題の分析を行い、後半の1.5か月で施策の方向性の明確化を行いました。問題・課題の明確化については「ビジネス開発向け人材の不足」、施策の方向性の立案においては「ビジネス開発向けナショナルスタッフの確保」について、とくに力を入れる想定となっていました。

②おもな5つのタスク領域
プロジェクトを進行するうえで、おもなタスク領域を5つに分類しました。

> ①　トップマネジメントインタビュー（社長、管理本部長に対しマーサーが実施）
> ②　主要海外拠点長インタビュー（クライアントが社内で実施。マーサーが一部参加）
> ③　主要海外拠点の報酬水準分析・人員構成分析・主要人事制度・就

業規則分析
④　中期経営計画（全社・主要拠点）のレビュー
⑤　グローバル人材マネジメントの課題と今後の施策方向性

　①のトップインタビューは、事業の方向性やそれにともなう人材マネジメントに関する課題認識の確認が目的です。単に要望をうかがうというレベルのインタビューではなく、必要に応じて、事業戦略から人材マネジメントに関する課題導出をサポートしながら、プロジェクト全体の方向感を明確にします。

　②の主要海外拠点長インタビューは、海外拠点の生の声を確認する重要なタスクです。トップインタビューは事業の大きな方向性や人材マネジメントの方向感はわかりますが、現場で起きている現実の問題を把握するには不適で、効果的な問題解決をするにはこのインタビューは不可欠です。

　③の分析作業においては、報酬水準、人員構成、人事制度、就業規則という観点から、問題点の把握を行います。主要人事制度や就業規則に関しては、JBD（Japan Business Development：マーサーの海外オフィスの日本企業向けサービス提供チームであり、日本語、英語、現地語に堪能なコンサルタントが所属。このチームの存在がマーサーのグローバルサービスの強みの1つでもある）の協力を得て、各地域の実情をよく理解している現地のコンサルタントに協力を依頼しました。

　④の中期経営計画のレビューは①の補完的位置づけのタスクでした。経営計画、また、背景である事業内容を理解することで、あるべき人材マネジメントや解決すべき課題の抽出が目的です。

　⑤は①～④を総合し、課題を整理し、方向性を明確にすることが目的でした。

　上記で述べたようなタスクを遂行するにあたり、もっとも重要なことの1つは（当初）仮説を立案することです。とくに、

- もっとも重要なイシューは何か（解決すべきことは何か？）
- 具体的にどのような施策を考え得るか？

ということを仮説として持つことで、よりよい調査や効率的で意味のある施策検討を行うことができます。

③仮説をつくる

ここでは一例として、今回のプロジェクトで当初検討していた仮説（一部）を説明します。提案段階で、各海外拠点において優秀なナショナルスタッフが不足していることが問題視されていたため、その原因について仮説を立てました。

このような仮説をつくる際は、ブレーンストーミングから入るケースがほとんどです。そこで出たアイディアを深掘りしたり、整理したりするこ

◆優秀な人材を引き付けられない原因（仮説）◆

原因 / **根本的な原因**

①ビジョン
　a．明確で魅力的なビジョンがない
　b．ビジョンの浸透がうまくいっていない
②ブランド力
　a．会社の総合的な認知度が低い
　b．会社のブランドイメージがよくない
③処遇
　a．報酬水準が競合と比較して相対的に低い
　b．福利厚生が不十分である
④キャリア
　a．昇格機会が限られている／昇格が遅い（含グラスシーリング）
　b．業務内容に魅力がない
　c．成長できる可能性を感じられない（教育や機会提供に熱心でない）
⑤人材・風土
　a．尊敬できる上司・同僚が不在
　b．マネジメントスタイルが高圧的ないしは放任
　c．協力的でない組織風土

→ ナショナルスタッフの位置付け、および、それにともなう人材マネジメントの慣行や仕組み

とで、問題が発生している原因を体系化します。

その結果、優秀人材を引き付けられない直接的な要因（仮説）は前ページの5グループに分類できました。

さらに、「複数ある原因のうち、何がもっとも影響を与えているか、共通の原因が存在しないか」ということも同時に検討していきます。

この検討の際には、根幹となっている原因は「ナショナルスタッフの位置づけ、および、それにともなう人材マネジメントの慣行や仕組み」ではないか、という仮説が挙げられました。

これまで、多くの日本企業において、

- ナショナルスタッフを採用する際は駐在員のサポートスタッフ的な位置づけであり、人材レベルも報酬水準も与えている仕事もそれなりのレベルに留まっていることが多い
- その結果、ロールモデルが少ない

という事象が頻繁に見られるため、そのように考えたわけです。

このように仮説を立てると、タスクの明確化や現状分析の内容に反映することができます。優秀なナショナルスタッフの不足という問題にしてもその原因にしても、この時点では単なる仮説に過ぎませんが、

- インタビューによる事実情報の収集
- 要員・給与分析による定量的な事実情報の収集
- その他ドキュメントによる状況の把握　　　　　　　　　　　等

で工夫をすることによって、これらの仮説が正しいかどうかについて、確実に確認を行い、仮説の検証につなげることができます。

当プロジェクトにおいても、このようなアプローチで仮説検証を行っていきました。逆に、このように仮説を立ててから検証をするというプロセスでないと、目的意識がない幅広く薄い情報収集になりやすく、注意が必

要です。

　また、問題・課題に関する仮説がある程度たった段階で、できる範囲で施策方向性についても仮説を検討します。今回の解決すべき課題は「ナショナルスタッフの位置づけ」なので、「位置づけを変えるためには何をすべきか」というのが施策の方向感（仮説）となりました。ワークプランの段階では、

- ナショナルスタッフの位置づけを変えるために、採用、異動政策、昇格政策、報酬水準を変える。具体的には、グラスシーリングの廃止を明らかにする象徴的な人事異動、サクセションマネジメントを、ナショナルスタッフまで含めて行い、優秀者に対してキャリア上の機会を与える
- ナショナルスタッフ向けの施策を有機的に行っていくために、リージョンごとにCHO（Chief Human Officer）を設置し、人事機能の強化を図る

というような施策仮説を持っており、この実現可能性に関しても現状調査の段階で感触を確かめることとしました。

　マーサーにおけるワークプラン作成は、タスクやゴールを表面的に定義するだけではなく、問題・課題や施策方向性に関する仮説を立案し、タスクやゴールイメージを具体的にすることで、プロジェクトの成功確率をできるだけ高めていくものです。

■利害関係者との相互理解を図る

　当プロジェクトは、仮説の正確性が高く、個々の調査・分析は基本的にうまくいきました。しかしながら、案件の性質上、クライアント社内で利害関係の対立があり、それをどのように乗り越えるかが、プロジェクト遂行上の争点となりました。

　具体的な問題は、主要海外拠点長インタビューの際に、米国の拠点長と

本社人事の間に起こりました。米国の拠点は買収した米国企業がその主体となっており、比較的、独立性が高い組織運営を行っていました。一方、当プロジェクトの取り組みは、海外拠点を可視化したうえで、多かれ少なかれ、さまざまな施策をグローバル全体として打つことが予想されました。

そのため、米国の拠点長はインタビューを受けることにさえ難色を示していたのです。

米国拠点の言い分は、おおむね次のようなものでした。

- USは元々独立系の金融機関でグローバル本社の関与を必要としていない
- グローバルで共通の施策やルールを施行されると、それに縛られ柔軟な対応ができなくなり、ビジネスに悪影響が出るおそれがある（たとえば、現実的に給与水準を変更できるわけではないし、採用に制限がかかると、事業の足かせになる）

これに対して、本社人事（およびマーサー）の主張は、

- 現在は現状分析の段階であり、まだ何も決まっていない
- 当プロジェクトは各海外拠点の問題点や課題を把握して解決をサポートすることが目的である
- 結果としてグローバル本社として共通のルールやガイドラインを設定することもあり得るが、各拠点のビジネスにブレーキをかけないようその設定は最小限に留める方向で考えている

というところでした。

このようなコンフリクトはさまざまな企業で発生します。欧米に関しては企業を買収することで海外事業を展開しているケースがままありますが、このような場合、すでにそれまでにマネジメントの考え方や手法が確立されており、あまり口を出されることを好みません。また、確かにグローバ

ル共通のルールや仕組みを入れることで、各拠点の活動に制約がかかるという主張も一定の論拠があるものです。

それでは、グローバル共通の仕組みや施策を打つことは不必要かというと、もちろんそうではありません。たとえば、サクセッションマネジメント（次世代経営層の開発選抜）等はグローバル共通で行わないと将来のトップの輩出が難しくなるでしょう。

グローバルレベルでのサクセッションマネジメント等があることによって、各拠点の優秀社員に対してキャリアチャンスを提示し、人材確保に寄与することが考えられます。

加えて、今後の海外事業の急激な拡大や収益性向上を目的とした拠点の統廃合等を考えると、一定程度、仕組みが共通化していることはプラスに働くと思われます。

さらに、グローバルレベルで同じ方向を向いた事業運営を行うためには、海外拠点のトップに対する役員ガバナンスや要員・人件費に関するモニタリングやガイドラインは最低限必要でしょう。

これらは、「グローバル本社、地域本社と各拠点の役割分担であり責任権限の所在の明確化」を伴いますが、構造的にコンフリクトが発生しやすい領域です。答えは1つではありません。事業の性質や各組織の独立性等を鑑み、総合的に決定されるべきことです。

ただ、いずれにしても、利害関係の対立が発生しやすい領域であり、検討には注意が必要です。

■■コミュニケーションを円滑にする工夫

前述のように、今回のプロジェクトにおいて日本本社と米国拠点の意見の相違は構造的問題であり、見解の相違があること自体は止むを得ない部分がありました。

ただ、それでは、相互理解が得られず、話が進みません。私たちとしては、以下を方針とし、コミュニケーションを行うこととしました。具体的には、

> ① 共通のゴールや利害が共通している部分を強調する
> ② 相手の懸念を軽減する話をする
> ③ 一方、当方として譲れない線を明確にし、その面のコンフリクトは辞さない

という3つです。

①に関しては、今回の取り組みは「拠点の問題を可視化しグローバルとしてその解決をサポートすることが目的である」ということを、繰り返しさまざまな表現で粘り強く伝えました。米国拠点のナショナルスタッフにとってもメリットがあるグローバルサクセションやグローバルモビリティについても実施可能性を伝えます。

②に関しては、米国のもっとも大きな懸念は経営に足かせがかかることなので、「現地のビジネスにブレーキはかけないし、仮にルールやガイドラインを設けるとしても必要最低限である」ということを伝えるとともに、当方からのコミュニケーションの量を増やし信頼をしてもらえるよう継続的努力を行いました。

③については、「グローバルで共通の施策やルールを策定することは、多国籍企業が足並みをそろえ効率的に事業を行うためには必要で普通のことである」ということはスタンスとして譲りません。

結局、米国拠点長の心からの納得を得られたかどうかは疑問が残るものの、インタビュー、および、その後の継続的なコミュニケーションを通じ、一貫性のあるメッセージを伝えることによって、プロジェクト期間中に一定の理解・協力は得られるようになりました。

クライアントは、過去、米国に対して強い要望は出せていなかったようで、その面では「今回の取り組みで、改善が図れた」との評価もいただけました。

企業のグローバル化を図るプロジェクトは利害関係者が多くなり、その

立場が違うため、多かれ少なかれ、意見の対立が発生します。日本企業は意見の対立を嫌うことが多いですし、協力を得るためにはコンフリクトがないほうが良い一方、みずからの主張もきちんと伝えていかないと、プロジェクトのゴール達成が揺らいでしまいます。

このバランスは一義的にはクライアントが図るものですが、その支援も私たちの重要な役目になります。

■■プロジェクト報告は、イシューの解決を前面に出す

このプロジェクトは、前述のとおり、調査・分析を実施し、今後の問題・課題を明確にし、施策の方向性を得ることが目的でした。最終的には、これらの報告を、プロジェクトオーナーである常務に行い、意思決定をしてもらいます。

マーサーからは、解決を急ぐべきもっとも重要な第1のイシューとして「優秀なナショナルスタッフの確保」を挙げました。これは仮説立案の際から出ていたトピックですが、調査を進めていくにつれ、拠点によっては採用がうまくいっていないこと、そしてナショナルスタッフに対するキャリアオポチュニティが少なく、数少ない優秀人材がすぐに流出してしまっている事実が確認されました。マーサーとしては、この状況を改善すべく、

- 事業開発のできる人材を採るために新しい採用基準を明確化する
- 需給バランスの悪いポジションについて柔軟性をもった報酬設定ができるようにする
- 昇格政策におけるグラスシーリングを撤廃する
- グローバルモビリティの制度化を行う
- これらの受け皿として人事機能を強化する（たとえばリージョンCHOを設置など）

等の施策を複合的に行うことを提案しました。もちろんこれらの施策は拠点の特徴に合わせて濃淡が出ることになります。

また、第2のイシューとして、非日本人マネジメントに対するガバナンスが弱いことを挙げ、海外法人に対する指名委員会、報酬委員会の設置の必要性を説きました。
　近い将来発生し得る海外における事業や、組織の再編を考えると、非日本人のトップマネジメントの意に沿わないことをグローバル組織全体で実行することがあり得ますが、現在は海外拠点のトップマネジメントの統制が取れておらず、グループ最適をめざす動きを妨げる可能性があるからです。
　第3のイシューとしては、人件費コントロールが一部拠点で行われていないことを挙げ、昇給・賞与のファンドコントロールシステムの導入、報酬水準のガバナンス強化を提示しました。そのうえですべてを同時に行うことが難しいため、第1のイシューを優先して解決すべきだと簡潔にまとめました。

■■トップとの関係も考慮しなくてはならない

　また、これらの施策を導入する際には、「拠点の成長ステージを意識すべきである」ということを同時に伝えました。つまり、「立ち上げたばかりの拠点と、すでに事業が軌道に乗っている拠点では必要とされているマネジメントや解決すべき問題にも相違があるため、それらを考慮した柔軟な対応をすべきだ」ということです。
　これらの分析の結果、方向感については、比較的容易に担当常務の賛成を得ることができました。ただ、このタイミングで、再度、「グローバルグレーディング」の取り扱いが問題になりました。
　提案時点で、グローバルグレードの導入そのものを目的にすることは好ましくないというマーサーの主張を理解してもらい、プロジェクトを発注してもらったわけですが、「トップがグローバルグレードを意識していること、仕組みの導入はわかりやすく、実現可能性が高いこと」を理由として、グローバルグレードの導入自体は急ぎたいという思いはやはり社内に根強くあるようでした。
　実はマーサーの報告の中にも、グローバルグレードの導入は含まれてい

第4章　組織人事コンサルティングのプロジェクト事例
マーサー ジャパン

◆拠点の成長ステージと施策方向性（仮説）◆

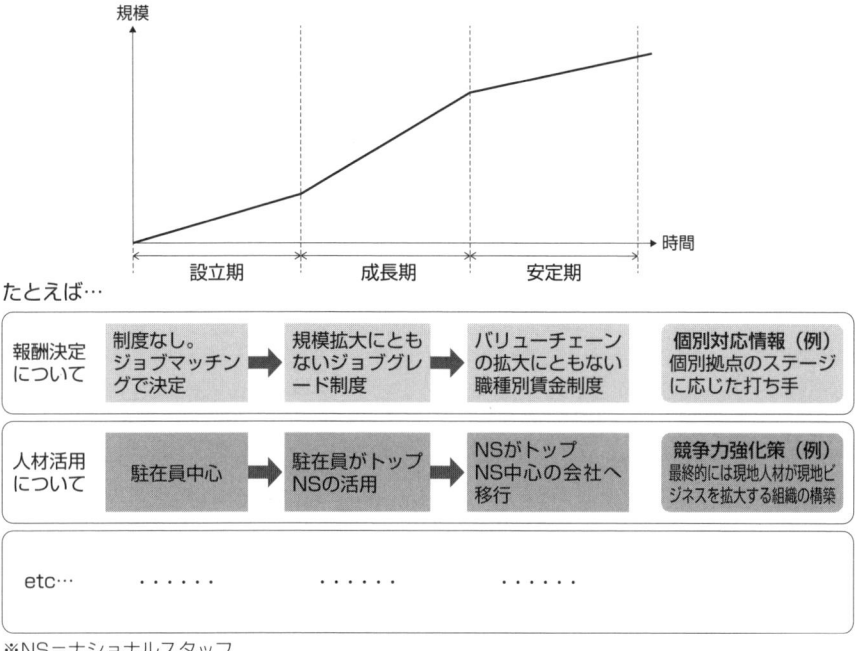

規模／時間
設立期　成長期　安定期

たとえば…

| 報酬決定について | 制度なし。ジョブマッチングで決定 | → | 規模拡大にともないジョブグレード制度 | → | バリューチェーンの拡大にともない職種別賃金制度 | → | 個別対応情報（例）個別拠点のステージに応じた打ち手 |

| 人材活用について | 駐在員中心 | → | 駐在員がトップNSの活用 | → | NSがトップNS中心の会社へ移行 | → | 競争力強化策（例）最終的には現地人材が現地ビジネスを拡大する組織の構築 |

| etc… | …… | …… | …… |

※NS＝ナショナルスタッフ

ました。ただ、グローバルモビリティ、報酬水準のガバナンス等の施策詳細を明確化した後に設計・導入を行う予定であり、イシューの解決を重視すると優先順位が低く見える報告となっていたのです。

　担当常務としては、その優先順位は理解するものの、社内事情を鑑みると、優先課題として触れないのは難しいと感じているようでした。

　この点については、マーサーとしても配慮は行い、施策全体の体系や実施順序は変えないものの、最終的にはグローバルグレードが必要なことを強調するとともに、その体系の仮説をレポートにくわえることで常務に納得してもらいました。

　一方、トップが漠然と抱いていた課題解決の優先順位と、当プロジェクトにおいて出された課題解決の優先順位は違う可能性があるため、常務からトップに対して、

- 現在の人材マネジメント上の課題の全体像および施策の優先順位
- グローバルグレードの設計・導入タイミング（やや遅れて実施する）

ということに対して理解を得る、という方向でプロジェクトは終了しました。

■■「施策の実施」が目的では、効果が期待できない

当プロジェクト終了後、マーサーはその後比較的すぐに継続プロジェクトを受注しました。現状の調査・分析プロジェクトで必要性が明らかにされた施策や制度の詳細化のサポートを行うためです。

まだ明確な結果が出ている段階ではありませんが、いくつかのグローバル施策が展開されつつある状況で、各拠点からもおおむね理解を得られているようです。

グローバルプロジェクトは検討すべき領域が大きく、多数の利害関係者が関与することが多いことから、あまり具体的な問題に立ち入らず、抽象的な問題意識に基づき、施策を立案・施行しがちです。

ただ、それでは"グローバル施策を実施すること"が目的となってしまい、効果が期待できません。マーサーのサービスは、海外ネットワークや過去のナレッジの蓄積を提供するだけでなく、イシューを明確にし、具体的な仮説をもち、プロジェクトを進めることで、グローバル化に効果的な支援を行うことがその特徴なのです。

マーサー ジャパン株式会社

　マーサーは、世界40か国以上、約180都市において、組織人事、福利厚生、退職金・年金、資産運用分野で25000社以上のクライアントにサービスを提供するグローバル・コンサルティング・ファームである。

　世界各地に在籍する20000名以上のスタッフがクライアントの皆様のパートナーとして多様な課題に取り組み、最適なソリューションを総合的に提供している。

　日本においては、30余年の豊富な実績とグローバルネットワークを活かし、あらゆる業種の企業・公共団体に対するサービス提供を行っている。

　組織変革、人事制度構築、福利厚生・退職給付制度構築、M＆Aアドバイザリー・サービス、グローバル人材マネジメント基盤構築、給与データサービス、年金数理、資産運用など、「人・組織」を基盤とした幅広いコンサルティング・サービスを提供している。

　マーサーは、ニューヨーク、シカゴ、ロンドン証券取引所に上場している、マーシュ・アンド・マクレナン・カンパニーズ（証券コード：MMC）グループの一員。

白井正人（しらい まさと）

　組織・人事変革コンサルティング部門　日本代表。組織・人事領域を中心に、マネジメントコンサルティグサービスを20年以上提供している。組織・人材マネジメント戦略立案、組織設計、人事制度設計、役員報酬制度設計、ガバナンス体制構築、選抜トレーニング、人材アセスメント、ダウンサイジング等、さまざまなプロジェクトをリードしており、とくにPMIやグローバル化の局面に強みをもつ。

　クライアントは、銀行業、保険業、エレクトロニクス、インターネット・ゲーム、医薬、自動車、機械、化学、旅行業、食品業、飲食・宿泊業、小売業、卸売業、官公庁等、多岐にわたる。

　デロイト　トーマツコンルティング、アーサー　アンダーセン、プライスウォーターハウスクーパース等を経て現職。早稲田大学理工学部卒、ロッテルダム・スクール・オブ・マネジメント（MBA）修了。

第5章

新しいスタイルの
コンサルティングプロジェクト事例

新規事業としてPFI市場を開拓

(株)日本総合研究所

――社会のニーズを汲みとり、事業の仕組みを
みずから立ち上げる新規事業開拓力

■環境・エネルギー事業を起点としてPFI市場を開拓した

　株式会社日本総合研究所は創立以来、環境分野、とくに、エネルギー分野に力を入れてきました。東日本大震災以来、注目が集まっている再生可能エネルギーについても、早くから効果的な導入方法を検討してきました。そのなかで、1990年代の半ばに私たちが注目していたのが、毎日100万トン前後もの量が排出される一般廃棄物の焼却処理です。

　一般廃棄物にはさまざまなゴミが混じっていますが、半分を占めるのが紙や食物残渣などの有機系廃棄物です。有形廃棄物はバイオマスの1つなので、焼却処理によって生じる電力の半分は再生可能エネルギーとなります。これを有効利用すれば、太陽光発電よりはるかに効率的に再生可能エネルギー起源の電力をつくることができるのです。

　世界的に見ると、ほとんどの国で一般廃棄物は埋め立て処理されていますが、日本では原則、焼却処理されているので、国としての強みづくりにもつながります。

　ところが、焼却処理施設は公共事業によって建設され、自治体が運営していたので、コストが高い、発電に対するモチベーションが低いといったことが問題となっていました。たとえば、人口が20万人程度の市の場合、建設費が100億円にもなる廃棄物処理事業は大きな経済的負担となっていたのです。

　そこで私たちが提唱したのが「民間活力による廃棄物発電事業の整備、運営」です。公共主導の一般廃棄物の焼却処理を民間の運営に転じることで、経済面でも環境面でも効果的な事業とすることができるからです。

　試算では、発電施設だけに限定すれば、固定価格買取制度がない時代で

◆PFIに至る日本総合研究所の活動◆

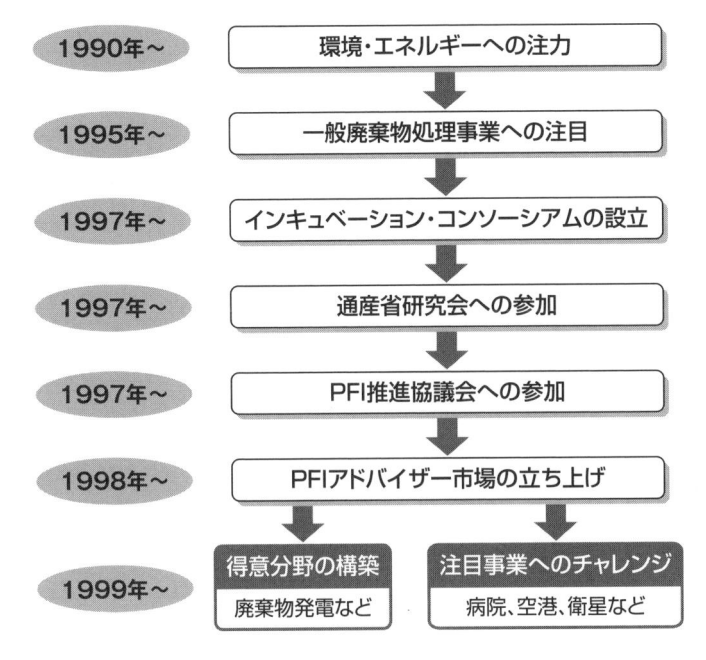

- 1990年〜 環境・エネルギーへの注力
- 1995年〜 一般廃棄物処理事業への注目
- 1997年〜 インキュベーション・コンソーシアムの設立
- 1997年〜 通産省研究会への参加
- 1997年〜 PFI推進協議会への参加
- 1998年〜 PFIアドバイザー市場の立ち上げ
- 1999年〜
  - 得意分野の構築：廃棄物発電など
  - 注目事業へのチャレンジ：病院、空港、衛星など

も、発電収入だけで投資回収ができると考えていました。

■インキュベーション・コンソーシアムの設立

こうした理念を実現するために、立ち上げたのがインキュベーション・コンソーシアムです。

インキュベーション・コンソーシアムとは、日本総合研究所が新しい事業や市場開拓のためのビジョンを掲げ、それに賛同する民間企業の参加を得て設立される民間主導の活動体です。技術や事業形態の検討にくわえ、市場開拓のための活動も行いました。

これまで、インキュベーション・コンソーシアムを母体として日本初のESCO事業会社（省エネで経費削減を実現し、対価を得る事業）、日本初のエネルギーの「見える化」サービス事業会社、日米合同の廃棄物処理会社などのベンチャー企業を立ち上げるなどの実績を上げています。

◆インキュベーション・コンソーシアムの構造(例)◆

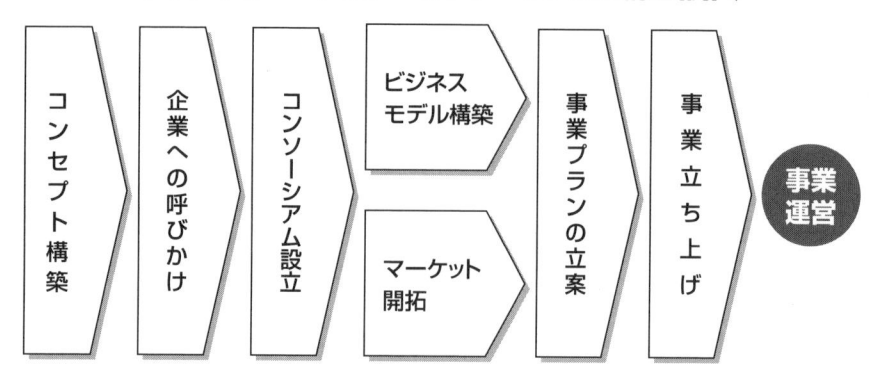

コンセプト構築 → 企業への呼びかけ → コンソーシアム設立 → ビジネスモデル構築／マーケット開拓 → 事業プランの立案 → 事業立ち上げ → 事業運営

　1997年初頭、SCC（Smart Community Consortium）と名付けられたインキュベーション・コンソーシアムは40社以上の民間企業の参加を得て立ち上がりました。より具体的な検討を行うために、複数の自治体にも参加を呼びかけて、効率的な廃棄物処理システムや民間主導の事業方式の検討を開始したのです。

　コンソーシアムの設立に先立って進めていたのは、自分たちなりの理論武装です。コンソーシアムの設立直後、日本総合研究所の月刊論文集であるJRR（Japan Research Review）において「民間主導による廃棄物処理事業」を発表しました。

　我々の活動の裏にあったのは、技術マフィアが跋扈し、国際市場の2倍もの単価の過剰品質と非効率に陥り、国際競争力を失い、既得権に塗れた日本の公共事業に対する強い憤りです。

　当時の日本の公共事業は、財政政策と産業政策の両面で極めて大きな問題を抱えていました。GDP対比で他先進国の2倍にもなる公共投資市場を持ちながら、「単価は2倍、国際市場で活躍できる企業は稀」という典型的な内向き肥大化市場だったからです。

　その理由の1つが、官主導の過剰設計とモノ売りに終始する市場構造だったのです。そして、設計から建設、運営を民間に任せることで、ライフサイクル視点での効率化と付加価値の創出を可能としたのがPFIといえます。

こうした私たちの活動や情報発信に対して関心を寄せ、声をかけてくれたのが、旧通産省です。当時、通産省では、PFI（Private Finance Initiative）を日本に導入するための研究会を運営していました。PFIとは、民間の資金とノウハウを導入することで公共サービスを効率的で付加価値の高いものとするための政策のことで、イギリスのサッチャー改革のなかで検討され1992年に正式導入されたものです。その根幹は、従来公共側が事細かに設定していた仕様を民間に委ねる性能発注と、施設の建設だけでなく、20年程度の期間の維持管理、更新、運営までを一括して民間に委ねるライフサイクル契約にあります。

◼ 通産省研究会での活動──法律制定からその後の展開まで

通産省の研究会では、この分野で最先端の実績を持つ、弁護士、金融機関、商社、学識経験者、コンサルタントなどが参加し、活発な議論を繰り広げていました。公共事業を取り巻く規制を分析し緩和策を提言したり、1980年代の民間事業者の能力の活用による特定施設の整備の促進に関する臨時措置法（民活法：スポーツ施設や海外との経済交流施設等の特定施設の建設に際し、優遇措置がなされた法律）と見間違えるようなPFIの素案に代替案を提案したり等、PFIの法案が国会に上程される前に相当な地均しを果たしたのです。

PFI法は1998年に国会に上程されましたが、前年から始まった大手金融機関の破たんを受けた金融危機のなかで継続審議となってしまいました。それでも、構造改革に対する認識が途絶えることはなく、1999年に無事成立の運びとなります。

法律ができた後も、法律にしたがって設立されたPFI推進委員会がガイドライン作り、規制緩和の提言、法改正などの活動を活発に展開しました。筆者は仕事柄、いろいろな法律や制度にかかわりましたが、PFIは法律制定後にも、事業環境改善のための取り組みが真剣、かつ、継続的に実施された稀有な例といえます。

そうした活動のなかで重要な役割を演じたのが、上述した通産省主導の

研究会出身のメンバーでした。おそらく、この研究会と参加メンバーの存在がなければ、PFIの普及とそれが影響を及ぼした公共事業の改革の状況は変わっていたことでしょう。

■■PFI市場の幕開け

　名だたる委員が参加した研究会では、自分たちの役割を絞ることで存在感を保ちました。具体的には、廃棄物発電という特定分野を対象に、コンソーシアムをベースとした具体的な検討の成果と民間企業や自治体のネットワークを提供することです。

　廃棄物発電は、自治体が抱える最大級の事業であること、維持管理運営の重要性が高いこと、環境・エネルギー分野にあり政策的な重要性が高いことなどから、検討対象としては打ってつけだったと思えます。

　研究会での活動と並行して、我々は経済産業省の支援を受けて「新エネルギー・リサイクル等PFI推進協議会」の設立にかかわることになりました。同協議会には、民間企業と自治体で150を超える団体が参加し、日本でのPFIの普及に大いに貢献することになる協議会です。

　協議会の設立と前後して、PFIのシンポジウムが東京のホテルオークラで開催されました。1000人を超える聴衆を集め、公共事業市場の改革に対する強い期待で会場は熱気に包まれていました。そこで基調講演を張ったのが、のちに小泉政権で大活躍した竹中平蔵氏です。構造改革の必要性を訴えた理路整然とした1時間のスピーチは、会場を埋め尽くした聴衆を圧倒しました。振り返ってみれば、2001年から始まる小泉政権下での構造改革への期待は、この頃から社会的に蓄積していたのでしょう。

■■PFIアドバイザー市場の立ち上げ

　我々が総合研究所としてPFIにかかわった理由は2つあります。1つは、シンクタンクとして、公的事業の改革を進めることで、公共財政の改善と産業創出を貢献することです。もう1つは、コンサルティング部門を抱える企業として、公共分野で付加価値の高いコンサルティング業務を立ち上

げることです。

　それまでの公共分野のコンサルティング業務といえば、国や自治体から依頼された調査業務がほとんどで、踏み込んだ提案を行う機会も少なく、単価も1千万円を超えれば御の字という状況でした。

　しかし、海外は違います。公共分野での政策の検討や調査案件は大学やNPO（非営利機関）が手がけることも多い一方で、民間の有力コンサルティング会社は公的な大型事業の立ち上げを支援する業務を受託していたのです。具体的には、公的団体が考えている工事や事業に対して、以下のようなサービスを実施する業務です。

- 工事や事業に関する調査、分析
- 工事や事業の仕様の策定
- 契約案文の策定
- 入札や公募の条件書の策定
- その他公募に必要となる資料等の作成
- 公募の支援
- 民間企業の選定の支援
- 民間企業との交渉支援
- 事業の立ち上げ支援　　　　　　　等

　これらを「公共団体の下請け」というポジションではなく、アドバイザーあるいはジョイントチームとして実施します。受託額も高額です。たとえば、数多くのビックプロジェクトが含まれた香港空港の整備では、欧米のコンサルティング会社が100億円を超える対価でサービスを提供したといわれています。

　国際入札が行われる土木建設工事では、こうしたサービスはプロジェクトマネジメントといわれますが、PFIでは同様のサービスをPFIアドバイザーと呼んでいます。いずれもコンサルタントとしての専門性を求められる傾向が強く、TA（Technical Adviser）、FA（Financial Adviser）、

◆PFIアドバイザーのポジション◆

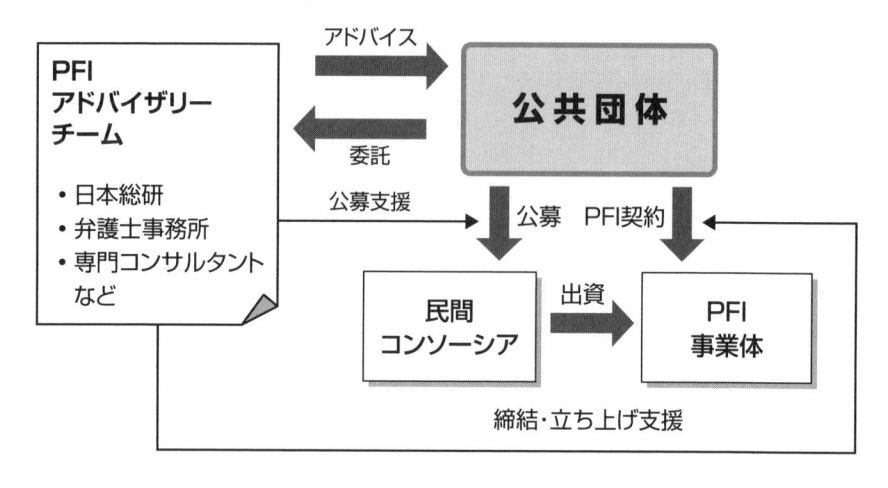

```
┌─────────────┐    アドバイス →    ┌─────────────┐
│ PFI         │                    │             │
│ アドバイザリー│                    │  公 共 団 体 │
│ チーム       │   ← 委託           │             │
│             │                    └─────────────┘
│・日本総研    │   公募支援    ↓公募     ↑PFI契約
│・弁護士事務所│ ─────────→
│・専門コンサル│              ┌─────────┐   出資   ┌─────────┐
│ タント       │              │ 民間    │ ──────→ │ PFI     │
│ など         │              │コンソーシア│         │ 事業体  │
└─────────────┘              └─────────┘         └─────────┘
                                    締結・立ち上げ支援
```

LA（Legal Adviser）と呼ばれる専門家の参加が求められます。

■■公共分野のコンサルティングのレベルを上げたPFIアドバイザー

　日本の公共分野には、こうした専門的なサービスが欠如していました。最大の理由は、公共団体が工事や事業の企画、立ち上げに関わる業務の多くを担い、民間のコンサルティング会社はその下請けとなる傾向が強かったからです。

　一方で、公共団体は財務や契約に関する知見が低いため、技術に偏重し、過剰品質や過剰投資に陥ったのです。

　PFIアドバイザーが登場するまで公共分野で行われていた財務分析は、今考えると稚拙の誹りを免れません。その意味で、PFIアドバイザー業務が導入されたことで、日本の公共分野の事業とコンサルティングのレベルは大きく向上しました。もし、この業務が1980年代に導入されていたら、日本の公共財政に膨大な負債を築いた第三セクター事業の相当部分を改革することができたでしょう。

　PFIはさまざまな分野で実施されるので、分野によってPFIアドバイザーに求められる専門性も変わってきます。我々がまず力を入れたのは、

PFIにかかわったいきさつどおり、廃棄物発電です。廃棄物発電を対象としたことは、事業に携わる側から見てもいくつかの意義があります。

1つ目は、案件数が多いことです。一般廃棄物の焼却処理はすべての自治体で行っている事業なので、全国に1000近い事業があります。

2つ目は、事業規模が大きいことです。たとえば、人口20万人の市ならば、1日の処理量はおおむね200トンであり、施設の投資規模は100億円近くになります。また、有害物質を処理する機械プラントなので、維持管理運営費がかさみ、ライフサイクルベースでの事業費が高くなるのです。

3つ目は、施設の更新期間が短いことです。コンクリート構造物は50年程度使えるのに対して、廃棄物処理の実質的な耐用年数は丁寧に使っても30年程度になります。

4つ目は、専門的な知見が必要なことです。特別な機械プラントの仕様を書いたり、特有の契約条件を考えたりするためには、この分野に関する専門的な知見が必要です。その分だけ、限られた事業者の間での競争となります。

■■廃棄物発電PFIの5つのメリット

PFIの導入時、廃棄物処理について自治体は大きな問題を抱えていました。何度か発生したダイオキシン問題により、廃棄物処理施設に関する住民の嫌悪感が高まっていたからです。そうした声に応えるために、ガス化溶融炉と呼ばれる新技術が開発されたのですが、建設単価が高く運営費もかさむ可能性があるうえ、高度な運転技術が必要とされていました。PFIは住民の声に応えて新型技術を導入するに当たり、技術的なリスクを民間企業に委ねるためのまたとない仕組みだったといえます。

廃棄物分野でPFIに最も早く取り組んだのは、北海道室蘭市を中心とした西胆振地区です（実際には、公的資金を使ったDBO［Design Build Operate］と呼ばれる事業方式を採用）。その後、秋田県大館市、倉敷市といった自治体が続き、現在までに20件を超えるPFI事業が立ち上がっています。今では、一般廃棄物の処理事業を行う場合、PFIの導入を検討し

ない自治体はないといっていいほど普及しています。
　廃棄物分野にPFIを導入することで、自治体側も以下のような大きなメリットを得ることができました。

①処理コストが大幅に低下した
　PFI導入前までの建設費、建設後の運営維持管理費を合わせたコストを廃棄物処理量で除した処理単価は3万円〜3万5千円程度といわれていました。これがPFI導入により1万5千円強程度となったので、4割程度低下したことになります。
　一般廃棄物の処理事業は自治体にとって一大事業であるうえ、国からの補助金のない運営維持管理費を削減できたので、自治体財政の改善効果は大きいものです。

②新技術導入にともなうリスクを軽減できた
　日本の公共事業では、新しい技術を導入する際、公共側が多くリスクを負っていました。従来に比べて高い単価で設備を導入するうえ、新技術特有の不安定さにともなう導入後の維持管理リスクも負っていたのです。PFI事業は、技術を指定していた従来の入札とは異なり、民間の責任で技術を提供してもらうため、新技術だからといって高い単価を払う必要はなくなりました。また、20年間の運営維持管理責任を含めて民間企業と契約するので、ほとんどの技術リスクを民間に移転できます。

③環境性の向上に貢献できた
　一般廃棄物の半分はバイオマスなので、環境保全のためには、発電効率をできるだけ高めることが望ましくなります。自治体が事業を運営する場合、政策の性格上、「発電よりも廃棄物を処理する」という衛生面の目的が先行しがちでした。PFI事業では、「効率的な発電を行う事業者を高く評価する、効率的な発電を行うほど民間事業者の収益が上がるような契約構造とする」などの措置を施した結果、バイオマス発電の効率を高めるインセンティブをつくることができました。

④技術革新を適正化できた
　ダイオキシン問題に対処するために、1990年代末から2000年前半にかけ

て、多くの新技術が開発されました。しかし、PFI事業が普及するなかで生き残った技術はわずかです。民間事業者が、新技術の運営維持管理リスクを負い切れなかったからだと考えられます。一方で、従来技術に磨きをかけて、ダイオキシン規制をクリアするケースが増えてきました。これは新技術開発に頼り過ぎ効率性が低下していた公共分野での技術開発を是正したことを意味しています。

⑤業界に革新をうながした

公共事業では、大手5社などと呼ばれるリーダー企業群が存在する分野が少なくありませんでした。こうした企業が技術開発などに貢献したことはたしかですが、一方で既得権の温床となったことも否めません。廃棄物分野でPFI導入の中心となったのは、こうした企業群の外にいる企業です。彼らが新しい事業方式で先行して経験を積んだことにより、業界に新たな競争が生まれました。これが自由な発想や、今までにない単価を提案する雰囲気を醸成したと考えられます。

"業界標準"となるベース業務の確立

他社に先行して取り組んだことで、廃棄物発電のPFI事業のアドバイザーを先行的に受託することができました。加えて、この分野でのノウハウの進歩や普及にも貢献しました。

たとえば、現在一般的になっている入札説明書、要求水準書、契約書案、添付資料という公募資料の構成は、私たちが作成したのが最初だと理解しています。日本総合研究所のメンバーが経験した国際入札プロジェクトの「Invitation for Tenders, Specification, Draft of Contract, Terms of Reference」といった資料構成をベースに、日本市場向けに構成し直したものです。

事業構造づくりにも貢献しました。特別な技術を使って廃棄物を処理、発電を行う事業では、特有のリスクを管理するためのさまざまな契約条件、公募条件が必要となります。廃棄物発電の分野では、日本総合研究所が圧倒的に多くこうした条件を開発したと理解しています。これが公募資料と

して公開されて、何社もこの分野のPFIアドバイザー業務に参画しましたが、日本総合研究所は今でもトップクラスの実績を維持しています。

特定分野における先行的な実績づくりはほかの分野にあります。斎場のPFI事業、図書館のPFI事業などです。PFIアドバイザー業務では経験や実績が評価されるので、特定の分野で先行して実績を重ねることは長期間にわたるベース業務を築くことにつながります。

■■病院PFI事業へのチャレンジ

PFIの分野でコンサルタントとして高い評価を受け続けるには、ベース業務となる得意分野を持っているだけでは十分ではありません。規模の大きな事業、チャレンジングな事業、新しい分野での事業など、注目される案件をアドバイスすることで、PFIの普及と付加価値向上に貢献するための努力も重要となります。

廃棄物分野に次いで私たちが注目したのは公立病院の事業です。どこの自治体でも公立病院の経営効率化が急務となっていましたし、複雑化、高度化する病院来訪者へのニーズに対応することが必要となっていたからです。

病院はPFI事業とした場合の事業規模も非常に大きくなります。たとえば、人口20万人程度廃棄物発電のPFI事業の20年間の契約額が200億円程度であるのに対して、日本初の病院PFI事業となった高知県・高知市の病院PFI事業の契約額は2000億円を超えます。日本の公立病院のPFI事業では医療行為は公共団体が行うものの、それ以外の業務はすべて民間事業者が実施するため、業務範囲が極めて広くなります。施設の設計建設から維持管理、医療機器・医療材料・医療サービス・医薬の調達支援、医療事務、エネルギーの調達・管理といった具合です。その分だけ、事業としての高い付加価値を期待することができます。

筆者は、病院PFI事業の先行案件である高知県・高知市の事業、近江八幡市の事業に有識者としてかかわりました。大変注目された事業ですが、事業が複雑だったこともあり、先行案件では問題が顕在化し、いずれも数

年内に契約終了となりました。

　一方で、東京都では4つの病院を統合した東京都多摩総合医療センターをPFI事業として実施する計画が立てられていました。病床数1300に達する日本最大の病院のPFIプロジェクトです。我々は、このプロジェクトのアドバイザーになり、先行案件での経験や反省をできる限り取り込み、より付加価値の高い案件とするべく取り組みました。とくに力を入れたのが、複雑な内容の事業を手がけるための民間企業のマネジメント能力の向上と病院の価値を高めるための創意工夫を発揮することです。

　こうして立ち上がった東京都多摩総合医療センターは、大変素晴らしい病院となりました。外来、入院治療で病院を訪れる人、お見舞いにくる人などが、快適に過ごすための施設設計、運営上の工夫が随所になされており、病院にいるというよりも、「街にいる」というイメージを持つことができるのです。とくに、世界でも有数の規模を誇る小児病棟では子供や子供を持った家族が快適、かつ、安心して治療を受けるための環境がつくられています。

　筆者は大学での講師も務めることから、何度か同病院に見学者を受け入れていただきましたが、例外なく、見学者から極めて高い評価を受けることができました。単に公的な事業を効率的に立ち上げるだけでなく、民間の能力を活かし、地域住民の豊かな生活に貢献するための事業を立ち上げることはPFIなどの事業方式の重要な観点です。こうした視点に立った事業は、国内だけでなく、今後は経済成長著しいアジア新興国などでも高い評価を受けるはずです。

■■国際空港プロジェクトへのチャレンジ

　病院プロジェクトに次いでチャレンジしたのは、羽田空港の国際ターミナルのプロジェクトです。長らく、成田は国際線、羽田は国内線という線引きがなされてきましたが、国際線のニーズの高まりを受けて羽田空港に新滑走路を増設し、それに合わせて本格的な国際ターミナルを建設することとなりました。そこにPFIを取り入れ、効率的な施設の整備運営と、顧

客志向の国際ターミナル事業を実現しようという事業です。

　しかし、空港で国際的な事業を立ち上げるのは必ずしも容易ではありませんでした。まず、空港という場が開かれた事業の場としてのイメージを持たれていませんでした。とくに、海外企業に参加してもらおうと思うと、イメージの払しょくは必須です。また、通関や関税といった手続きを行う場としての制約があります。さらに、廃棄物発電のように自治体から委託費を受けるのではなく、利用料金で事業を営むため需要の見込み違いなどのリスクが大きいのです。加えて、そもそもターミナルの建設、運営を行った経験のある事業者が多くありません。

　こうした課題については、専門のコンサルタント、設計者などの力を借りて１つひとつアイデアを出し合いながら解決を図りました。海外のターミナル事業者の参加を促すためのプロモーションも行い、海外事業者向けの完全英語版のドキュメントも準備し、事業リスクについては突っ込んだ評価手法を検討したのです。

　こうした取り組みの結果、旅客ターミナル、貨物ターミナルともに、海外事業者の参加を得て、国内では稀な本格的な国際公募を実現することができました。

　事業内容の面でもPFI事業としたことの効果を出すことができたと思います。たとえば、旅客ターミナルは、オープン当初から、これまでの日本のターミナルにはない物販施設が話題になりました。背景には、旅行者以外の需要も取り込もうというコンセプトがあります。筆者自身、このター

◆**日本総研の実績**◆

分野	顧客／事業名
廃棄物発電	北海道西胆振地区、秋田県大館市、岡山県倉敷市、神奈川県藤沢市、福島県福島市、兵庫県姫路市、新潟県新潟市、愛媛県松山市、山口県防府市、神奈川県平塚市、豊中・伊丹市、熊本県熊本市、京都府京都市、石川県、千葉県柏市、千葉県千葉市　など
チャレンジプロジェクト	豊島廃棄物処理プロジェクト（DB）、高知県高知市病院PFIプロジェクト（委）、東京都多摩広域医療センターPFIプロジェクト、東京都松沢病院PFIプロジェクト羽田国際ターミナルPFIプロジェクト　など

ミナルを頻繁に使いますが、利用者の立場から見てもよくできていると思う面があります。鉄道との接続のスムーズさです。とくに、到着後階段を全く昇降せずにゲートを出て、200～300メートルも歩けば電車に乗れるという設計は世界的に見てもトップレベルの便利なものです。

■コンサルティング事業から見たPFIの5つの意義

PFIの市場を率先して開拓したことは、業務のうえでも大きな効果を生みました。

①公共分野での案件の規模を拡大できたこと

先ほども説明したとおり、それまで、公共分野の調査案件といえば1千万円を超えれば御の字で、大型案件は省庁の特定案件に限られるという状況でした。PFIアドバイザーの業務は弁護士や技術的な専門家の支援が必須な上、従来案件と比べて実務面での負担が大きいなどの条件はつきますが、数千万円は当たり前という新たな価格常識をつくったことは、官民双方にとって意義がありました。なかには、年間の委託額が億単位になる案件もいくつかあります。

②公共分野での専門コンサルタントを雇うことの道筋をつけた

1つ目の裏返しですが、従来の下請け的な調査は、ある程度経験があればこなすことができます。実プロジェクトに直結するPFIアドバザーでは技術、財務、事業ストラクチャーなどについて、実業の現場に通用する高い専門性を持っていることが必須になります。

第三セクターなどの反省もあってか、公共団体側もそうした専門性の必要性を認め、民間側でも、専門性の育成、弁護士事務所等の専門機関との連携を普通に行うようになりました。

③長期にわたる人材育成ができるようになったこと

公的なインフラ、サービスの整備にかかわるため、PFIアドバイザーの業務は景気動向などの影響が比較的小さく、安定した業務受託を期待できます。そのうえ、専門的な知見も要するとなれば、若い人たちが勉強しようというモチベーションも湧きますし、企業としても人材投資を行いやす

くなります。PFIアドバイザー経験者が中心となった公共分野のコンサルティングチームは専門性だけでなく、組織としての持続性も高まったのです。結果として、顧客に対して信頼性の高いサービスを提供できるようになります。

④他分野への展開の可能性が高まったこと

　公共分野でもPFIにならって投資財務などの知識を活かした事業検討が増え、そうした分野ではPFIアドバイザーの経験者が活躍しました。結果として、民間分野との橋渡しも従来比べると容易になったのです。以前は、公共分野の調査案件ばかりを手がけていた人は、正直なところ、民間の大型案件に転じることは容易ではありませんでした。今では、PFIアドバザーのノウハウをしっかりと身につけた人であれば、事業の立ち上げや分析にかかわるコンサルティングへの展開が可能です。また、昨今旺盛なインフラ投資で注目されている海外展開の人材としても期待することができます。

　実際、日本総合研究所では、海外のスマートシティなどの展開でPFI経験者が重要な役割を担っています。

■■PFIアドバイザー業務の成功がもたらす課題

　一方で、専門性が高く、業務が安定することはコンサルティングファームに課題をもたらします。専門的な知見を培いながらも、毎年同じような業務を淡々と真面目にこなすだけのコンサルタントが増えてしまうリスクがあるからです。

　PFI立ち上げ時に活躍した面々を第一世代とすると、筆者も含め、その人たちはそれ以降の世代の人たちに比べてチャレンジング、アグレッシブであるように見えます。既述したように、「社会のニーズを背景に新しい事業の仕組みを立ち上げよう」という気概を持った人たちが集まったことが大きな理由でしょう。

　そうした人たちがいたからこそ、既得権や既存の枠組みを守ろうとする勢力を相手にした粘り強いやりとりや、今ほど制度が整っていない環境下

で事業の判断ができたのだと思います。

そもそも、一般のコンサルタントは弁護士ほど専門的な知識を持っているわけではありませんし、資格に守られているわけでもありません。その分、弁護士のような専門性や社会的な地位を羨んだことのあるコンサルタントは少なくないはずです。したがって、一般論として、コンサルティングファームの中に、専門性の高いチームをつくることは正しい方向性といえます。とくに、後述するコンサルティングビジネスの置かれた状況を考えればなおさらです。

しかし、「弁護士ほどの専門性や資格がないからこそ、コンサルタントの本質的な価値は、新しいノウハウを切り拓く点にある」ということを忘れてはいけません。その意味で、PFIアドバイザーを通じて、相対的に高い専門性を身に着けたあとに取り組むべきことが2つあります。

1つは、同じ対象であれば、効率性やサービスの質を徹底的に上げていくことです。もう1つは、そのノウハウを核に他の分野に展開し、新しい領域を切り拓くことです。そうすることで、元のノウハウも磨かれ、コンサルタントとしての知見が厚みを増すことになります。

去年と同じ商品を同じ価格で売っている企業に先がないのは、メーカーでもコンサルティングファームでも同じなのです。

■コンサルティング業を取り巻く3つの脅威

ここまでで、日本総合研究所がPFI事業に参入した経緯について話しました。次に、何故我々がこうした新しい市場の開拓に取り組んだのかを説明しましょう。

コンサルティング業は3つの大きな脅威に晒されています。

①インターネットの登場

大きなものからいうと、まずは、インターネットです。1990年代の後半、検索エンジンが登場したとき、部下に「調査業務の対価が大幅に低下する」と言いました。かつて、総合研究所の報告書といえば、かなりの部分が統計データの整理・分析や先進事例の紹介などで占められていました。しか

し、今ではそうした資料の多くが省庁のホームページにまとめられていたり、学生のアルバイトでも簡単に検索できるようになっています。

また、ウェブ上の情報やレポートは質量ともに大幅に向上しています。たとえば、ウィキペディアの太陽電池のページ以上のレポートを書けるコンサルタントはいません。情報がネット上で共有され、世界中のトップレベルの専門家が知見を提供し合うという構造から生まれる情報のレベルは1コンサルタント、1企業の努力を超えています。

こうした事例は今後ますます多くなることでしょう。ここ何年かの調査、コンサルティング業務の単価の低下は、相当程度インターネットによる調査業務の価値の相対的低下によるものと考えることができます。

②知識ギャップの縮小

2つ目は、経営分析ノウハウの普及です。かつては、コンサルタントが斬新な財務指標や経営分析手法などを駆使して、クライアントに専門性を見せつけることができました。しかし、今では、こうした財務指標や経営分析ノウハウのかなりの部分が書籍や大学・大学院の講義などによって普及しています。

また、それなりのレベルの企業であれば、企画、経営部門にMBAを取得したスタッフを抱えていることは珍しくありません。かつて、コンサルティング業の対価の源泉であったクライアントとの知識やノウハウのギャップは大幅に小さくなっているのです。

③ICTの転換

3つ目は、ICT(Information and Communication Technology：情報通信技術)の転換です。実は、上述した2つの変化によるコンサルティング業の相対的な価値の低下は2000年頃から起こっていました。それをカバーした1つの要素が、ICTの導入にかかわるコンサルティングの需要です。

経営コンサルティングからICTの導入までをサポートする仕組みは、1990年代から2000年代前半までの花形的なビジネスモデルとなりました。しかし、時代的に見れば、そうした需要はICTのオープン化とインターネット対応にともなう一時的なものであったことがわかります。今後は、ク

◆コンサルティング業を取り巻く脅威◆

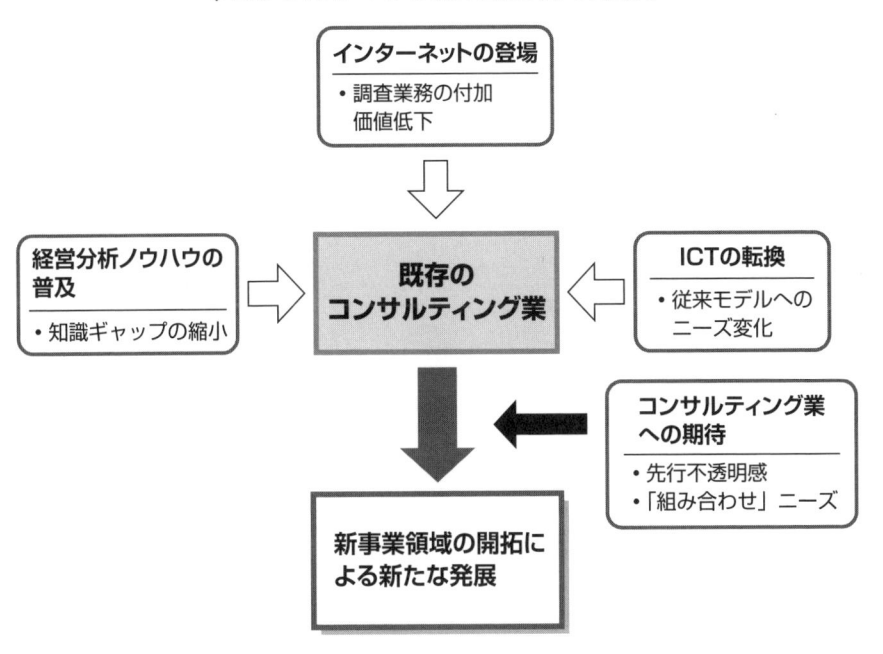

```
                    ┌─────────────────┐
                    │ インターネットの登場 │
                    │ ・調査業務の付加   │
                    │   価値低下        │
                    └────────┬────────┘
                             ▼
┌──────────────┐      ┌──────────┐      ┌──────────────┐
│経営分析ノウハウの│      │  既存の   │      │  ICTの転換    │
│    普及       │ ━━▶ │コンサルティング業│ ◀━━ │・従来モデルへの│
│・知識ギャップの縮小│    └────┬─────┘      │  ニーズ変化   │
└──────────────┘           │            └──────────────┘
                            │       ┌──────────────┐
                            │  ◀━━ │コンサルティング業│
                            │       │   への期待    │
                            │       │・先行不透明感  │
                            ▼       │・「組み合わせ」ニーズ│
                    ┌─────────────┐  └──────────────┘
                    │新事業領域の開拓に│
                    │よる新たな発展  │
                    └─────────────┘
```

ラウドシステムにより、システムインテグレーションの需要も減っていくでしょう。

　以上の3つの点に「そもそも実務的な経験が乏しい」という特性が加わり、スピードを速める市場で戦う企業にはコンサルタントが物足りなく見えるようになっていることでしょう。結果として、先の脅威に適切に対処することができなければ、コンサルティング業は、一定以上のレベルの企業が「自分でもできる業務を外部に委託する」というアウトソーシング業に堕してしまう可能性があります。

　そうなれば、業務単価の低下とそれにともなう人材の劣化で、コンサルティング業は急速に付加価値を低下させることになります。

◆新規事業立ち上げのポイント◆

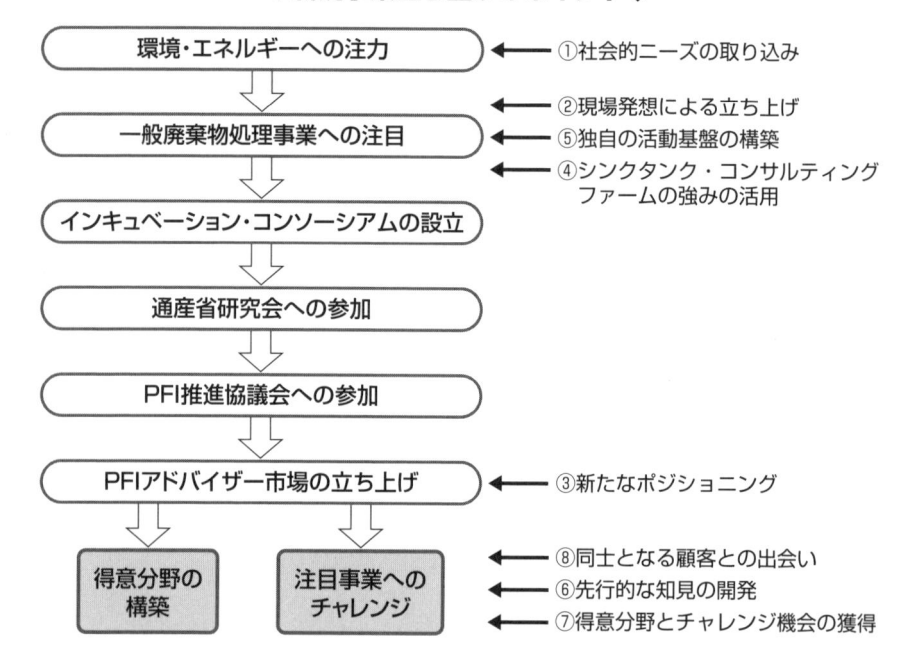

```
環境・エネルギーへの注力　←───①社会的ニーズの取り込み
    ↓              ←───②現場発想による立ち上げ
一般廃棄物処理事業への注目   ←───⑤独自の活動基盤の構築
    ↓              ←───④シンクタンク・コンサルティング
インキュベーション・コンソーシアムの設立    ファームの強みの活用
    ↓
通産省研究会への参加
    ↓
PFI推進協議会への参加
    ↓
PFIアドバイザー市場の立ち上げ  ←───③新たなポジショニング
    ↓       ↓
 得意分野の    注目事業への   ←───⑧同士となる顧客との出会い
  構築      チャレンジ    ←───⑥先行的な知見の開発
                  ←───⑦得意分野とチャレンジ機会の獲得
```

■■新規事業を開拓するためのコンサルタントの8つの資質

　一方、ビジネスや産業間の競争はますます厳しく、先を見通しづらくなっています。また、昨今、日本企業が苦戦しているように、単品の技術やマーケティングノウハウだけで市場をリードすることは難しくなっています。

　ビジネスへの適切なアドバイスやコーディネーションに対するニーズが高まっていることは間違いありません。つまり、上述した事象を脅威と感じるのは、過去の業務スタイルにとらわれ、本来的な「コンサルティング」の付加価値を追求できていないことの表れといえます。

　先が見えない市場で顧客が渇望するアドバイスを提供したり、インターネット上の情報にない付加価値を提供するために有効な1つの手段は、コンサルタント自身が新しい市場を開拓することです。日本総合研究所では、こうした観点から、これまでのいくつかの市場開拓活動を行ってきました。

その一例がPFIです。
　以下では、こうした活動を進める場合のポイントを示してみましょう。
①社会的ニーズを背景とせよ
　1つ目のポイントは、社会的なニーズを背景として取り組むことです。新しい領域を開拓するにはコストがかかります。したがって、それはコンサルティングファームとしての長期的な収益や付加価値の向上に資するものであるべきです。そのためには、さまざまな方面からの共感や支持を得なくてはいけません。
　こうした条件を満たすために必要なのは、社会が広く共有する普遍的なニーズに根差した事業を対象とすることです。PFIが持続的で規模もある事業となったのは、1990年代、日本の公共事業の非効率さが極まり、質が高く、効率的な事業への改革を誰もが期待していたからです。日本の公共事業や公共財政の現状を憂い、新しい事業スタイルを提唱したことが多くの賛同を得ることにつながりました。
　こうした視点で新しい事業を立ち上げるためには、世のため人のためになる社会のニーズを青臭く語り合える姿勢が必要です。それは、ある意味で、シンクタンク、コンサルティングファーム本来の姿を見直すことにもつながります。
②現場発想でニーズを見出せ
　2つ目のポイントは、そうしたニーズを現場から発想することです。新しい戦略的な事業を立ち上げようと、現場から離れた管理職やマネジャーが議論を重ねても大した成果は期待できません。管理職やマネジャーの目や耳に入ってくるのは、結局、二次的な情報でしかないからです。そこから、世の中を先んじる活動が出てくることは考えられません。
　同じように、管理主導でテーマを決め、モチベーションの高さがわからないスタッフが配置されるような活動が、先端的な事業を生み出せる時代でもありません。
　動きの速い昨今、次世代に通じるテーマを見つけるには、現場の奮闘の中から紡ぎだされる感覚や発想を頼りにするしかありません。そうした理

解を新しいテーマづくりに反映する方法は2つあります。1つは、あえて、プレイングマネジャーとして振る舞う管理職を育てることであり、もう1つは、現場に新規事業の権限を与えることです。

PFIの例では、日本総合研究所が現場部門への権限移譲を進めていたことが独自の活動をいち早く立ち上げることにつながりました。

③コンサルティング業務の変革を意識せよ

3つ目のポイントは、新しいビジネスタイルやポジショニングを考えることです。たとえば、PFIの主たる活動分野である公共分野のコンサルティングで、従来の調査報告書づくりがいつまでも付加価値を維持できると思っているようでは新しい事業は生まれません。同じことは民間企業向けのコンサルティングにもいえます。言い換えると、上述した現場主導のテーマ発想の裏には、差別化や付加価値づけが難しくなっている現場の悩みがあるはずです。

過去の成功体験から脱せなかったり、既存のビジネスモデルにしがみつく企業に苦言を呈し、改善を示唆するのがコンサルタントの重要な仕事です。しかし、他人にも改革を提言するものの、みずからのスタイルを変えることの必要性を認識していない「紺屋の白袴コンサル」が相当に多いのがこの世界でもあります。

まずは、そうした頭でっかちになりがちな業界体質を認識すべきです。それができたコンサルティングファームの提言にこそ、社会は耳を傾けようとするでしょう。

PFIの例では、アドバイザーというポジションを提案したことが、それまでにない業務規模や付加価値につながりました。

④コンサルティングファームの強みを活かせ

4つ目のポイントは、シンクタンク・コンサルティングファームとしての強みを活かすことです。いかに調査・分析力があっても、シンクタンク・コンサルティングファームが、商社やメーカーが思いもつかないテーマを発想できるわけではありません。たいていのテーマは、ほかの企業もその可能性に気がついているものです。同じことをしていたら、投資力、

技術力、組織力のないシンクタンク・コンサルティングファームが差別性のある活動を立ち上げることはできません。

たとえば、シンクタンク・コンサルティングファームは商社やメーカーにはない情報発信力や社会的な提言力を持っています。これを活かしてニーズを喚起したり、研究会などを立ち上げれば、他の業種にはない活動を産み出すことができます。

PFIの例では、コンソーシアムをベースとして積極的な情報発信を行いました。また、筆者が刊行した書籍がベストセラーとなったことも活動の後押しとなりました。

⑤独自の活動を立ち上げよ

5つ目のポイントは、独自の活動基盤をつくることです。PFIは公的分野の事業ですから、実際のプロジェクトでは公共団体が発注するアドバイザー業務を受託することになります。しかし、他人からの業務の受託だけで新たな領域を開拓しようと思うのは虫が良すぎます。

また、受託業務では、守秘義務が課されたり、独自の見解の公表が制限されたりで、既述したシンクタンクやコンサルティングファームの強みを活かすことができません。さらに、発注者と受託者という関係の下では、公共団体、省庁に力負けするのは当然です。

したがって、新たな領域の開拓には、通常の業務受託に頼らない独自の活動が必要になります。こうした場合、R&D活動を設定するのが一般的でしょうが、PFIの例ではインキュベーション・コンソーシアムがこれに当たります。経験的にいえば、単独の活動が主体となりがちなR&D活動に比べ、多くの企業や関係機関に揉まれるコンソーシアム活動の効果は大きいと考えられます。

⑥先行的な知見を構築せよ

6つ目のポイントは、先行的な知見を構築することです。新たな事業領域の開拓からは新たな知見が次々と生まれてこなくてはいけません。それが多ければ多いほど付加価値が高まるのです。逆に、知見の構築が止まったとき、差別性は急速に低下します。公共分野にしろ、民間分野にしろ、

シンクタンクやコンサルティングファームが開発した知見は、メーカー以上に他社に吸収されやすいものです。しかし、あまり神経質にならず、「知見の開発と普及を通じて社会に貢献した」と受け取るくらいの度量があったほうがいいのです。そのほうが思い切ったことができますし、社会的な賛同も得やすくなります。

PFIの例では、前述したとおり、ドキュメンテーションのフォーマットを先行的につくりました。このほかにも、投資財務のシミュレーターの開発、新しい仕様書の仕組み、事業者選定の仕組み、契約モジュールなどについて、幾度となく新しい考え方を提示し、みずから実践してきました。知見の構築に対する積極的な姿勢があることは、業務の付加価値を高めるだけでなく、社内外からの理解を得るのにも重要となります。

⑦得意分野をつくり、チャレンジを続けよ

7つ目のポイントは、得意分野とチャレンジの機会をつくることです。新たな事業領域の成長可能性が大きければ大きいほど、そこにあるすべての事業機会に対応することはできません。成長性のある市場にいち早く参入し、差別性のあるポジションを獲得するためには、高いシェアを持てる得意分野とマーケットリーダーであることを示すためのチャレンジが必要です。

チャレンジした分野の一部が得意分野に変われば、継続的に収益性を高めることができます。PFIの例では、廃棄物発電が得意分野に当たり、大型の病院事業や羽田空港の事業がチャレンジングなプロジェクトに当たります。

企業戦略として当然ですが、実行するとなると困難をともないます。まず、得意分野をつくるためには既得権と戦わなくてはなりません。廃棄物発電の分野では技術指向の強い既得権勢力がありました。

また、「チャレンジングな分野には未知の問題を解決できるかどうか」という課題がつきまといます。いずれについても、対象分野の事情に精通したパートナーを得たことがブレークスルーにつながったのです。

⑧同士となる顧客を見出せ

　8つ目のポイントは、同士となる顧客との出会いを得ることです。新たな事業領域でコンサルティング業務を実行する場合、テーマに沿った業務を受託しないといけません。そのためには、多かれ少なかれ、新たなテーマを冠した企画書を作成し、顧客を説得しないといけないのですが、一方的な説得だけで市場が拓けるわけではありません。

　PFIの市場を本当に拓いたのは、日本総合研究所でも当時の通産省の研究会でもありません。本当の主役は、公共財政や公共事業の現状を憂い、実際の事業を抱え、リスクを取って、まだ効果が定かでないPFIを採用した自治体の担当者や責任者です。彼らが取ったリスクと責任は、コンサルティングの新たな領域を開拓しようとしていた我々の比ではありません。

　廃棄物発電の分野でも、病院の分野でも、空港の分野でも、頭が下がるくらいの志と責任感を持った公共団体職員がいたことを忘れることはできません。PFI市場をリードする事業に取り組んだ方々は、顧客であると同時に、日本を改革したいという想いを分かち合う公共団体の同士であったと思います。そうしたみなさんに出会うことがなければ、我々にとってのPFI事業もありませんでした。

　言い換えると、「実際の事業の現場でリスクを取って改革を果たしたい」と思う人たちから認められることが、新たな事業領域を開拓できる条件といえます。「そのために、どうあればいいか」と考えることは、新たな領域の開拓というテーマを超え、シンクタンク・コンサルティングファームがいかにあるべきかを問いているのです。

株式会社日本総合研究所

　日本総合研究所は、システムインテグレーション・コンサルティング・シンクタンクの3つの機能を有する総合情報サービス企業である。「新たな顧客価値の共創」を基本理念とし、課題の発見、問題解決のための具体的な提案およびその実行支援を行っている。また、個々のソリューションを通じて、広く経済・社会全体に新たな価値を創出していく「知識エンジニアリング」活動を、事業の基本としている。

　創立来40年余にわたって培ってきたITを基盤とする戦略的情報システムの企画・構築、アウトソーシングサービスの提供をはじめ、経営戦略・行政改革等のコンサルティング、内外経済の調査分析・政策提言等の発信、新たな事業の創出を行うインキュベーションなど、多岐にわたる企業活動を展開している。

井熊 均（いくま ひとし）

　1983年早稲田大学大学院理工学研究科修了、三菱重工業(株)入社、90年日本総合研究所入社、95年アイエスブイ・ジャパン設立と同時に同社取締役に就任（兼務）、97年ファーストエスコ設立と同時に同社マネジャーに就任（兼務）、2003年早稲田大学大学院非常勤講師（兼務）、03年イーキュービック設立と同時に取締役就任（兼務）、06年日本総合研究所 執行役員 就任。近著に『次世代エネルギーの最終戦略─使う側から変える未来』（2011年、東洋経済新報社）『電力不足時代の企業のエネルギー戦略』（2012年、中央経済社）『性能限界　モノづくり日本に立ちはだかるもう一つの壁』（2012年、日刊工業新聞社）。

> # GMSの店舗リバイバル戦略策定プロジェクト
> ### 三菱UFJリサーチ&コンサルティング(株)
>
> ──グループの総合力を活かした案件獲得と価値提供

■GMSの店舗リバイバル戦略策定プロジェクト

　本項で紹介するのは、GMS（General Merchandise Store：総合スーパー）の店舗リバイバル戦略策定プロジェクトです。A社のB店を舞台にして、案件受注に至った経緯、プロジェクトで採用したアプローチ、案件を成功に導いたポイントなどを説明します。

　本項を通じて、読者のみなさんにはコンサルタントとしての仕事内容に対する理解を深めていただくと同時に、たくさんあるコンサルティングファームのなかでも、三菱UFJリサーチ&コンサルティング（MURC）がもつ特性や強みなどを、リアリティーをもってお伝えしたいと思います。

　具体的な案件の説明に入る前に、まずはA社が属するGMS（総合スーパー）業界の現状と課題を概観してみましょう。

■GMSの特徴とトレンド

　GMSは、もともとアメリカで始まり発達した業態で、食料品・衣料品・日用品などを総合的に取り扱い、大量仕入れ・大量販売・セルフサービス方式により徹底した低価格を実現し、高度成長期のわが国でも急成長を遂げた小売業態です。

　しかし、次ページ図のとおり、1990年代後半をピークに、GMS市場は減少の一途をたどっています。これは、景気低迷による消費抑制やデフレによる低価格競争の激化などマクロ環境の悪化も影響していますが、それだけではありません。いわゆるGMSとしての業態の成熟化とそれに伴う他業態への顧客流出という構造的な問題にも大きく起因しています。

　主な流出先の1つが、特定の分野（カテゴリー）に特化し、圧倒的な仕

入れ力と店頭でのローコストオペレーションを背景に低価格販売を実現した「カテゴリーキラー」といわれる専門業態で、ユニクロやニトリ、ヤマダ電機などがその代表例です。

もう1つは、ららぽーとに代表されるような大型SC（ショッピングセンター）やアウトレットモールなどで、いわゆる物販としての枠を超えた複合商業化によって、付加価値を高めることに成功した業態です。

こういった施設は、映画館やテーマパークといったアミューズメント施設を備えたり、レストランでの食事を楽しめるなど、「買い物」だけでなく「そこで時間を過ごすことを楽しむ」空間をつくることで、たくさんの消費者の集客に成功しています。

こうした状況下で、GMS各社もさまざまな戦略を講じて生き残りを模索しています。たとえば、商品企画、製造、販売までを自社で行うビジネスモデル（SPA）を取り入れて、GMSの衣料プライベートブランドを強化し、専門店に対抗しようとする動きや、近年、相次いで参入している高齢者をターゲットにした食品宅配事業などが挙げられるでしょう。

また、面白い事例としては、総合クリニックや老後の資産運用などの金

◆**GMSの市場規模推移**◆

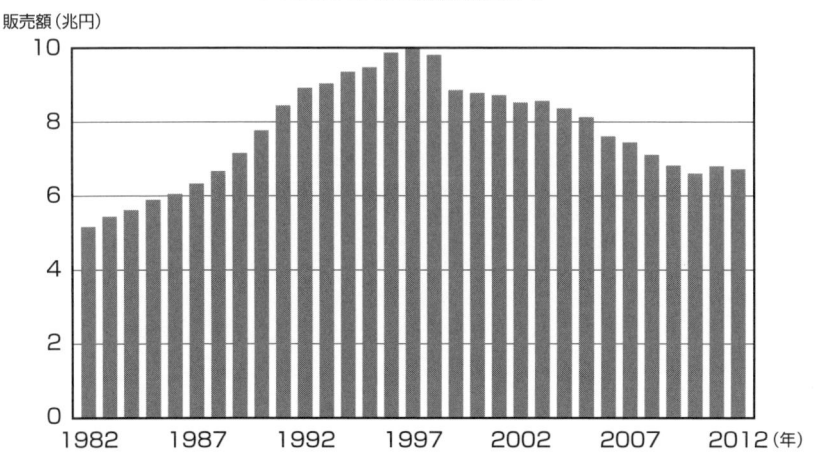

出所：MURC推計

融相談コーナー等、従来のGMSにはなかった機能を併設した新型店舗を開発し、複合商業業態に転換した例もあります。

このようにGMSは、今後の生き残りを賭けて、従来のビジネスモデルや業態の枠にはこだわらない抜本的な変革を求められているといえるでしょう。

■■三菱東京UFJ銀行を通じてプロジェクトを受注

このような環境下にあるGMS業界において、A社のB店は、かつては地域の代表的小売店として消費者を広範囲から取り込むことに成功し、好調な業績を誇っていました。しかし最近になって、近隣に大型のSCや専門店が相次いで新規出店したことで消費が分散し、B店の業績は急激に悪化しつつあったのです。

B店は業績回復に向けて、商品やサービスのテコ入れ、期間セールの強化などさまざまな手を講じてきましたが、従来型の売上回復の打ち手ではもはや限界を迎えつつありました。そこで、店舗が立地するエリア全体での賑わい創出や差異化の観点からの業態転換など、抜本的な改革の必要性に迫られていたのです。

そもそもこの案件は、当社の親会社である三菱東京UFJ銀行の法人営業拠点が日々のリレーションのなかでクライアントの悩み（課題）を発掘し、グループのコンサルティングファームであるMURCにコンサルティング案件として紹介があって受注につながったものです。

このように、当社の特徴の1つは、MUFGという国内最大の金融グループの一員として、商業銀行以外にも信託や証券など複数のグループ企業の営業チャネルを当社の顧客基盤として活用できるという強みを有する点にあります。

しかし、この案件はB店のリバイバルだけに留まらず、B店をモデル店として今後のA社の方向性を決めるともいえる重要な位置付けのコンサルティング提案であり、いくら日々の関係が構築されている銀行からの紹介とはいえ、コンサルティング会社が1回目の訪問で、すんなり受注を獲得

できるものではありません。

業界知見や類似テーマの経験が豊富なコンサルタントが何回もクライアントのもとを訪問し、さまざまな切り口や類似業界での事例等を紹介したり、ソリューションに至るまでの切り口やアプローチ、必要な検討プロセス等をすり合わせしたりしながら最終提案に結びつけるという、長期にわたる営業活動が必要です。

今回の案件も最初に銀行から引き合いがあり、クライアントに面談したときから数えて、訪問回数にして5回程度、期間では3か月くらいを要しています。

◆案件受注までのフロー◆

引き合い
- 親会社の三菱東京UFJ銀行からコンサルティング案件の紹介
- GMS業界動向とMURCが提供できるコンサルティングメニューについて銀行と事前協議

初回訪問
- GMS業界動向と小売の他業態先行事例についてディスカッション
- クライアントの課題認識としてB店のリバイバルに関するコンサルニーズを確認

1次提案
- エリア戦略、業態開発、CRM戦略等、複数の切り口をベースにディスカッション
- クライアントがとくに業態戦略やエリア戦略に関心があることを確認

2次提案
- エリア戦略、業態戦略に絞り、他社の事例やMURCのソリューションを紹介
- 正式な提案書を提出してほしいとの要望を受ける

3次提案
- クライアントの要望を受け、B店をターゲットにしたマーケットリサーチとエリア戦略立案を提案

最終提案
- エリア戦略について、まちづくり・都市開発専門のシンクタンク研究員と共同で提案最終化

受注決定

■■提供価値を明示し、求められる成果とのすり合わせることが重要

コンサルティングは形のある商品を売るわけではないので、コンサルタ

ントができること、提供できる価値を明確に提示したうえで、クライアントが求める成果（期待値）とのすり合わせを行うプロセスが非常に重要になります。

　極端な話、単純に短期での案件受注だけをめざすのであれば、細かいところは飛ばして、さっさとスペックと価格の話をするということも案件によっては可能かもしれませんが、ゴール設定やそのための検討論点やアプローチを詰めないまま、案件になだれ込むと、コンサルタントにとって、そして何より、クライアントにとって不幸なことにつながりかねません。ある意味クライアントとの間のプロジェクト成果の握り（＝期待値コントロール）が非常に大事といえるでしょう。

　これは営業ミッションを負ったシニアのコンサルタントがもっとも気をつける点であり、最初にプロジェクト上の主要論点を明確化しておくことは、受注後のプロジェクト活動を無駄なく、効率的に進めるうえでも重要なポイントになります。

■■案件を成功に導いた３つの提供価値

　今回の案件は現時点で案件完了間もないこともあり、実際の業績回復など目に見える形での成果という意味ではまだ結果は出ていません。

　しかし、少なくともプロジェクトの内容について、クライアントから高い評価をもらうことができ、さらには現在に至るまで、数多くの相談や別テーマでの引き合いにつながっているのは事実です。そのため、本プロジェクトの成功とは「クライアントの顧客満足」といえます。

　それでは、今回私たちのどのような機能がクライアントの満足を勝ち取ることに寄与したのでしょうか？

　クライアントとのやりとりを通じてMURCが最終的に提示した提供価値は以下の３点だったと考えています。

①従来とは異なる切り口

　まずは、クライアントの課題解決に向けて、従来とは異なる２つの切り口を提示しました。

1つ目は、店単体ではなくエリア全体で魅力度を高め、周辺の賑わいを創出することで店舗への来訪顧客を増やす、いわゆる「まちづくり」的な発想に基づく打ち手を検討したことです。
　2つ目は、既存の業態にはこだわらず、そのエリアの商業特性や来訪者のもつニーズ基点からその場所で提供すべきサービスを、ゼロベースで検討したことです。
　私たちが提示した2つの切り口は、店舗で取りうる既存の対策に限界を感じていたクライアントにはたいへん好評でした。
　とくに1点目の「まちづくり」の切り口はクライアント社内ではその可能性について以前から議題には挙がっていたものの、ノウハウや経験不足から具現化できなかった経緯があり、今回外部の知見を活用して検討を深堀できたことが高い評価につながったのです。

②顧客視点でのきめ細やかなサポート

　どの案件でもコンサルタントの付加価値、存在意義の1つとして常に言われることですが、とくにこの案件については、A社にとっての重要な経営課題に焦点を当てるものだけに、コンサルタントが方針・戦略を策定してお役御免というわけにはいきません。
　「方針策定後、社内の誰にどのような意思決定を求めるのか？　またそのために、どのようなストーリーを立てて、どのような意思決定プロセスを踏むのか？」といったことに最大限配慮した検討プロセスが求められていました。
　具体的には、コンサルタントが提出する報告書をクライアントが社内の討議材料として実際に活用するシーンを想定しながら、報告書を作りこむ、または、必要なキーマンへの説明においてはコンサルタントが担当部門と協力しながら、プレゼンテーションを行うなど、さまざまなサポートをプロジェクトを通じて行いました。
　今回はクライアントの企画部門が主体になって進めていた案件であり、MURCからの提案を受けて、企画部門は経営トップや現場などさまざまな主体との社内折衝を行う必要があったため、このようなきめ細かなサポ

ートは大変喜ばれました。

③現場基点の仮説思考

これもこの業界でよく言われることですが、たとえば「ある店舗の売上がどうして伸び悩んでいるのか？」という原因に対する仮説を立てる際も、店舗の責任者にインタビューしたり、データを見てあれこれ考えることも大事ですが、現場を見てお客さまを観察したり、自分がお客さまの視点に立って「なぜこの店舗を利用しないか？」など考えてみた方が、より精度の高い仮説にたどり着くことができます。

まさに「百聞は一見にしかず」です。

今回の案件でも営業段階を含めて現場には何度も足を運びました。小売店は平休日や時間帯によって客層がガラリと変わることも珍しくないので、店の客層を正確につかむだけでも何回も現場を訪問する必要があります。

また、買い物に来ているお客さまの表情や格好、自然に耳に入ってくる会話などをリアルに「体感」することで、お客さま視点で物事をとらえることができました。

数字や分析一辺倒ではなく、現場をつぶさに観察したうえでの「気付き」や「問題意識」をふんだんに取り入れたこともクライアントから評価をされたポイントの1つでした。

■■価値向上には「仮説思考」が不可欠

多くの人がコンサルタントに対して「コンサルタントにはロジカルな思考が不可欠」「ファクト重視で1つひとつのメッセージを紡ぐために積み上げ型の発想が極めて重要」というイメージを抱いているのではないでしょうか？

最初に誤解がないように明言しますが、この考え方は決して間違っているわけではありません。むしろ、業務効率化やコストダウンなど積み上げ型のアプローチを採用し、考えられる要因を1つひとつ潰しこんでいくアプローチがもっとも有効なテーマはたくさん存在します。

しかし、コンサルタントとして与えられた時間は有限です。また、当た

り前ですが、クライアントは正確なアプローチを求めているというよりは、むしろ具体的な処方箋や成果を求めています。時間制約があるなかで、確からしい解を導くためには、積み上げ形アプローチにだけ頼っていては時間切れになる可能性も大きくなります。

　そのため、少しでも早く結論にたどり着くためには、解決すべき課題に対する最終解のイメージ（仮説）を常に先取りして考えつつ、果たしてそれが正しい答えなのかどうか検証しながらイメージを精緻化していく仮説思考がコンサルタントには求められるのです。

　また、経験豊富なコンサルタントほど自分のなかに多くの「引き出し」をもっています。同じ業態や類似のテーマでのコンサルティング経験、そのときにどういう思考プロセスでどういう結論を導いたかという「引き出し」のなかから「今回の解にもっとも近いもの」を見つけてから、具体的な仮説構築に入ります。

　有能なコンサルタントほど、結論に近い仮説にたどり着くスピードが速いものです。その必然として、検証に必要なリサーチや作業も効率的に組

◆**仮説思考の重要性**◆

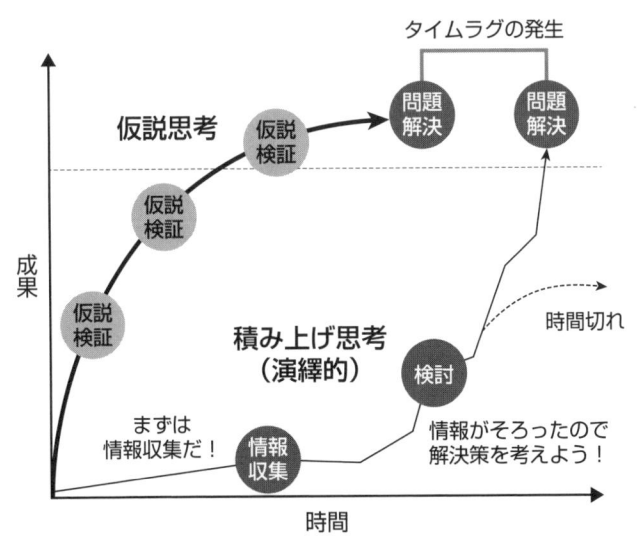

立てられるという特徴があります。

今回のケースに当てはめると、まず業態の考え方に関しては、従来のGMS業態の枠を超えた発想をしない限り、ブレイクスルーはないだろうという予見がありました。

では、どのように業態の枠を超えるのかということがポイントになりますが、そこの結論を先取りして考えるのがまさに仮説思考のキモです。仮説の中身は割愛しますが、「利用者という目線で現場を見たときに感じたことは何か？」「いま世の中のトレンドを捉えたサービス・業態は何か？」「その中でGMS業態と相乗効果を生むものは何か？」などの問いに関して、過去の自分の経験やインスピレーションも駆使しながら、早めに結論に近い解を設定できたことが、限られた時間のなかで成果を出すカギになりました。

■クライアントに最高のサービスを提供するために他力を活用する

今回のような難易度の高い案件については、正直いくら経験の豊富なコンサルタントといっても、限られたプロジェクトメンバーがもつスキル、ノウハウのみではクライアントが納得できる具体的な成果を出すのは容易ではありません。

私の好きな言葉のひとつに「クライアントにとって最高のサービスを提供する」というものがあります。

最高のサービスとは、自分自身が最大限の付加価値を提供するという前提のもと、「顧客視点に立って、最良の課題解決を行うには、自分にはできないこと、他の人がやった方がより価値が出たり、効率的にできるものは積極的に他力を活用する」ことだと私は定義しています。

今回の案件でも、店舗を越えたエリア戦略という視点やGMSという枠を超えた業種転換的な発想、ひいては顧客サイドのニーズをより迫力もってファクトで示すというプロジェクト上のキモが複数存在するなかで、私たちもその道のプロをプロジェクトメンバーやアドバイザリーとして招聘するなど社内外の専門家を積極的に活用しました。

第5章 新しいスタイルのコンサルティングプロジェクト事例
三菱UFJリサーチ&コンサルティング

◆コンサルタントに必要な視点=顧客志向◆

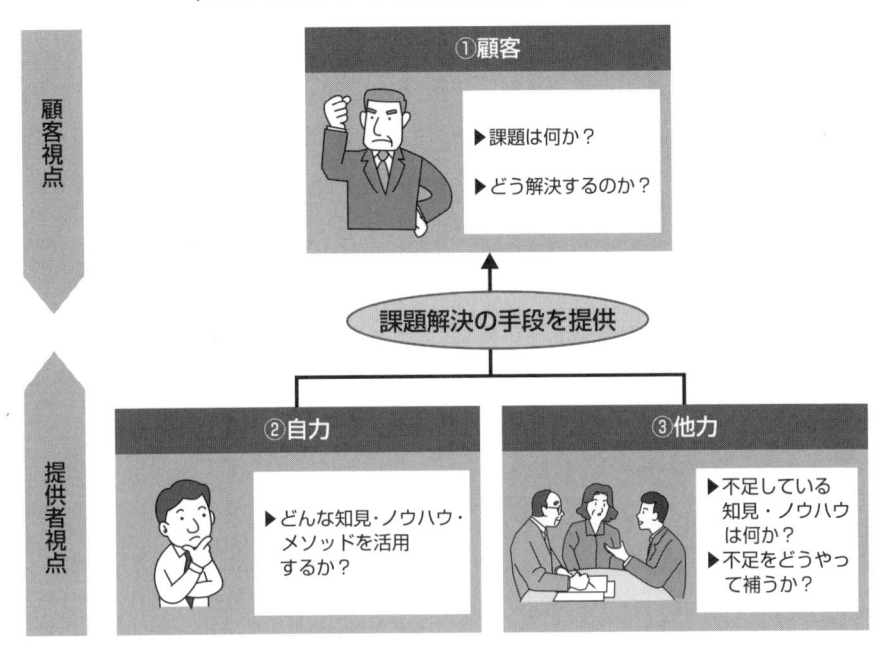

顧客視点

①顧客
▶課題は何か？
▶どう解決するのか？

課題解決の手段を提供

提供者視点

②自力
▶どんな知見・ノウハウ・メソッドを活用するか？

③他力
▶不足している知見・ノウハウは何か？
▶不足をどうやって補うか？

◆当該プロジェクトにおいて活用した人的リソース◆

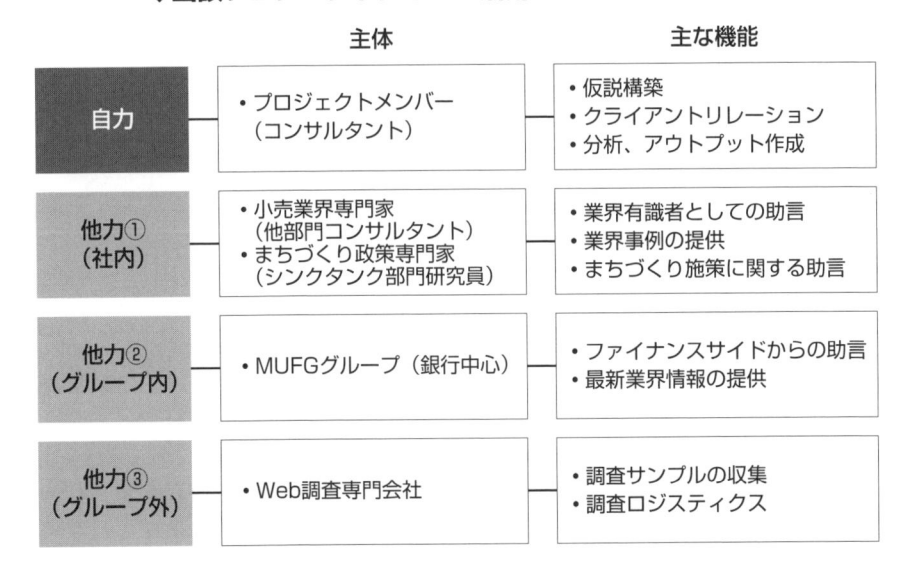

	主体	主な機能
自力	・プロジェクトメンバー（コンサルタント）	・仮説構築 ・クライアントリレーション ・分析、アウトプット作成
他力①（社内）	・小売業界専門家（他部門コンサルタント） ・まちづくり政策専門家（シンクタンク部門研究員）	・業界有識者としての助言 ・業界事例の提供 ・まちづくり施策に関する助言
他力②（グループ内）	・MUFGグループ（銀行中心）	・ファイナンスサイドからの助言 ・最新業界情報の提供
他力③（グループ外）	・Web調査専門会社	・調査サンプルの収集 ・調査ロジスティクス

とくに、当社にはコンサルティングファームと双璧をなす事業部門として、官公庁や自治体の政策に精通した研究員を多数擁するシンクタンク部門があります。この部門は、環境エネルギー、地域政策、社会政策など複数の分野の専門家で構成されており、そのなかには地域のまちづくりや都市開発などをドメインとする研究員もおり、その専門的知見は今回のエリア戦略を立案するうえで大変有用でした。

　またほかにも、長年にわたり小売業界をウォッチしている専門コンサルタント、Web調査やグループインタビュー等、必要なファクトの収集や分析ノウハウに長けたリサーチ会社の活用などがあり、複数の主体のかかわりによって、今回投げかけられた難問に対する最適解を導くことができたと考えています。

■■提案するだけではなく、触媒になることも重要

　ここまで触れたようなMURCの提供価値がクライアントに認められた結果、高い満足を勝ち取ることができたという意味で、今回の案件は成功したと説明しました。

　さらにもう1つのポイントとして、この検討が起爆剤になり、A社内で業態開発に向けた議論が全社レベルで活性化されたという触媒効果を挙げることができるでしょう。

　コンサルティング導入前のA社は、この件に対して企画と現場（店舗）が必ずしも一枚岩というわけではありませんでした。企画サイドは現場サイドに抜本的な改革案の検討・実行を期待していたものの、なかなか思うようなものが出てこないというもどかしさを感じていました。

　そこで多少強引でも企画主導で外部のコンサルタントから一定の方向性を示したことで、現場も刺激を受け、本格的に「自分たちの店をどうするか？」ということを活発に議論するようになったと聞いています。

　優れた提案を示すこともコンサルタントの大事な機能ですが、今回のケースのように第三者としての立場から、クライアントの会社で停滞感・閉塞感のある議案に対して「火をつける」という、触媒的な効果も重要な機

能の1つとしてあげることができるでしょう。

■ノウハウの「拡大再生産」が効率化につながる

　案件を成功に導いた1つの要因として、当社が蓄積してきた業界知見やノウハウを今回の案件で有効に活用できたことが挙げられます。

　一例を挙げると、この案件がスタートする1年ほど前から小売業界を広く対象として、業界環境や経営課題、主要各社のベストプラクティス事例の収集など、同業界での案件獲得の布石として業界のナレッジ・知見を当社で蓄積していました。

　とくに今回は、GMSという業態の枠をどのように超えるかがポイントの1つになっていましたので、国内の先進的な大型商業施設の複合化の事例やその背景にある経営戦略に関する知見を深めておいたことは、非常に有用な材料になりました。

　なかでも、グループのネットワークを活かし、主要各社へのインタビュー等で業界の生の声を収集していたことは、事前に必要な予見をもってスムーズに案件をスタートすることに大きく寄与しました。

　このように、過去に当社として積み上げた業界経験や類似のテーマ経験がフルに活かされたことはいうまでもないことですが、見方を変えれば、今回の案件から得られた知見やメソッドを体系化し、さらに違う案件で有効活用する「拡大再生産」の考え方が重要だということです。

　当然ですが、これは決してクライアントの情報を横流ししたり、アウトプットそのものを使い回して効率よく商売するという意味合いではありません。

　もっと普遍的に、知見を汎用化し、蓄積することで他案件の提案での受注確度を高めたり、プロジェクト活動を効率化することに結びつけるなどの取り組みといえます。

　具体例でいうと、汎用提案書や事業分析をする際のフォーマットとしての分析ツールを保存し社内で共有化を図るなどがあります。

◆コンサルティングの拡大再生産◆

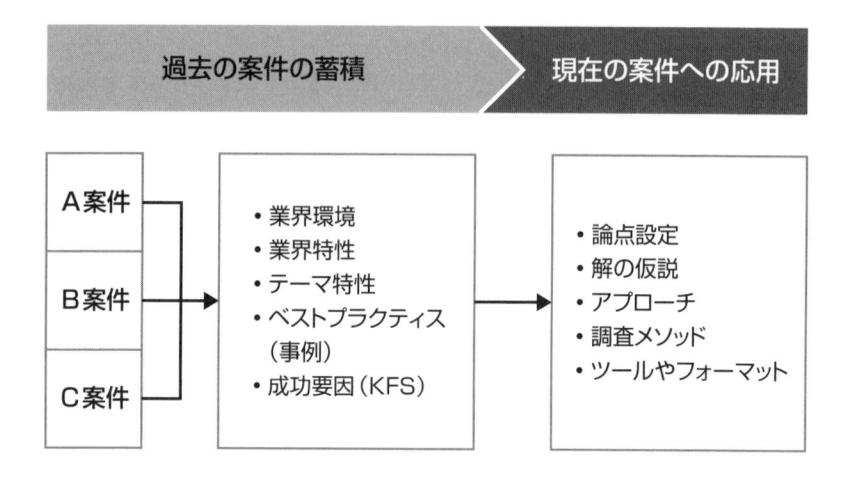

過去の案件の蓄積 → 現在の案件への応用

- A案件
- B案件
- C案件

→
- 業界環境
- 業界特性
- テーマ特性
- ベストプラクティス（事例）
- 成功要因（KFS）

→
- 論点設定
- 解の仮説
- アプローチ
- 調査メソッド
- ツールやフォーマット

■■「個人戦」から「集団戦」への進化による付加価値向上

　正直なところ、日本のコンサルティング業界も成熟化の局面を迎えつつあり、クライアントから求められる分析の深さや提案の具体性、検討のスピード感など、コンサルタントへの要求水準はますます高まりつつあります。

　コンサルティングの最大の競争力はコンサルタントの質そのもの、つまりは「人」であることはいうまでもありませんが、一方でリソースとしてのコンサルタントを「仕組み」として、どう最大限活用するかという、いわゆるナレッジマネジメントの巧拙がコンサルティング会社としての競争力を規定する大きな要因となっています。

　本当の意味でのチームプレイ、そして長い目で見たときのファーム（企業）プレイをどのように実践していくのか、コンサルティングファームに求められるマネジメント要素はますます重要性を増してきています。

　当社としても厳しい環境を勝ち抜くため、会社として一体となって顧客視点での組織体制や人員体制、ノウハウ蓄積のあり方を日々試行錯誤しながら取り組んでいるところです。

　具体的な例として、私が所属する部署での取り組みを1つ紹介します。

営業やプロジェクト活動でメンバーは多忙な毎日を送っていますが、そのなかでも必ず週1回2時間程度、全メンバーが集まり、特定の案件を取り上げて、全員で切り口や仮説について討議するという活動を実施しています。

　今回の案件でも、主だった部署のコンサルタントを招集し、進捗状況とその時点でのアウトプットを共有したうえで、「より付加価値をあげるためにどうすればよいか？」という観点から徹底的な議論を行いました。

　そこで得られた意見やアドバイスは客観的であるがゆえに、案件に「どっぷり漬かった」メンバーからすると新鮮なものも多くありました。

　またアウトプットについて、「クライアントなら必ずここを突っ込んでくる」という指摘もいくつかもらいましたが、このような意見もプロジェクト運営上は貴重な情報となりました。

　どのファームでもそうでしょうが、それぞれのコンサルタントがチームを組んで一度案件に入ってしまうと、プロジェクトメンバー間では活発な意見が取り交わされる一方、案件ベースで接点のないコンサルタント間のコミュニケーションは放っておくと、極端に低くなりがちです。

　しかし、これは冷静に考えれば非常に損というか、もったいない話です。

　他力活用のくだりで述べたように、1つの案件のなかで必要な知見、ノウハウは多岐にわたるわけですから、とくに経験豊富なコンサルタントの引き出しからヒントを引き出すというのは仮説を高度化するうえでとても有効な手段です。また仮にそのような知見をもつ他のコンサルタントがチームには乏しいとしても、アイデアベースでもよいので、単純に客観的な視点から意見をもらうことは非常に重要です。

　なぜなら、一度プロジェクトに参画し、思考を深いレベルまで「深化」させたコンサルタントほど、かえって自分の立てた仮説に拘泥してしまい、ある段階から思考が「進化」しなくなるというパラドックスが往々にして発生しがちだからです。

　そのような思考のワナにもはまらないように、組織的な対応でケアをするというやり方は、原始的ではありますが、大変有効な対処法といえるで

しょう。

■■金融系シンクタンクファームならではの強み

今回は私たちコンサルタントが日々どのような考え方で仕事をしているのか、具体的なケースを題材に極力具体的に語ることを意識してきました。

もちろん、案件の性質上、私たちが語れる範囲に限界があるため、うまく伝えきれたかという不安がありますが、今回の文面を通じて、少しでもコンサルタントという職業に対する読者のみなさんの理解が深まれば幸いです。

またコンサルティングファームは外資・戦略系や旧会計事務所系、IT・業務系、私たちのようなシンクタンク系と色々なカテゴリーがありますが、くわしく見ればみるほど、同じカテゴリーにくくられるファームでもコンサルティングへのアプローチや特徴、強みは千差万別です。

これまでに触れたきた内容も含め、最後に金融系のシンクタンクファームとして、MURCが有する特徴や強みについて整理をします。

- 国内ナンバー1金融グループとしての磐石な顧客基盤とグループ総合力
- 大企業〜中堅・中小企業までクライアントの特性やニーズに応じた幅広いソリューション提供力
- シンクタンク部門を含む多様な専門性を組み合わせた高度なソリューション提供力
- マクロ調査から戦略策定・実行までの総合提案力

今回はとくに上記のようなMURCの特色が極力伝わるような案件を紹介しました。

コンサルタントとして活躍したい人はもちろんのこと、企業の担当者としてコンサルタントと一緒に仕事をする機会のある人にも何かしらの示唆を読み取っていただければ幸いです。

三菱UFJリサーチ&コンサルティング株式会社

　三和総合研究所、東海総合研究所、ダイヤモンドビジネスコンサルティング、東京リサーチインターナショナルの4社をルーツとする、三菱UFJフィナンシャル・グループの総合シンクタンク。

　東京・名古屋・大阪を拠点に、コンサルティング、グローバル経営サポート、政策研究・提言、マクロ経済調査、人材育成支援など、国内外にわたる幅広い事業分野において多様なサービスを展開している。

　MUFGグループ各社との連携を強化しつつ、顧客が直面する課題に対するベスト・ソリューションを提供するとともに、社会の知的資源の融合を通じ、次世代の新しい社会を拓く提言・提案を積極的に行っている。

大野 知也（おおの ともや）
　慶応義塾大学商学部卒、同大学院商学研究科修了（経営修士）。
　2001年に株式会社三和総合研究所（現三菱UFJリサーチ&コンサルティング株式会社）入社。現在は大企業経営戦略コンサルティングに特化した部門でプロジェクトマネージャーとして従事。小売業界を中心に、新規事業開発、経営戦略、事業計画策定、マーケットリサーチ、マネジメント改革など実績多数。

索 引

数　字

3C ……………………………………… 90
5F ……………………………………… 90

アルファベット

BEI ……………………………………… 178
BPO ……………………………………… 132
Context ………………………………… 120
DCF法 …………………………………… 161
ESCO事業会社 ………………………… 217
FGI ……………………………………… 49
GMS ……………………………………… 242
IPE ……………………………………… 199
KFS ……………………………………… 31
LinkedIn ……………………………… 33
LOI ……………………………………… 146
PFI ……………………………………… 219
PMI ……………………………………… 139
Problem Statement …………………… 120
pull型アプローチ ……………………… 103
push型アプローチ ……………………… 103
rbプロファイラー ……………………… 54
Route to Market ……………………… 22
SCC ……………………………………… 218
SSC ……………………………………… 131
VDR ……………………………………… 148
Why ……………………………………… 122

あ　行

アカウンタビリティ …………………… 185
アセスメント …………………………… 177
イシュー ………………………………… 200
イノベーション ………………………… 107
インキュベーション・
　　コンソーシアム …………………… 217
インナーブランディング ……………… 68
インフラパッケージ輸出 ……………… 83
エグゼクティブ・アセスメント ……… 180
絵に描いた餅 …………………………… 41
オペレーション改革 …………………… 69

か　行

カーブアウト …………………………… 138
カーブアウト財務諸表 ………………… 150
拡大再生産 ……………………………… 253
仮説 ……………………………………… 26, 249
課題の抽出 ……………………………… 124
価値イメージ …………………………… 45
キックオフ・ミーティング …………… 145
基本合意書 ……………………………… 146
グループ会系処理方針 ………………… 127
クロージング …………………………… 156
グローバルグレード …………………… 195
グローバル展開の戦略策定支援 ……… 17
グローバルモビリティ ………………… 195
クロスインダストリー ………………… 85
クロスファンクション ………………… 68
現状の整理 ……………………………… 122
現地調査 ………………………………… 28
コーチングセッション ………………… 177
コーディング …………………………… 179

コーポレイトブランド ……………… 44
顧客志向 ………………………………251
顧客ロイヤリティ管理システム ……… 99
コンセプト ……………………………… 49

さ 行

サクセッションマネジメント …………207
サステナビリティ ……………………… 77
ジョイント・ベンチャー ……………… 86
スタンド・アローン・イシュー ………153
ステアリングコミッティー ……………… 31
スマートグリット ……………………… 78
成功要因 ………………………………… 31

た 行

強いブランド …………………………… 46
データルーム …………………………148
デューデリジェンス …………………139
デュールブレーカー …………………156
展開地域 ………………………………… 32
展開チャネル …………………………… 32
動機 ……………………………………174

な 行

ナショナルスタッフ …………………198

は 行

バリュエーション ……………………139
ビジネスサービス ……………………… 92
ファイナンシャル・
　アドバイザリー ……………………139

ファシリティマネジメント …………114
フィージビリティー・スタディー ……… 83
フォーカスグループインタビュー ……… 49
ブランド ………………………………… 45
ブランド体系 …………………………… 66
ブレーンストーミング ………………197
プレゼンテーション …………………172
プロフォーマ分析 ……………………152
ポートフォリオ ………………………… 66

ま 行

マーケティング・キャラバン ………… 92
マジックアンドラント ………………104
マスタープラン ………………………… 87
マッピング ……………………………184
マネジメント・
　プレゼンテーション ………………149
命題の定義 ……………………………118

ら 行

ラーニング・スタイル ………………184
リーダーシップ診断 …………………177
リトリート ……………………………183

株式会社ムービン・ストラテジック・キャリア
コンサルティング業界、金融機関、その他プロフェッショナル職に特化した人材紹介会社。コンサルティング業界を中心としたプロフェッショナル業務経験者がキャリアアドバイスをすることで、転職希望者の細かいニーズにも対応したサービスを提供。15年以上にわたり多くのプロフェッショナルの転職を支援。

- 過去のおもな出版物
  『この1冊ですべてわかる　コンサルティングの基本』（日本実業出版社）
  『年収2000万円の転職術』（プレジデント社）

- ホームページ：http://www.movin.co.jp/

編著者
神川 貴実彦（かみかわ きみひこ）
株式会社ムービン・ストラテジック・キャリア代表取締役。
早稲田大学法学部卒、ジョンズホプキンス大学高等国際問題研究大学院（SAIS）グラデュエイトディプロマ。SAIS学長ジョージ・R・パッカード博士のリサーチアシスタント、ベンチャー企業の営業を経てボストン・コンサルティング・グループに入社。1997年に独立し、株式会社ムービン・ストラテジック・キャリアを設立。

執筆協力
久留須 親（くるす ちかし）
株式会社ムービン・ストラテジック・キャリア　パートナー＆マネージングディレクター。
東京大学工学部卒、同大学院工学系研究科修士課程修了。電通国際情報サービス金融事業部、IBMビジネスコンサルティングサービス事業戦略グループを経て現職。おもに戦略系および総合系コンサルティングファームを担当。

西田 和雅（にした かずのり）
株式会社ムービン・ストラテジック・キャリア エグゼクティブコンサルタント。
東京大学経済学部卒。在学中にインターンとして株式会社ムービン・ストラテジック・キャリアにてコンサルティング業界に関するリサーチや書籍出版等に従事。日本政策投資銀行を経て、現職。主に財務系アドバイザリー系コンサルティングファームやPEファンド・投資銀行を中心とした金融業界を担当。

神川貴実彦（かみかわ　きみひこ）
株式会社ムービン・ストラテジック・キャリア代表取締役。
早稲田大学法学部卒、ジョンズホプキンス大学高等国際問題研究大学院(SAIS)グラデュエイトディプロマ。SAIS学長ジョージ・R・パッカード博士のリサーチアシスタント、ベンチャー企業の営業を経てボストン・コンサルティング・グループに入社。1997年に独立し、株式会社ムービン・ストラテジック・キャリアを設立。

コンサルティングの基本　ベストプラクティス集

2013年6月20日　初版発行
2018年4月20日　第3刷発行

編著者　神川貴実彦　©K. Kamikawa 2013
発行者　吉田啓二
発行所　株式会社 日本実業出版社　東京都新宿区市谷本村町3-29　〒162-0845
　　　　　　　　　　　　　　　　　大阪市北区西天満6-8-1　〒530-0047
　　　　編集部　☎03-3268-5651
　　　　営業部　☎03-3268-5161　振替　00170-1-25349
　　　　　　　　　　　　　　　　http://www.njg.co.jp/

印刷／壮光舎　　製本／共栄社

この本の内容についてのお問合せは、書面かFAX (03-3268-0832)にてお願い致します。
落丁・乱丁本は、送料小社負担にて、お取り替え致します。

ISBN 978-4-534-05085-4　Printed in JAPAN

日本実業出版社のロングセラー

一歩上のスキルと知識が身につく「基本」シリーズ

好評既刊!

コンサルティングの基本
The Basics of Consulting

神川貴実彦 [編著]

- 戦略、IT、組織人事、財務などのファームを掲載
- 主要なプロジェクトでの具体的な仕事の進め方
- コンサルタントの基本ツールを生かす方法
- 新卒・中途採用で求められる基準

神川 貴実彦＝編著
定価 本体1500円（税別）

経営戦略の基本
The Basics of Management Strategy

経営戦略研究会 [著]

- PEST、3C、SWOT、VRIO等を用いた環境分析
- 業界での競争優位を保つ事業戦略の極意
- PPM、成長ベクトルによる全社戦略の策定
- 戦略を動かすための指標設定と組織づくり
- 企業競争力を高める"従来型戦略"×"創発的戦略"

㈱日本総合研究所経営戦略研究会＝著
定価 本体1500円（税別）

ＳＥの基本
The Basics of System Engineer

山田隆太

- どうすれば、必要なテクニカルスキルが身につくのか
- どうすれば、一人前のSEとして活躍できるのか
- どうすれば、プロジェクトを管理・運用できるのか
- どうすれば、顧客やスタッフから信頼されるのか

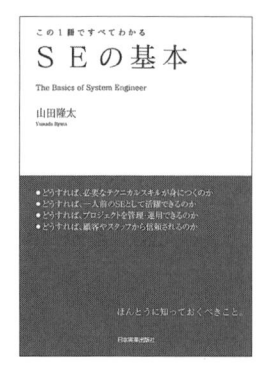

山田 隆太＝著
定価 本体1600円（税別）

マネジメントの基本
The Basics of Management

手塚貞治 [編著]

- 中間管理職として部署の成果を上げる
- チームメンバーのモチベーションをアップする
- 部署横断で変革を起こす
- 会社全体を有効的に動かす
- 会社の運命を左右する事業について意思決定する

手塚 貞治＝編著
定価 本体1600円（税別）

会計の基本
The Basics of Accounting

岩谷誠治

- 財務会計から管理会計までのポイント
- 勘定科目ですぐに会計の仕組みがわかる「会計ブロック」
- 財務3表を正しく理解するためのコツ
- 減価償却、引当金のやさしいとらえ方
- IFRS、組織再編の最新動向

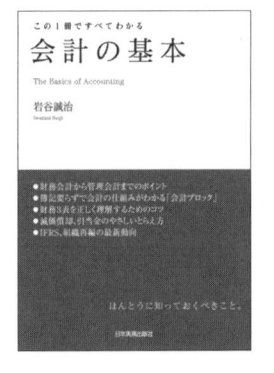

岩谷 誠治＝著
定価 本体1500円（税別）

マーケティングの基本
The Basics of Marketing

安原智樹

- マーケティング基本戦略（STP）の極意
- 定量と定性、双方の消費者調査のポイント
- 3C、4P、ブランディング、ツォルト消費などの活かし方
- 日常やサービス財、インターネット上における影響

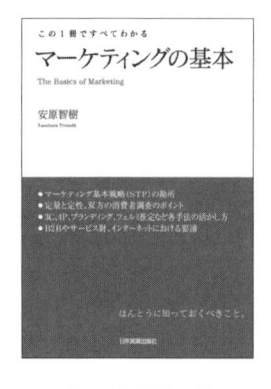

安原 智樹＝著
定価 本体1500円（税別）

定価変更の場合はご了承ください。